삶이 나에게 주는 선물

_____
_____
_____
_____

삶이 나에게 주는 선물
A PRESENT FROM LIFE TO ME

최경란 지음

오렌지엔필

PROLOGUE

길_____

어린 시절 학교는 우리 동네와 반대쪽에 대문이 있었다. 아이들은 교실이며 운동장이 지척인데도 이웃 동네를 관통하는 먼 길을 돌아 학교에 가야 했다. 가까운 철조망 울타리에 문이 하나 있었으면 하는 바람들이 간절했다. 어느 날 누군가가 느슨해진 철망을 비집고 들어간 흔적을 남겼다. 처음엔 사람 하나도 통과하기 힘들 만큼 작은 틈이었다. 그러나 시간이 흐르며 두세 명이 지나갈 수 있을 정도로 넓어졌다. 학교에서 막고 또 막아도 한 번 난 길은 없어지지 않았다.

길이란 그처럼 그리로 가고자 하는 염원에 의해 생긴다. 지켜야 할 규칙과 실질적 필요가 낳는 갈등에도 불구하고 뜻이 있는 한 길은 계속 이어지게 마련이다. 염원이 거듭될수록 그 길은 더 넓고 확고해진다. 인생의 길도 마찬가지일 것이다. 꿈꾸는 일이 있다면 그 꿈에 가닿기 위해 부지런히 발길을 내디뎌야 한다. 걸림돌이 있다면 치우거나 돌아가며 길의 바닥을 다져야 한다. 운 역시 비슷한 면이 있다. 안 될 거라는 생각이 우세하면 그쪽으로 길이 닦인다. 잘될 거라는 믿음은 긍정의 길을 만든다. 반복하면 할수록 그 길이 주류가 되며 잡다한 소로가 하나로 통합된다.

단 한 번뿐인

각 절기에 따른 시절 음식을 즐겨 만들어 먹는 편이다. 대보름엔 오곡밥에 아홉 가지 나물을, 동지엔 새알심 든 팥죽을 챙기며 할머니와 엄마에게 물려받은 맛을 재현하려 노력한다. 신의 날인 '말날'을 가려 장을 담그는 때도 있다. 옛 문헌을 찾아가며 비법을 연구해보는 것도 재미있다. 요즘처럼 편리한 세상에 왜 사서 고생이냐는 말을 듣는다. 원고집필에, 살펴줘야 할 주변 일에, 그럴 만한 여유가 없기는 하다. 체력이 따라주지 못할 때도 있다.

하지만 한 번 한 번의 절기는 인생의 단 한 번뿐인 날이다. 매해 봄이 오지만 그 봄도 매번 다르다. 가을에 김장 담그는 일을 우리는 평생 몇 번이나 할 수 있을까. 매일의 나날, 매초의 순간도 다르지 않다. '인생에서 단 한 번만 만날 수 있는 기회—期—會'이다. 그리 생각하면 그 소중함이 감사할 따름이다. 더욱이 순간은 지나가는 것이다. 소유하거나 붙잡아둘 수 없다. 우리가 할 수 있는 최선은 주어진 순간을 한껏 누리는 일뿐이다. 인생에서 한 해 한 해가 거듭되고, 사계절과 절기가 다시 돌아오며, 365일 동안 날마다 반복되는 것은 각각의 섬세한 차이를 즐기는 기쁨이 이면에 숨어 있다는 의미이다. 그것을 발견하고 누리는 것은 각자의 몫이다.

성의 있는 삶 _____

사소한 소개 글 몇 줄에도 온 힘을 다할 때가 있다. 몰두하는 시간이나 정도의 차이가 있을 뿐, 아무리 작은 일이라도 최선으로 대하지 않으면 의미 있는 결과가 나올 수 없다고 믿는다. 그렇게 성심성의를 기울이게 만드는 것은 마음이다. 마음은 모든 일의 요체이다. 마음이 거기 있지 않으면 생명이 없는 겉껍데기에 지나지 않는다. 깨어 있는 의식으로 내 앞의 대상에 마음을 집중하는 순간, 우리는 비로소 그 시간 속에 존재한다. 그 순간을 진정으로 살게 된다.

사로잡힌 나날 _____

'홀려 있다fascinated'라는 단어만큼 아름다운 말이 또 있을까. 좋아하는 것에 마음을 빼앗겨 혼신을 다해 몰입하는 일은 인생의 지극한 기뿐이다. 적어도 어떤 것에 몰두하는 그 순간만은 정지된 영원의 시간을 살 수 있다. 유한한 시간을 사는 인간이 순간을 영원으로 변모시킬 수 있는 유일한 길이다. 그것이야말로 생명의 유한성을 넘어서는 진정한 초월일 것이다.

삶의 직조 _____

삶은 옷감의 무늬 같은 것이다. 씨실 날실의 한 올 한 올이 매일매일의 일상이다. 일상의 한순간 한순간이다. 실이 한 올씩 오갈 때는 보이지 않지만, 시간이 지나며 점차 일정한 형태와 색조를 띤다. 옛 노래의 한 구절처럼 한숨을 섞어 짜면 옷감에 수심이 밴다. 행복감을 불어넣으면 온기가 감돈다. 차분한 마음으로 집중해야 원하는 대로 정교한 무늬가 그려진다. 촉박하고 욕심을 부릴수록 인위적이고 조악한 형상이 된다. 우리는 어떤 옷감을 직조할 것인가. 운치 있고 그윽하게, 소탈하고 겸허하게, 한적하고 고즈넉하게, 은은한 격이 깃든 삶의 무늬를 새길 수 있다면……

느끼고 깨닫고 행하기 _____

인생의 진실이 다면적이고 삶의 의미가 어느 하나로 정의하기 힘든 것이듯, 책의 주제 역시 다채로운 내용을 다루고 있다. 그럼에도 이 책에 실린 365개의 문구는 일관된 개념을 내포한다. 앞에 적은 몇 개의 단상은 책 속의 수많은 문장과 글을 관통하는 기본적 생각이다.
살아가면서 우리는 종종 감상에 젖는다. 아무것도 아닌 일상의 일을 계기로 자신을 되돌아보거나 깨닫기도 한다. 그 깨달음이 몸과 마음을 움직이는 의지가 되어 행行한다. 산다는 건 그처럼 느끼고 깨닫고 행하는 것이다. 그것이 인생의 세부이다. 내 감성을 자극했고, 깨달음의 단초가 되었으며, 움직여 행하게 한 동기가 되어준 시·소설·수필·영화 속 한 구절·동서고금의 지혜가 담긴 명구를 모아보았다. 동시대적 공감이 느껴지거나 우리보다 먼저 세상을 살다 간 이들이 전 생애를 걸고 토해낸 삶의 진실이 깃든 언어들도 함께 담았다. 그리고 그에 대한 짧은 소회를 곁들였다. 가끔은 심오한 관조로 혹은 가벼운 도회적 감성으로, 또 가끔은 감각적이고 소소한 일상의 만족감으로, 촉을 활짝 열어 매 순간 깨어 있고 싶은 한 사람으로서 진솔한 시각이 담긴 글을 지향했다.

아이템을 정하고 원문을 찾고 일일이 번역하는 일은 마치 사전 만드는 것처럼 지난했는데, 그런 만큼 많은 시간과 집중이 필요했다. 그런 노력이 이 책을 보는 누군가의 삶에 조금이나마 도움이 되었으면 한다. 매일매일, 한순간 한순간을 잘 누리고 최선을 다할 수 있기를! 어떤 상황에서든 용기를 잃지 않고 긍정적인 생각으로 헤쳐 나아갈 수 있기를! 또한 일상의 번잡함에 시달리며 까맣게 잊고 있던 따사로운 옛 기억을 떠올릴 수 있다면, 문득 펼쳐 본 한 구절에서 가슴 깊이 잠든 숨은 꿈과 별이 되어 하늘 높이 올라가버린 어린 날의 순수를 되새길 수 있다면 더 바랄 게 없을 것이다.

최경란

January ——— February ——— March ——— April ——— May ——— June ——— July ———

August ——— September ——— October ——— November ——— December

January 1

새날의 시작

우리는 책을 연다. 그 속엔 아무것도 쓰여 있지 않다.
우리 스스로가 글을 써넣을 것이다.
그 책의 제목은 '기회'이고 그 첫 번째 장의 이름은
'새해 첫날'이다.

_ 에디트 러브조이 피어스

인생은 되돌리기 어려운 것이다. 한 번 내디딘 발길에는 복잡한 사연과 상황이 얽혀 있다. 그러나 한 해에 한 번은 모든 걸 다시 시작하게 해주는 행운의 날이 있다. 새해 첫날이다. 아주 오래전부터 이날에 대해서만큼은 세상 모든 사람이 약속하고 보증해왔다. 새로 시작할 수 있다고. 새로 시작해도 된다고. 선물로 주어진 한 해의 첫날, 마음껏 앞날에 대한 새 그림을 그려보자.

한 줄의 행

'처음'이란 얼마나 설레는 단어인가. 모든 가능성이 다 내 손에 달려 있다. 아무것도 없는 백지 위에 내 마음대로 써나가도 되는 것이다. 조용히 눈을 감고 경건한 마음으로 내 앞에 놓인 하얀 책장을 펴자. 마음의 펜을 들어 내 한 해의 첫 글자를 써보자. 나는 이렇게 쓸 것이다.
'나는 나 자신을 믿어. 지금까지 그래왔듯 올해도 매 순간 성의를 다할 거야.'

January 2

앞날을 먼저 살아보는 방법

계획을 세우는 일은 미래를 현재에 가져오는 것이다.
그래서 당신은 지금 미래에 대해 미리 뭔가 해볼 수 있다.

_ 앨런 라킨

과거를 추억하는 것은 그날들을 현재에 되살리는 일이다. 지나간 일은 현재 속에서 기억되며 다시 한 번 생명력을 얻는다. 그에 비해 미래는 올지 안 올지조차 확신하기 어렵다. 하지만 미래를 현재 속에서 선행할 수 있다면 어떨까. 놀랍게도 방법이 있다. 앞날에 대한 계획을 세우는 일이다. 계획을 통해 우리는 미래에 벌어질 일의 방향성을 설정할 수 있다. 세부적인 준비로 미래에 대한 리허설도 해볼 수 있다. 이로써 앞날이 눈앞의 현실로 다가왔을 때 유연하고 침착하게 그 순간을 맞이할 수 있다.

한 줄의 행 _____

앨런 라킨은 빌 클린턴 대통령의 시간 스케줄을 담당했던 시간관리 전문가이다. 계획을 통해 미래를 먼저 살아본다는 발상이 신선하게 다가온다.

January 3

서둘지 말 것

표현하고 싶은 게 많을 때는 서둘러도 소용없다.

_ 파울 클레

머릿속에 생각나는 게 많아지면 마음이 급해진다. 그 많은 상상이 사라지기 전에 실체화해야 한다는 초조감이 앞선다. 하지만 상상과 의욕만 가지고 일을 이루기란 힘들다. 하나의 아이디어를 구체화하려면 차근차근 순서와 과정을 밟아 나아가야 한다. 여러 생각을 한 번에 쏟아부으려 하면 표현의 병목현상이 일어날 수 있다. 어떤 실마리를 먼저 끄집어내야 할지 몰라 오히려 멍해지는 것이다.

한 줄의 행 _____

우선 심호흡을 하며 조바심을 가라앉혀야 한다. 그런 후 떠오르는 것들을 하나씩 메모해보자. 구체화하는 것은 그다음의 일이다. 그런 식의 사전 정비를 통해 취해야 할 것과 버려야 할 것이 걸러지기도 한다.

January 4

갈급해야 참맛을 안다

그대는 지금 목마르지 않다. 어찌 물의 참맛을 충분히 알 것인가.

_ 박제가, 〈시선서〉

같은 시간 속을 살아가고 있지만 어떤 이에게는 세상이 단조롭기만 하다. 또 다른 이에게는 다채롭고 아름답다. 천차만별의 맛과 깊이를 지녀 음미할 만한 곳이다. 매사 무심히 훑고 지나가면 세상 모든 것이 무덤덤할 뿐이다. 물의 맛이든, 문장의 맛이든, 혹은 일상의 일이라 해도 모두 똑같다. 마음을 거기 두고 집중하지 않으면 그 참맛과 본질에 다가갈 수 없다.

한 줄의 행 _____

고민도, 애정도 없고 진정으로 대하려는 마음도 없으니 사물의 제대로 된 맛을 느낄 수는 없다. 먼저 마음가짐을 성실히 하고 진지한 눈으로 일과 사람, 사물을 대하자.

January 5

마음이 급할수록

너는 성급함보다는 계획으로 더 잘 이길 것이다.

_ 푸블릴리우스 시루스

새 희망에 부풀면 당장이라도 무언가 해내야 할 것 같다. 그래서 필요 이상으로 움직이기 쉽다. 그러나 1년이라는 기간은 길다. 흥분된 마음으로 이리저리 움직이면 원하는 일을 이루기 전에 체력이 고갈된다. 차분하게 앉아 들뜬 마음을 누르고 차근차근 계획을 세워보자. 월 단위의 계획과 주 단위의 계획, 지나친 속박을 싫어하지 않는다면 하루 단위의 계획을 세워도 좋다. 그렇게 세운 계획을 조금씩 실천하다 보면 어느새 원하는 지점에 가까워지고 있는 자신을 발견할 것이다.

한 줄의 행

일상은 계획대로만 이루어지진 않는다. 예상치 못한 돌발변수가 생긴다. 그렇게 몇 번 어긋나면 처음 계획에서 손을 놓게 된다. 누구든 마주치는 위험이지만 얼마나 요령 있게 대처하느냐에 따라 포기 없이 계획을 수행할 수도 있다. 예를 들어 1~2주에 한 번쯤은 실행 못 하고 넘어간 부분을 만회할 수 있는 날짜를 넣어보자. 자신에게 패자부활전의 기회를 주자.

January 6

목표를 구체적으로 세울 것

목표가 구체적인가 어떠한가. 다소 사소한 것이지만
그것이 성공하는 사람과 못하는 사람의 결정적인 차이이다.

_ 야나이 타다시

목표를 막연하게 세우는 심리적 상태는 대략 두 가지로 나눌 수 있다. 첫 번째는 귀찮음, 두 번째는 뭘 어떻게 해야 할지 몰라 일단 통합적인 구호만 걸어놓고 만족하기. 첫 번째 경우는 목표를 이루겠다는 마음의 진정성과 필요성이 부족하다. 두 번째 경우는 목표를 이루기 위한 정보가 없어 성공으로 향하는 세부적 과정의 길을 찾지 못한 것이다. 정말 마음이 있다면 목표와 관련된 내용을 치밀하게 모색하게 된다. 그에 따라 목표를 이루기까지의 단계적 실천 방안이 세워진다. 목표가 구체성을 띨 수밖에 없다.

한 줄의 행

'성공'이라는 과실은 절박성을 에너지원으로 자라나고 열리는 게 아닐까. 에너지가 강하면 강할수록 물과 양분을 빨아들이는 뿌리의 힘도 튼튼하다. 햇살과 바람도 적극적으로 불러들인다. 수액과 양분이 포화되면 잎과 가지, 꽃을 거쳐 열매로 분출될 수밖에 없다. 목표를 세울 때는 먼저 그것이 왜 내게 필요한지부터 생각하고 점검하자. 성공의 에너지를 충전해보자.

January 7

시작하기에 적당한 시간

시작하기에 최적의 시간은 작년이었다.
그걸 실패했다면, 오늘이 그날이다.

_ 크리스 길보

새해 계획을 세웠다면 이제부터는 실행이다. 관념 속의 시작은 의미가 없다. 언제가 되었든 행동으로 옮기는 그날이 진정한 시작의 날이다. 설령 그 계획이 이전에 시작되었어야 마땅하고 시작할 타이밍을 놓친 것이라 해도 상관없다. 오늘 시작한다면 자신에게 또 한 번의 기회를 주는 것과 같다. 싹이 나고 꽃이 피는 것도 씨앗을 심어야 가능하다. 지금 바로 일어나 땅을 파고 흙을 일구어보자.

한 줄의 깨달음

의욕이 충만할 때 많이 가놓는 것도 나쁘진 않다. 기운이 떨어질 즈음 잠시 쉴 수 있는 여유를 얻게 된다. 하지만 1년은 먼 길이다. 마음이 과하게 앞서면 쉽게 지친다. 의욕과 실행을 적절히 조절하는 지혜가 필요한 날이기도 하다.

January 8

연습이 최선

다른 사람이 한 번에 가능하면 자신은 백 번 해보고,
다른 사람이 열 번에 능숙하면 자신은 천 번을 해봐야 한다.

_ 《중용》 제20장

서첩 《난정서》로 유명한 왕희지는 글씨 쓰는 이들 사이에서 '서성書聖'이라 불렸다. 타고난 재능도 뛰어났지만, 그의 경우는 끝없는 연습을 통해 서법을 예술의 경지로 끌어올렸다. 그는 자나 깨나 글씨 생각에 골몰해 있었다. 길을 걷다가도 좋은 서체가 떠오르면 옷소매 위에 손가락으로 글씨를 쓰곤 했다. 어찌나 많이 썼던지 옷에 구멍이 날 지경이었다. 또한 집 앞의 연못이 붓과 벼루를 씻은 물로 검게 변할 정도였다. 어떤 일에 일가를 이룬다는 건 그냥 되는 일이 아니다.

한 줄의 행

왜 안될까 하고 절망하기 전에 백 번 천 번 더 노력해보자. 그러고도 안될 때만 포기할 자격이 있다.

January 9

눈 내린 산길

조그만 산길에 흰 눈이 곱게 쌓이면
내 작은 발자국을 영원히 남기고 싶소.
내 작은 마음이 하얗게 물들 때까지
새하얀 산길을 헤매이고 싶소.

_ 김효근, 〈눈〉

골목길이든 공원길이든, 눈이 내린 곳은 어디든 아름답다. 하지만 인적 드문 산길에 덮인 눈은 정적과 어우러져 더욱 고요하고 순결하게 느껴진다. 그런 산길을 걷다 보면 탁해졌던 마음도 눈으로 정화되어 순수를 되찾을 것 같다. 한 대학생의 가곡경연대회 출품작이지만 이후 가곡사에 남을 명곡이 된 눈의 노래…….

한 줄의 감성

오래전 청도 운문사 앞 솔숲에서 폭설에 갇혀버린 적이 있다. 바깥세상의 소음과 명리로부터 잊힌 절대 정적의 공간. 자아라는 관념과 행태를 모두 버리고 눈에 완벽히 동화되어 있었다. 지금도 눈이 펑펑 내리는 날이면 그날 그 순간의 무기력한 홀림이 온몸의 감각으로 되살아난다.

January 10

성취감

사람의 유일한 실패는
자기 자신의 가능성에 부응하지 못하는 것이다.

_ 에이브러햄 매슬로우

사람은 자기 가능성에 대한 믿음과 기대가 있다. 자신의 자질과 능력대로라면 '이 정도는 이룰 것이다' 하는 일정한 성취의 지점이 있다. 어린 시절에는 선생님, 간호사, 축구선수, 소방관, 법관, 대통령처럼 막연한 꿈일 경우가 많다. 성인이 되면 자신이 속한 사회 속에서 좀 더 구체적인 목표를 갖게 된다. 노력 끝에 원하는 일을 이뤘을 때의 성취감은 다른 만족감과는 전혀 다른 종류의 것이다. 성취란 삶의 의의가 깃든, 한 존재로서의 자기실현이기 때문이다. 따라서 스스로 기대감에 못 미쳤을 때 오는 좌절감은 평생 아쉬움과 미련을 남긴다.

한 줄의 공감 _____

성취에 대한 욕망은 사람을 자발적으로 움직이게 하는 가장 강력한 동인 중 하나일 것이다.

January 11

능력의 한계

당신의 능력에 대한 유일하고 진정한 제약은 갈망의 정도이다.
당신이 그것을 몹시 원하기만 한다면 성취할 수 있는 것에 한계가 없다.

_ 브라이언 트레이시

대부분의 사람은 몇 번 해보다가 안되면 포기하고 다른 길을 간다. 이솝우화에 나오는 여우처럼 포도를 딸 수 없자, "저건 신 포도일 거야"라며 목표 자체를 깎아내린다. 반대로 "능력의 한계였다"라고도 말한다. 그러나 상황을 직시해보면 능력 부족으로 실패했다기보다 계속하겠다는 마음의 끈을 놓아버려서 생긴 결과일 때가 많다. 평범한 능력을 지녔음에도 우직하게 노력해서 일을 이뤄온 사람들이 있다. 이들의 특징은 집념이 강했다는 점이다. 한 가지 일에만 매진하며 끝까지 일을 이루고야 말겠다는 마음을 잃지 않는다면 언젠가는 성공하게 마련이다.

한 줄의 행

'능력의 한계'라는 말을 쓰려면 적어도 한계가 올 때까지 노력해보았다는 게 전제되어야 한다. 정말 원한다면 끝까지 한번 해보자. 만약 그러고도 안됐다면, 그것은 이미 실패가 아니다. 한계에 이르도록 노력했다는 그 기억 자체만으로도 값진 의미가 있다.

January 12

삶의 목적지에 이르는 길

"각기 다른 길들이 때로 같은 성으로 이어지지."

_ 조지 마틴, 《얼음과 불의 노래》

'성'이라는 목적지에 이르는 길은 여러 갈래이다. 우리는 그중 어느 하나의 길만을 옳다고 단정할 수 없다. 좀 더 쉬운 길과 빠른 길, 험한 길과 돌아가는 길의 차이가 있을 뿐이다. 각각의 길은 나름의 정취와 특색을 지닌다. 어떤 길을 택하든 그 끝에는 똑같은 성이 있다. 인생도 마찬가지이다. 생명 됨의 실현 그 자체, 또는 자신이 원하는 분야에서의 성취, 도道의 경지에 이르는 것 등을 삶의 목적지라고 가정해보자. 사람들은 저마다 타고난 개성이 있다. 개인의 취향, 느낌, 판단에 따라 각자 다른 길을 택한다. 그러나 그들이 가고자 하는 길의 종착역은 같다. 그 길에 우열이 있을 리 없다.

한 줄의 깨달음

중요한 것은 '길의 다름'이나 '목적지의 같음'이 아니다. '스스로 택한 길을 얼마나 충실히 끝까지 잘 걸어가는가'가 핵심이다.

January 13

향기로운 처신의 사람

어느 날 소리도 없이 물밑으로 조용히 자취를 감추고 만다.
온 적도 없고 간 적도 없다. 다만 맑은 향기의 여운만이
우리의 기억 속에 남아 있을 뿐이다.

_ 손광성, 〈한 송이 수련 위에 부는 바람처럼〉

사람들은 각자의 삶을 살아나간다. 그러나 서로의 향기로 감화를 주고받는다. 그에 의해 생각이 변하기도 하고 삶의 길을 바꾸는 다른 선택을 하게도 된다. 내 한 몸의 삶이지만 타인의 삶과도 밀접한 관계가 있다. 그런 관계 속에서 어떤 삶의 방식을 택하는가는 본인의 의지에 달려 있다. 오고 감에 민폐가 되지 않고 사라진 후에는 맑은 향기로 남아 기억되는 한 송이 연꽃 같은 삶은 어떨까.

한 줄의 감성

늘 조용히 웃으며 뒤쪽에 머무는 사람, 평안하고 온화한 마음이 언행에 절로 배어나는 사람, 따뜻한 시선으로 상대의 아름다움이 피어나는 모습을 바라봐주는 사람, 어느 날 문득 느껴지는 옷깃의 잔향처럼 향기로운 여운으로 남는 사람이 될 수 있다면…….

January 14

조금씩 쌓아가는 것

일을 조금씩 쌓아가는 건 매달 하는 것이 매일보다 낫지 않고,
철마다 하는 것이 매달보다 못하며, 매년 하는 것이 매 철을 이기지 못한다.

_《순자》 강국편

조금씩 쌓아가야만 완성되는 일이 있다. 그런 일을 이루기 위해서는 작은 성공과 실패에 연연하지 않는 항상심을 지녀야 한다. 아무리 넓은 운동장이라 해도 한 걸음씩 걸어 답파하는 개미처럼 그 내용을 차곡차곡 채워나가지 않으면 안 된다. 끝까지 해내겠다는 의욕이 사라지지 않도록 끊임없이 스스로를 독려할 필요도 있다. 일주일에 한 번이나 한 달에 한 번처럼 사이를 두고 쌓아가서는 마음가짐이 흐트러질 수 있다. 매일 일정 분량을 정하여 규칙적이고 꾸준히 해나가는 게 도움 된다.

한 줄의 행 _____

눈에서 멀어지고 손에서 놓는 날이 많아지면 마음도 희미해진다. 시간이 날 때 가끔 하겠다는 생각보다 매일 조금씩이라도 손에 잡는 게 중요하다.

January 15

한결같다는 것

말은 거짓말을 한다. 행동도 거짓말을 할 수 있다.
일관성은 진실을 말한다.

_ 트렌트 쉘튼

어떤 사람이 하는 말만 듣고는 그를 판단하기 힘들다. 말보다 행동으로 보여주는 쪽이 믿음이 간다. 하지만 행동 역시 본심에서 우러나온 게 아닐 때가 있다. 만약 그의 말과 행동이 일치한다면 신뢰할 만하다. 그러한 일치가 오랜 시일을 두고 처음부터 끝까지 일관성 있다면 그것은 그가 보여줄 수 있는 최선의 진실이다.

한 줄의 공감

언행의 일관성은 길게는 한 사람의 인생이라는 긴 시간을 담보로 한다. 가장 소중한 것을 건 일생일대의 진정성이 우리의 마음을 움직인다.

January 16

일단 실행해 보고 나면

"내가 말하지 않았던가요? 문제라는 것이 한 번 풀리기 시작하면,
놀랍도록 쉽고 단순한 거랍니다."

_ 파울로 코엘료, 《순례자》

눈앞에 놓인 모든 문제는 두려운 존재이다. 막막한 심경으로 바라보면 난점만 보이게 된다. 그렇다고 언제까지나 손을 놓고 있으면 일이 진전될 수 없다. 아무리 어려운 일도 해결의 실마리는 어딘가 감춰져 있다. 손을 대보면 의외로 쉽게 풀어 나갈 길이 생긴다. 그 길을 더듬어가는 과정에서 그동안 쌓아온 문제 해결력이 빛을 발하기도 한다.

한 줄의 행

막상 풀리고 나면 생각보다 쉬웠음을 느낄 때가 많다. 일단 문제 안으로 뛰어들자. 길이 거기 있을 거라는 막연한 기대가 길을 만들 것이다. 없으면 스스로 길을 내면 된다.

January 17

기회의 문

기회가 노크하지 않는다면, 문부터 만들어라.

_ 유대인 격언

자신이 원하는 시기와 방향성에 맞는 기회가 오는 건 천운에 가깝다. 좀처럼 기회가 오지 않는다고 좋은 운을 바라고만 있을 일이 아니다. 기회가 주어지기를 기다리면 내내 수동적인 삶을 살게 될 수도 있다. 발로 뛰며 직접 기회를 만들어야 한다. 특히 자신의 의지와 계획에 부합하는 인생을 살고 싶다면 자신에게 꼭 맞는 맞춤형 기회를 만드는 게 최선이다.

한 줄의 깨달음

스스로 문을 만든다 해도 먼저 그 문을 통과할 자격을 갖추는 게 옳다. 어떤 경우든 기회는 준비되어 있는 사람의 것이다.

January 18

무언가를 시작할 때

매번 영화를 시작할 때마다 나는 같은 두려움과
동일한 자기의심을 느끼며 이야기를 끌어낼 원천이 하나뿐이라고 생각한다.
왜냐하면 그게 내 안에서 나오기 때문이다.

_ 페데리코 펠리니

새 일을 시작할 때는 누구나 두려움이 있다. 손에 익은 기술로 척척 숙련 작업을 해내는 자신감이 있다 해도 일마다 독특한 상황과 어려움이 있게 마련이다. 심지어 똑같은 일을 한다 해도 매번의 일은 각각 다른 새로운 일이다. 지난번에 성공했다고 이번에도 성공하리라는 보장은 없다. 더욱이 자기 안에서 캐낸 것으로 또 다른 창작품을 만들면 자기복제에 지나지 않는 건 아닐까 하는 의구심이 생긴다. 제아무리 영화계의 거장이라 해도!

한 줄의 행

누구나 시작은 두렵다. 아무것도 없는 막막함 속에서 처음부터 하나씩 만들어가야 하기 때문이다. 상상으로 그림을 그렸다 해도 그것을 구체화, 형상화하는 건 또 다른 일이다. 그러나 무의식의 심연에는 수많은 창작의 재료가 잠들어 있다. 똑같은 재료라 해도 어떤 방식으로 요리하는가에 따라 달라질 수도 있다. 내 안의 것과 바깥의 것이 만나 상상 이상의 그 무엇을 만들어내기도 한다. 무엇이 되었든 일단 선을 하나 긋는 게 중요하다. 그 선을 토대로 가지가 자라나고 잎이 피어날 것이다.

January 19

중요한 것은 마음가짐이다

사람이 성에 의존하면
성이 사람을 버릴 것이다.

_ 오다 노부나가

난공불락의 성을 지으면 그 성이 자신을 지켜줄 거라 굳게 믿는다. 그 결과 마음가짐이 느슨해질 수 있다. 그러나 적이 범접하지 못하는 건 성 자체의 견고함 덕분이 아니다. 그걸 토대로 어떡하든 성을 지켜내려는 사람의 지혜와 의지가 버티고 있어서이다. 아무리 든든한 성벽과 해자로 둘러싸여 있다 해도 적은 늘 방어막을 뚫기 위한 계책을 세운다. 성만 믿고 있다간 언젠가는 적에게 함락되고 말 것이다.

한 줄의 행

자기 분야에서 어느 정도 실적을 얻으면 그것을 믿고 해이해지기 쉽다. 하지만 모든 결과물은 지나가버린 과거의 흔적이다. 노하우 역시 그 자리에 머무는 한 매너리즘이 되기 쉽다. 항상 그러한 성과를 가져온 마음가짐을 유지하고 새로워지기 위해 노력해야 한다. 그렇지 않다면 끝없이 치고 들어오는 새 아이디어들에 의해 도태될 것이다.

January 20

중요한 일일수록 말을 아끼자

중요한 어떤 일에 대해 너무 많이 말하면
나중엔 그것의 실제 모습보다 더 사소하게 들리게 된다.

_ 메건 맥캐퍼티

좋은 말도 한두 번이라는 이야기가 있다. 가치 있는 일을 하고도 그에 대한 공치사가 거듭되면 아무것도 아닌 게 되어버린다. 처음 들을 때는 충격적인 내용이라 해도 여러 번 들으면 반응이 무디어진다. 매스컴에 오르내리는 수많은 이슈를 보면 잘 알 수 있다.

한 줄의 행

오래도록 중시되어야 할 사안이라면 그에 대한 언급에 신중해야 한다. 한 번에 주목받아야 할 중요한 프로젝트일수록 여기저기 말을 흘림으로써 기운을 빼는 경솔함을 삼가자.

January 21

눈 내리는 날

국경의 긴 터널을 지나자 설국이 펼쳐졌다.
밤의 밑바닥이 하얘졌다. 신호소에 기차가 멈춰 섰다.

_ 가와바타 야스나리, 《설국》

함박눈이 내리는 날. 거리도, 나무도, 카페도 눈에 덮였다. 눈이 모든 걸 백지로 되돌렸다. 세상은 분명 어제의 그곳이 아닌데 나만 똑같은 일상인 건 이상하지 않은가. 이런 날이면 탁한 세상과 단절된 낯선 여행지에서의 고립을 꿈꿔보는 것도 괜찮다. 처마 밑까지 눈에 파묻힌 온천장의 하루. 늘어지게 한잠 자고 깨어나면 지붕 위 푸른 눈 그늘에 햇살이 깃드는 모습을 감상할 수 있겠지. 숙소에서 차려주는 늦은 아침을 먹고 차 한 잔 마시러 걸어 내려간 마을길엔 어떤 만남이 기다릴까.

한 줄의 감성 _____

창밖이 훤해지도록 눈이 펑펑 내린 날. 영화 〈러브레터〉의 이츠키가 낡은 타자기로 편지를 치듯, 이 한 구절을 누군가에게 써서 보내자. 일상에 지친 영혼들에게 눈 나라의 설렘을 선물하자.

January 22

쌓여온 것의 분출

성장은 불규칙하게 앞으로 나아가는 움직임이다.
두 걸음 앞으로, 한 걸음 뒤로. 그런 사실을 기억하고
자신한테 다정하게 대하자.

_ 줄리아 카메론

특정 능력의 성장은 투입하는 노력만큼 결과가 금방 나타나지는 않는다. 우선은 에너지를 응집시켜야 한다. 그러다 뛰어오를 만큼 축적되면 화산의 분출처럼 성장의 결과가 눈에 보이게 된다. 실력이 나아졌다가 다시 퇴보해도 희망을 잃어서는 안 된다. 도약을 위한 시도가 우리 내부에서 끊임없이 이루어지고 있다는 방증이기 때문이다. 그럴 때 손을 놓는다면 성장을 위해 활성화되었던 기능들이 영영 화석화될 수 있다.

한 줄의 깨달음

성장은 사실 스스로의 능력에 대한 무리한 요구이다. 항상성을 유지하려 최선을 다하는 상태에서 그보다 한 계단 더 뛰어오르기까지 해야 하는 것이다. 시간을 두고 남는 힘을 축적해나가지 않으면 쉽지 않다. 진정 실력이 나아지길 원한다면 참을성 있게 조금씩 쌓아가야만 한다.

January 23

말과 글의 한계

글은 말을 다 표현하지 못하고, 말은 뜻을 다 나타내기 어렵다.

_《역경》 계사전 상편

말과 글은 구사하는 이가 지닌 뜻과 정서를 그대로 전하기 힘들다. 최대한 근접한 표현일 뿐이다. 직접 대면해서 말을 할 때는 그나마 몸동작이나 표정이 곁들여져 본심을 전달하기 수월하다. 말조차 문자로 대신하는 요즘 세상에서는 글의 표현으로 말미암아 오해가 싹트는 경우가 많다. 본인은 글에 마음을 담아 곡진히 표현한다 해도 보는 사람은 전혀 다른 의미로 받아들일 수 있다.

한 줄의 행

말과 글이 지닌 허점을 감안한 현명한 글 읽기가 필요하다. 상대가 보내온 문자가 의외의 문장이라 해도 그 전후 사정과 문맥을 잘 살펴 글에 드러나지 못한 본심을 파악해보자.

January 24

사랑의 의미

거기 있어줘라. 마음을 열어라. 솔직해라. 친절해라.
기꺼이 들어주고, 이해하며, 받아들여라. 지지해주고 용서하라.
이게 바로 사랑한다는 것이다.

_ 로리 데센

'사랑'이라고 하면 우선 남녀 간의 연애를 떠올린다. 그러나 그것은 사랑의 한 형태이다. 사랑은 우리 일상의 도처에 있다. 공기처럼 광범위하게 번져 있으니 알아채지 못할 뿐이다. 모성애, 가족과 친구에 대한 사랑, 사제 간의 신의, 인간애, 신에 대한 사랑 등, 사랑은 누군가와 어울려 살기 위한 필수 요소이다. 하지만 그 모든 사랑의 공통점을 따져보면 결국은 이 말들로 귀결된다.

한 줄의 행

쉬운 말들이지만 실제로 행하기 위해서는 성의와 인내가 필요하다. 일상의 지침으로 적어두고 틈날 때마다 상기하며 실행에 옮겨보자. 사랑의 정의를 아는 것보다 하나라도 실천하는 게 의미 있다.

January 25

행이 있어야 존재한다

행해지지 않는 상상은 아무런 의미가 없다.

_ 찰리 채플린

형체를 갖고 세상에 존재한다는 것은 정신과 물질, 혹은 마음과 몸의 조화로운 협업에 의한 결과이다. 그중 어느 하나라도 결여된다면 존재 자체가 불가능하다. 머릿속에도 수백만 가지의 상상이 오가지만, 그중 실제의 행위로 실행되는 것만 생명을 얻어 살아남는다. 아이디어 그 자체만으로는 의미가 없다. 결국 생각을 행동으로 옮기는 것은 있음과 없음, 존재와 비존재를 극명하게 가르는 출발점이다.

한 줄의 행

'아무것도 안 하는 것보다 무엇이든 해보는 게 낫다'는 말에 동의한다. 인간이 머리와 감각기관 외에 손과 발을 가지고 태어나는 이유도 생각한 걸 행하라는 원초적 행동의지를 지닌 것임을 명심하자.

January 26

기대하기보다 행하라

인생은 기대하고 희망하며 바라는 게 아니라,
행하고 존재하며 되어가는 것이다.

_ 마이크 둘리

희망을 품는 게 나쁘다는 의미가 아니다. 희망과 기대감에만 사로잡혀 있기보다 사소한 일이라도 몸으로 행하라는 뜻이다. 머릿속 상상이나 소원 같은 관념만으로는 아무것도 이루어지지 않는다. 움직여 선택하고, 만들어내며, 원하는 상태로 변화하기 위해 계획하고 실천한 결과가 삶의 내용을 채운다. 그것이 인생의 핵심이다.

한 줄의 행 _____

희망이 길을 밝혀주는 등불이라면, 불빛을 보고 한 걸음씩 앞으로 걸어가는 행위가 삶이다. 진정 살아 있고 싶다면 등불의 위안만으로 만족하지 말자. 지금 바로 신발 끈 고쳐 매고 성큼 발을 내디뎌보자.

January 27

실패를 전제한 시도

충분히 중요한 일이라면 시도해보아야 한다.
결과가 실패로 예상된다고 해도.

_ 엘론 머스크

한번 해본다는 것은 중요한 일이다. 일을 설계하고 시행하며 결과를 얻는 과정 그 자체를 통해 배우는 게 있다. 결과가 실패라고 정해져 있으면 오히려 다양한 해결 과정을 시도해볼 수 있다. 그런 경험이 쌓여 성공의 밑거름이 된다. 모든 이가 안될 거라고 믿는 일이 성공을 거둔 사례는 결과에 연연하지 않은 창의적인 시도에서 비롯된 경우가 많았다.

한 줄의 행 _____

실제로 오늘날의 유명 IT 기업들은 그런 시도 끝에 성공을 이루었다. 실리콘밸리의 사람들처럼 실패를 감싸주고 도전의 값어치를 인정해주는 열린 인식을 지녀보자.

January 28

그냥 잠들기엔 아쉬운 밤

하루가 끝나고 귀갓길을 서두르는 사람들.
단지 무언가 못 다한 기분에 다른 곳에 들르고 싶은 밤도 있다.

_ 영화 〈심야식당〉

자신이 원하는 대로 시간을 쓸 수 있는 사람은 많지 않다. 모두가 생계 혹은 다른 사정으로 하루의 대부분을 보낸다. 그렇게 하루가 가고 해가 지면 그대로 귀가해 잠들기에는 어딘가 미진한 마음이 든다. 매일매일 그날이 그날 같은 단조로운 일상을, 좀 사는가 싶게 살고 싶다는 욕망이 슬며시 제 존재감을 드러낸다. 그래서 사람들은 어디든 들렀다 가고 싶어 한다. 그것이 술집이든, 혹은 마음을 털어놓을 수 있는 다른 공간이든.

한 줄의 감성 _____

내 경우, 해 질 녘이 되면 문득 먼 길을 떠나고 싶어진다. 그대로 밤이 오고 잠이 들면 인생도 영영 그렇게 맥없이 끝나버릴 것 같은 아쉬움!

January 29

타임머신

"우린 모두 자신의 타임머신을 가지고 있지 않은가요?
우리를 과거로 돌아가게 해주는 건 추억이고, 미래로 옮겨주는 건 꿈이죠."

_ 허버트 조지 웰스

H. G. 웰스는 어린 시절 다들 한 번쯤은 재미있게 보았을 소설, 《타임머신》과 《투명인간》의 작가이다. 책이 출간된 지 100여 년이 흐른 지금도 타임슬립은 소설이나 영화, 드라마의 인기 소재이다. 과거나 미래로 가보고 싶은 사람들의 열망은 동서고금의 보편적인 정서인가 보다. 과학 역시 시간여행의 가능성을 끊임없이 타진 중이다. 하지만 그의 말처럼 우린 이미 시간을 거슬러 오르거나 앞당기는 법을 본능적으로 알고 있었다. 몸은 현재에 있되, 머리는 몇 번이든 과거와 현재를 오간다. 알 수 없는 미래의 존재를 기정사실화하여 앞날의 계획을 세우거나 성취의 꿈을 꾸고 있다.

한 줄의 깨달음

두 발로 땅을 딛고 선 채 정신은 광대한 우주를 소요할 줄 알고, 그 시작과 궁극의 지점을 통찰할 수 있던 직관의 인간이 한때는 하나하나 증거를 내미는 과학의 성과에 기가 눌려 상상력을 잃어갔었다. 다행히 요즘은 둘이 뗄 수 없는 하나임을 자각한 융합의 개념이 주목받고 있으니, 마음껏 추억하고 꿈꾸자.

January 30

가시 속의 장미

"장미에 가시가 있다고 슬퍼하지 마세요.
가시가 장미를 가졌다고 기뻐해야 합니다.
오늘은 어제 걱정하던 날이지만, 그 일은 일어나지 않았습니다."

_ 리 차일드

일자리를 잃었다면 당장은 괴로운 게 사실이다. 오래된 사랑과 헤어졌다면 혼자 맞아야 할 앞날이 막막할 것이다. 그러나 다른 시각으로 보면, 그 일에 매여 있을 때는 생각하지 못했던 새로운 길을 모색할 수 있다. 자신의 내면을 진지하게 돌아보고 변화를 준비할 기회가 되기도 한다. 같은 사실이라도 어떻게 대하느냐에 따라 전혀 다른 의미로 다가온다. 고통스런 사건과 마주쳤을 때 그것을 새옹지마로 반전시켜주는 트리거는 긍정적인 시각을 갖는 일이다.

한 줄의 공감

작가 리 차일드는 막 중년에 접어든 나이에 18년간 일해온 방송국에서 구조조정으로 일자리를 잃었다. 그리고 택한 길이 전업 작가였다. '잭 리처'라는 캐릭터를 등장시킨 〈추적자〉로 큰 성공을 거두었고, 이후 매년 한 편씩 출간하는 꾸준한 작품 활동을 하고 있다. 그는 '장미의 가시'가 아니라 '가시 속에서 핀 장미'를 볼 줄 아는 사람이었다.

January 31

삶의 조종사

나쁜 소식은 시간이 날아가듯 흐른다는 것이다.
좋은 소식은 당신이 조종사라는 점이다.

_ 마이클 알츠쉴러

사람들은 세월이 빨리 가는 것을 한탄한다. 시간이 지나가는 것은 정해진 사실이다. 그러나 그 위에 올라타고 있는 내 삶이 어떤 양상으로 흘러가는지, 어디에 도착할지는 내 손에 달려 있다. 조종간을 놓은 채 시간 탓만 하는 건 스스로의 삶에 대한 직무유기이다.

한 줄의 행

새삼스럽지만 인생은 만만치 않다. 날아가고 있는 시간 속에서 정신을 바짝 차리고 해야 할 바를 이루어야 한다. 지금껏 조종간을 놓고 살았다면 이제부터라도 삶의 각 구간에서 거쳐야 할 목표점들을 설정해보자. 가야 할 곳이 명확해지면 구체적으로 어떻게 움직여 나아가야 할지도 눈에 보인다.

February 1

겨울의 끝 달

을미년 납월 5일 밤 거사가 편지를 쓸 때,
수선화 한창 피어 맑은 향기 벼루에 감돌고 종이에 스며드네.

_ 추사 김정희, 《완당전집》 제5권, '초의에게 주다'

추사는 오래도록 제주에서 유배생활을 했다. 당시 차와 글로 서로 누구보다 잘 통했던 초의선사에게 보낸 수많은 편지 중 한 편의 맺음말이다. 납월臘月은 음력으로 12월을 일컫는다. 음력으로는 10월부터 12월까지를 겨울로 본다. 음력 12월은 겨울의 끝 달이다. 양력으로는 대개 1월 중순에서 2월 초순 사이이니 딱 이맘때쯤이다. 제주는 북쪽보다 기온이 높아 아마도 겨울 끝 무렵이면 수선화가 피었었나 보다.

한 줄의 감성

편지의 주인은 가고 세월도 흘러 누군가가 공들여 찾아 읽지 않으면 기억되지 못하는 글들. 문장 속에 스민 수선의 향기는 아직도 살아남아 글을 펼쳐보는 내게도 은은하게 번져온다. 취향과 문기文氣가 통하는 지음知音 같은 지인이 있다면 편지라도 한 장 쓰고 싶은 겨울의 끝 달.

February 2

일과 일상의 단순화

단순성은 두 단계로 요약된다.
꼭 필요한 것을 찾아내고, 나머지는 없애라.

_ 레오 바바우타

수많은 정보, 과하게 많은 물건, 복잡하게 얽힌 인간관계 속에서 살고 있는 우리는 생각해야 할 일이 너무 많다. 살펴주고 관리해야 할 것도 쌓여 있다. 그런 잡다함에 신경을 기울이다 보면 중요한 일을 해낼 시간이 없어진다. 일의 우선순위를 정하고 불필요한 일을 과감하게 정리하는 결단이 필요하다.

한 줄의 행

한 해의 첫 달은 그 어느 때보다 의욕이 충만하다. 새로운 계획에 대한 열정만으로 잡념 없이 실행하는 게 가능하다. 그러나 두 번째 달쯤 되면 발목을 잡아끄는 요인들이 슬슬 눈에 띄기 시작한다. 그중 하나가 집중을 방해하는 주위 환경이다. 머리가 복잡하거나 주변이 어수선하면 원하는 일에만 열중하기 힘들다. 필수적인 것만 빼고 모두 정리할 필요가 있다. 시간이 흘러 일이 더 많이 진척되면 그럴 여유조차 없어질 것이다. 지금이 딱 적기이다.

February 3

지금 바로 일어나 일하라

아마추어는 앉아서 영감이 오기를 기다리지만,
나머지는 그냥 일어나 일하러 간다.

_ 스티븐 킹

사람들은 일을 손에 잡기 전, 뜸을 들인다. 일을 시작할 기분이 나는지, 몸 상태에 이상은 없는지, 주변 상황을 깨끗이 정리했는지부터 살핀다. 그러고도 좋은 생각이 날 때까지 또 한참을 기다린다. 이런저런 핑계를 대며 늦추는 한, 일이 시작되기는 어렵다. 일하겠다고 맘먹었다면 군더더기를 뺀 심플함을 몸에 장착해야 한다. 여러 가지 준비나 영감의 유무와 관계없이 일에 돌입하는 게 좋다. 아이디어와 영감은 구체성의 발판 위에 오는 경우가 많다. 뭐든 손에 잡고 진행하다 보면 좋은 생각이 떠오르게 된다.

한 줄의 공감

오래전, 그의 창작론《유혹하는 글쓰기》를 읽으며 펑펑 울었던 기억이 난다. 한 작가의 치열한 삶의 흔적이 고스란히 담겨 있었기 때문이다. 그의 작품 경향에 대한 호불호와 관계없이 작가로서 일을 대하는 그의 성실한 자세는 늘 존경스럽다.

February 4

책에 대한 미련

삶을 간소화하고 더 적은 것으로 살기 위해 노력하는
많은 사람이 집의 잡동사니를 정리하는 과정에서 책들은 제외한다.

_ 커트니 카버

어릴 때부터 '좋은 것'으로 생각에 각인된 물건이 몇 가지 있다. 사람의 정성과 마음이 담긴 물건들, 예를 들면 엄마가 싸주신 도시락, 마음으로 쓴 편지 같은 것들. 꽃도 그렇다. 그중 우위를 차지하는 건 단연 책일 것이다. 집과 학교, 사회 전체가 책에 대해 좋은 인상을 심어주려 노력해왔다. 실제로도 재미와 유익성을 지녔으니 좋은 물건 중 좋은 물건임에는 틀림없다. 그러나 집 공간의 대부분을 차지할 만큼 과한 분량의 책이 있고, 책 무게에 치여 자유로운 운신이 방해받는다면 그 경우의 책은 짐일 수 있다. 그럼에도 책을 정리하겠다는 생각은 좀처럼 들지 않는다.

한 줄의 감성 _____

내 경우도 똑같다. 물건에 대한 욕심은 전혀 없다. 하지만 한 번 손에 들어온 책은 머릿속에 저장된 애잔한 기억들처럼 늘 그 자리에 있어주길 바란다. 책을 지닌 기쁨은 물건을 소유했을 때와는 또 다른 정신적 차원의 행복감이다. 책 정리는 내게도 아직 요원한 일이다.

February 5

한 번에 하나씩만

많은 일을 해내는 더 짧은 길은
한 번에 하나씩만 하는 것이다.

_ 볼프강 아마데우스 모차르트

우리 사회는 갖가지 일을 한꺼번에 해내는 멀티태스킹을 미덕으로 여긴다. 그러나 몇 년 전 스탠퍼드대학교의 한 연구가 이에 대한 일반인들의 믿음을 깼다. 인간의 두뇌는 멀티태스킹이 불가능하다는 것이다. 각기 다른 일을 하기 위해서는 뇌의 다른 부위를 써야 한다. 일을 바꾸면 뇌의 스위칭이 재빨리 이루어져야 하고 새 작업에 적응하느라 그만큼 시간이 낭비된다. 그동안 멀티태스킹이라는 도달하기 힘든 이상을 세워놓고 얼마나 많은 사람이 스스로를 자책해왔을까. 빠듯한 연주 여행 스케줄에 시달렸던 35년의 짧은 생애 동안 600여 곡의 다작을 남긴 모차르트가 경험으로 취득해 남긴 말을 주목해보자.

한 줄의 행 _____

결국 집중해서 한 번에 한 가지만 해내는 것이 효율적이라는 결론! 왕도는 없다. 급할수록 순서대로 하나씩 해결해보자.

February 6

시간에 대한 강박관념

현대인은 일을 빨리하지 않을 때, 무언가를 잃는다고 생각한다.
바로 시간이다. 하지만 그는 정작 시간이 생겼을 때 무얼 할지 잘 모른다,
시간 죽이기를 빼고는.

_ 에리히 프롬, 《사랑의 기술》

오늘날 대부분의 일은 협업의 형태이다. 한 사람이 일정을 맞추지 못하면 연쇄적으로 일이 지체되거나 일의 마지막 단계를 맡은 이가 초과한 시간만큼 고생해야 한다. 일의 속도를 맞추는 것은 협업에서 큰 미덕이다. 하지만 그것이 일상화되면 일을 제대로 해내는 것보다 빨리 해내는 것에만 역점을 두게 될 위험성이 있다. 심지어 속도와 관계없는 일에서도 시간을 충분히 쓰는 것에 대해 낭비한다는 강박관념을 갖게 된다.

한 줄의 깨달음

조급함이 일상화된 우리는 시간 아끼기에는 능숙해졌다. 그러나 허겁지겁 시간을 쓰는 방법밖에 모르다 보니 남는 시간의 여유가 낯설다. 일을 빨리 해치우고 그 나머지 시간을 무의미하게 흘려버릴 거라면 차라리 주어진 시간 동안 일에 집중하여 완성도를 기하는 습관을 들여보자. 그처럼 제대로 시간을 쓰는 방법을 알게 된다면 여유 시간이 남는다 해도 그 시간을 어떻게 써야 하는지 절로 터득하게 될 것이다.

February 7

작은 실천이 중요하다

도는 가까이 있는데 멀리에서 그것을 구하며,
일이 쉬운 곳에 있는데 어려운 데서 찾는다.

_《맹자》 이루 장구 상

사람들은 삶의 도道가 거창한 대의에 있다고 여긴다. 세상을 잘 살아가기 위한 방법도 좀 더 그럴듯한 것이어야 한다고 생각한다. 그러나 도는 하늘과 땅부터 일상의 구석구석에 이르기까지 미치지 않는 곳이 없다. 내 앞의 일상에 충실한 것이 곧 삶의 도를 구하는 길로 통한다. 삶을 잘 살아나가는 방법도 큰 뜻을 품고 드넓은 험지에서 거칠게 살아야만 하는 건 아니다. 내 손에 와 닿은 작은 일들을 열심히 해내면 그것 역시 제대로 사는 것이다.

한 줄의 공감

도를 깨우친 선각자들은 한결같이 일상으로 돌아와 담담히 살아가는 것을 으뜸으로 친다. 부모님과 가정, 이웃을 소중히 여기고 자기 일에 충실하며 하늘을 우러러 한 점 부끄러움 없이 살아가는 작은 실천의 삶이 곧 도를 찾고 행하며 사는 길이다.

February 8

달 밝은 밤

밤은 손안의 달과 같이 하늘을 따라 걸었다.

_ 프레데릭 로렌스 놀즈

검은 밤하늘에 뜬 환하고 커다란 달이 그려진다. 달은 밤이 깊어지면서 점점 높이 떴다가 한밤의 정점을 지나면 하늘에 난 달의 길을 따라 내려간다. 언뜻 사방에 가득한 검은 밤이 달과 함께 그 길을 걷고 있는 느낌이 든다. 우리가 잠이 든 다음에도 밤은 천천히 그리고 묵묵히 달을 손에 잡고 하늘 길을 걷고 있을 것이다. 여명이 깃들 때까지!

한 줄의 감성

어린 시절 정월 대보름날이면 달이 떠오르자마자 소원을 빌던 생각이 난다. 어른이 되어 망원경으로 달을 보고는 살짝 충격을 받았다. 수십 년간 내가 알던 따뜻하고 푸근한 달의 실제 모습은 마치 뽀얗게 성에 낀 흰 얼음 구슬처럼 차갑게 느껴졌다. 무언가에 대해 너무 많이 안다는 건 가끔 서글프다. 그래도 다행인 것은 달의 실재와 기억 속 달이 각각의 모습으로 자리하게 되었다는 점이다. 어린 날 한 번 가슴에 새겨진 인상은 아무리 세월이 흘러도 그 느낌 그대로인가 보다.

February 9

성취의 조건

위대한 일을 이루기 위해서는 두 가지가 필요하다.
첫째는 계획, 둘째는 아주 충분하지는 않은 시간.

_ 레너드 번스타인

일이든 작품이든 끝을 보기 위해서는 초고도의 집중이 필요하다. 하지만 그러한 상태에 이르는 건 쉽지 않은 일이다. 우리의 몸과 마음은 에너지가 많이 드는 집중을 꺼리는 경향이 있다. 충분한 시간이 주어지면 뒤로 미루고 싶어진다. 반면 일의 시한이 정해져 있다면 몸을 일으켜 집중할 수밖에 없다. 적당한 시간적 제약은 계획을 수행해야 한다는 책임감과 함께 일을 이루게 만드는 필수 요건이긴 하다.

한 줄의 깨달음 _____

그러나 일단 집중하고 나면 그다음부터는 완성도를 향한 창작 본능과 일을 이루겠다는 성취 본능, 일에 대한 애정과 열정 등이 일의 전 과정을 지배한다. 위대한 성취는 오히려 그런 자발적 요소들에 의해 크게 좌우되지 않을까. 그에 비하면 시간 제약이나 책임감은 부차적 요소일 수 있다.

February 10

말만 앞세우기보다

입속엔 더 적은 천둥을,
손안엔 더 많은 번개를 갖는 게 낫다.

_ 북아메리카 인디언 아파치족 격언

소리만 울리고 행동이 뒤따르지 않는 일이 세상엔 얼마나 많은가. 어떤 일을 실행할 때 말이 앞서면 본인에겐 에너지 낭비이고 타인에겐 섣부른 발설로 보일 수 있다. 말로 이미 완성을 이루었으니 실제 몸을 움직인다 해도 감흥이 없어진다. 앞선 말에 따라야 한다는 수동적 의무만 남아 일이 하기 싫어지기도 한다.

한 줄의 행 _____

'말보다 실천'이라는 문구가 반복해 입에 오르내리는 건 잘 실행되지 않고 있다는 방증이다. 행동화하는 건 쉽지 않은 일이다. 그러나 한 번 움직이고 나면 그만큼 보람도 크다. 무언가 실질적인 것을 이루고 싶다면 묵묵히 실천하자. 말은 그 뒤에 해도 된다.

February 11

세부의 중요성

**필수적인 것은 작게 쪼개진 세부이다.
작은 것들이 모여 큰일을 이루게 한다.**

_ 존 우든

세부 자체에만 집착하여 큰 틀을 못 보는 건 문제다. 큰 틀의 진전을 위해 자잘한 세부를 무시하고 넘어가야 할 때도 있다. 하지만 아무리 큰 계획, 그럴듯한 비전이라 해도 실제 일에 들어가 보면 작은 세부들로 나뉘어 있다. 그중 하나를 대충 건너뛰면 어느 단계에서든 문제가 발생할 수 있다. 그 하나하나를 답파하듯 짚고 넘어가지 않는 한 일은 결코 안 이루어진다. 마음이 들떠 손에 닿아 있는 작은 일을 무시해서는 안 된다. 목표하는 일에 돌입했다면 마음을 가라앉히고 조금씩 차곡차곡 만들어가야 한다.

사실 책 한 권을 쓰는 일도 그런 식이다. 매일 일정 시간 성실하게 앉아 써나가다 보면 결국은 완성에 이른다. 그 사이 온갖 감정의 이탈과 희망, 절망이 오가지만 최선책은 그럼에도 계속 쓰는 것이다. 무언든 일을 이루고 싶다면 집중하고 거기 진득하게 시간을 투입해야 한다. 세상의 모든 일은 한 걸음씩 쌓아간 사람들에 의해 비로소 콘텐츠가 채워진다.

February 12

생각을 바꾸면 달라지는 것

지금 '무엇이 없을까'보다 '무엇이 있을까' 하고 생각해보자.

_ 사이토 시게타

매사 불평을 준비 중인 것 같은 사람이 있다. 분명히 그는 심층적인 면을 꿰뚫어 보는 남다른 능력을 지녔지만 그가 발견하는 건 사물과 사람의 미운 점, 잘못된 점, 허점뿐이다. 타고난 능력을 반대의 경우에 적용한다면 어떨까. 삶이 좀 더 훈훈해지지 않을까. 스스로에 대해서도 마찬가지이다. 내가 못 가진 능력이나 단점에 집중하기보다 가진 것을 하나씩 헤아려보자. 단지 발상을 바꾸었을 뿐인데 자신에게 생각보다 많은 능력과 장점이 있음을 알게 될 것이다.

한 줄의 행 _____

자신이 앉아 있는 책상 주변, 집 안 구석구석의 수납장을 살펴보자. 누구든 분명 '언제 저런 것들을 다 사 모았을까?' 하는 생각이 들 만큼 많은 걸 가졌을 것이다. '이것 하나만큼은 누구보다 자신 있어'라고 생각되는 점들을 열거해보자. 아주 사소한 것이라도 괜찮다. 한순간에 물질도 마음도 부자가 되는 가장 좋은 방법, 바로 생각을 바꾸어보는 일이다.

February 13

편벽된 시각

자신이 망치만 가졌다면
모든 문제를 못으로 보는 경향이 있다.

_ 에이브러햄 매슬로우

패션과 관련된 일을 하는 사람은 거리에 나가서도 사람들의 옷을 유심히 보게 된다. 작곡가나 화가라면 음악과 그림이 인생의 대부분이라 생각할 것이다. 사람은 어쩔 수 없이 자신의 관심사 위주로 세상을 보게 된다. 그것이 일과 일상의 큰 부분이니 당연한 일이기도 하다. 하지만 매사를 한쪽에서만 보다 보면 그 실체와 관계없이 내 의도대로만 파악하는 오류를 범할 수 있다.

한 줄의 공감

일상 속에서도 이런 일을 종종 겪는다. 몸이 좋지 않을 때는 세상 모든 일을 건강과 연관 짓는다. 하나의 가설을 세운 이는 세상을 그 이론으로만 재단하고 싶다. 그러나 세상사는 셀 수 없을 만큼 다양한 원인으로 발생하고, 그 해결책도 경우에 따라 다르다. 세상을 한 가지로만 보는 편벽된 시각을 경계해야 한다.

February 14

2월의 황혼

새로 덮인 눈으로 매끄러운
언덕 옆에 서 있었습니다.
차가운 저녁노을 속에서
별 하나가 내다봅니다.
내가 보고 있는 그 별을 본 이는
아무도 없었죠.
그 별이 지켜보는 한 나도
선 채로 내내 저녁별을 바라보았습니다.

_ 사라 티즈데일, 〈2월의 황혼〉

2월의 저물녘, 겨울의 끝 눈이 쌓인 언덕 옆에서 별 하나와 조우했다. 별과 내 눈이 마주쳐 상대에게 집중하는 동안 내 의식과 감각의 우주엔 오직 그 별 하나뿐이다. 그 별의 시선도 온통 나를 향해 있다. 땅에 발 딛고 있는 유한한 나와 멀고 먼 시간의 거리를 달려온 영겁의 별빛이 일치되는 순간, 아무도 방해할 수 없는 둘만의 교감이 세상의 전부다.

한 줄의 감성

새로운 사람 하나를 만나는 것도 별 하나를 내 안에 들이는 일이다. 그가 나를 향해 싱그럽게 웃으며 첫인사를 건넸다. 자기만의 빛깔과 향기를 지닌 한 아름다운 존재가 생기 있게 반짝이며 빛나는 순간과 처음 교감하는 경이로운 경험을 하고 있는 것이다.

February 15

일의 순서

잎과 가지를 없앤 사람은
꽃과 열매를 얻지 않기로 결정한 것이다.

_ 루쉰

딴 데 마음을 쏟느라 띄엄띄엄 일하는 경우가 있다. 빨리 결말을 보려 대충 마무리하는 사람도 있다. 그러나 세상일은 그냥 이루어지는 법이 없다. 작고 눈에 띄지 않는 들꽃이라 해도 씨앗 하나를 맺기 위해서는 일정한 순서를 밟는다. 물과 온도, 빛과 양분의 적당한 조건 아래 싹이 트고 잎이 자라 꽃을 보아야 한다. 어느 한 가지 요소와 과정이 빠지면 열매를 얻지 못한다. 무성의하게 일을 처리했음에도 결과가 좋았다면 거기엔 겉으로 드러나지 않은 다른 이의 노력이 숨어 있을 것이다. 꽃의 아름다움과 열매의 기쁨을 누리고 싶다면 먼저 잎을 키우고 가지를 번지게 하는 기본적 과정이 필요하다.

한 줄의 깨달음 _____

한 톨의 쌀알, 한 개의 사과, 그리고 내가 입고 쓰는 모든 물건, 나를 둘러싼 온갖 사회적 시스템의 운용 뒤에는 얼마나 많은 이의 땀과 성의가 배어 있는가.

February 16

제대로 바라보기

오해는 버려라. 잘못된 판단에 휩쓸려
꼭두각시처럼 이리저리 움직여지지 마라.

_ 마르쿠스 아우렐리우스, 《명상록》

우리는 너무 빨리 판단하고 쉽게 흥분한다. 그 결과 오해가 속출하고 상황 파악에 오류가 생긴다. 다른 이의 의견이나 일의 전모를 잘못 이해하고 그에 따라 자신의 행동을 결정하는 것은 위험천만한 일이다. 그릇된 인식이 이성을 좌우하고 자신을 생각 없는 존재처럼 움직이도록 만들기 때문이다.

한 줄의 행 _____

행동을 결정하기 전, 한 번 더 고민하며 검토해보자. 사안의 핵심이 무엇인지, 주변 정황상 논리에 어긋나는 면은 없는지. 또한 감정이 앞서면 일을 그르칠 확률도 높아진다.

February 17

단순한 게 가장 세련된 것

문장이 지극한 경지에 다다르면 별다른 것 없이 알맞을 뿐이다.
인품이 지극한 경지에 도달하면
특별히 뛰어난 것 없이 타고난 그대로일 뿐이다.

_ 홍자성, 《채근담》

10년 전, 공들여 써둔 글귀가 부끄러운 이유는 뭘까. '그렇게 보내지 말았어야 해. 진심은 그게 아니었는데'라고 후회되는 사람은 왜 있을까. 일이든 작품이든 인간관계이든 처음엔 외형 가꾸기에 집착한다. 그러다 깨닫는 진리가 있다. 단순함이야말로 제일 높은 경지와 맞닿아 있다는 점이다. 단순함이란 추리고 추려낸 본질이다. 형용사와 부사를 버리면 주체와 행위만 남는다. 자존심과 아집의 허울을 버리면 한 조각 마음만 남는다. 내가 상대를 좋아하고 상대가 나를 아껴준 것, 그것이 본질이었다.

한 줄의 행

멋지게 보이려고 치장하고 있지는 않은가. 감정에 치우쳐 관계가 소원해지는 건 아닌가. 기교와 허울에 사로잡혀 있다면 훌훌 벗어버리자. 꾸밈없는 알맹이에만 집중해보자. 10년 전 실수는 한 번으로 족하니까.

February 18

보는 것과 겪는 것의 차이

자연이 아름답다는 것은
생활환경이 혹독하다는 것과 같은 의미이다.

_ 마루야마 겐지

누구나 전원생활을 꿈꾼다. 나무 냄새 가득한 깊은 숲, 여름 더위를 식혀주는 서늘한 계곡 물소리가 들리는 곳에 집을 짓고 한적한 나날을 보내고 싶다. 눈 펑펑 내리면 창밖에 쌓이는 눈을 바라보며 커피 한 잔 마시는 자족의 기쁨을 만끽하고 싶다. 그러나 그런 날들은 순간으로 지나간다. 일상에 남는 것은 문 앞까지 쌓인 눈을 치우고 또 치워야 하는 고통이다. 밤새 폭우가 쏟아지면 집이 쓸려 내려갈지 모를 두려움에 잠 못 이룬다. 멀리서는 아름다워 보이는 것도 실제 일상으로 겪어보면 처음 예상과 다른 법이다.

한 줄의 행 _____

어디 전원생활만 그렇겠는가. 보는 것과 겪는 것은 전혀 다른 차원의 일이다. 집이나 직장, 사는 환경을 바꿀 예정이라면 눈에 보이지 않는 사물의 이면에도 집중해보자.

February 19

얼음 녹는 날

바위틈 막은 얼음도
오늘 아침은 녹기 시작하여, 이끼 밑 물도 길을 찾겠네.

_ 사이교 법사의 와카

한 해의 절기들은 어김없이 돌아오고, 자연의 모든 것은 시간의 흐름에 순응한다. 벌써 겨울옷이 무겁게 느껴진다. 남쪽 지방은 들마다 산마다 이른 봄의 기운이 감돈다. 출근 혹은 운동하러 가는 길의 아침 공기 속에도 겨우내 맴돌던 차가운 경직이 풀리고 마음을 무장해제하는 느슨함이 깃들어 있다. 어느 날 깜짝 선물처럼 우리를 놀라게 할, 봄꽃들의 화사한 개화를 위한 물밑 준비 작업 같은 나날들.

한 줄의 행

눈이 녹고 얼음이 풀리면 땅속 씨앗들은 움틀 희망에 들뜬다. 사람도 자연의 일부이다. 그동안 품어왔던 꿈의 씨앗을 햇살 가득해질 세상 속으로 심어보자. 계절이, 자연의 기운이, 꿈의 싹을 틔워주길 바라면서.

February 20

연습해야 배운다

사람은 행동을 해봄으로써 행동력을 배우고,
생각을 해봐야 사고력을 배운다.

_ 존 버로우즈

무언가를 배우는 과정에는 세부적인 문제들이 숨어 있다. 그런 문제들은 누구나 겪는 일반적인 경우일 때도 있고, 사람에 따라 다른 형태의 어려움과 만날 수도 있다. 직접 겪어보지 않으면 상상조차 하기 힘든 일들이다. 배운다는 건 그런 구체적인 문제점들을 해결해가면서 자기만의 방식을 습득하는 것이다. 그것이 몸에 쌓일 때 일을 제대로 해낼 실질적 힘과 능력이 향상된다.

한 줄의 공감

글쓰기도 똑같다. 요리 역시 여러 번 해봐야 늘듯, 필력도 많이 써야 는다. 쓰고 또 쓰면서 다양한 난관에 빠지고 극복해보면 실력이 나아진다는 걸 절감할 것이다.

February 21

포기는 늦어도 된다

아예 안 하는 것보다는
늦게라도 하는 게 낫다.

_ 프랑스 속담

살다 보면 늦었다는 이유로 포기하는 사례가 얼마나 많은가. 모든 결과는 행동이 앞서야 발생한다. 포기하면 아무 일도 일어나지 않는다. 꼭 필요한 일이라면 늦게라도 발을 내딛는 게 좋다. 다른 이가 이미 결승점 근처에 가 있을지라도 비교할 필요는 없다. 그에게는 그의 삶이, 내게는 나의 삶이 있기 때문이다.

한 줄의 행

늦어서 안 받아줄 거라는 혼자만의 판단으로 상대에게 부탁하려던 일을 그만두기도 한다. 세상은 자로 잰 듯 융통성 없지는 않다. 피치 못한 사정이 있어 늦었다면 포기하지 말고 한 번 더 문을 두드려보자. 의외로 길이 열릴 수 있다.

February 22

일하는 동안 정말 일하고 있는가

문제가 생기지 않는다면,
업무는 오전 열 시에 끝날 것이다.

_ 우디 앨런

본격적인 일에 들어가려면 약간의 워밍업이 필요하다. 식사 후에는 졸음 때문에 분산되는 정신을 추스를 시간도 있어야 한다. 업무 시간이라고 일만 하기는 힘들다. 그러나 투입하는 시간에 비해 일에 진전이 없다면 자신의 시간 패턴을 잘 분석해볼 필요가 있다. 어쩌면 우리는 집중이 잘되는 오전 중 딱 한두 시간을 제외하고 나머지는 집중을 위한 노력에 더 많은 시간을 쏟고 있는지도 모른다.

한 줄의 행

창의력이 필요한 일을 하고 있다면 책상 앞에 앉아 있는 게 능사가 아니다. 짧은 시간 안에 승부를 보고 나머지 시간은 차라리 일에 도움 되는 영감의 재료들을 충전하는 방법도 생각해보자.

February 23

맛있게 먹고 일하자

맛있는 것으로 밥을 먹지 않으면
소설이 잘 써지지 않는다.

_ 모리 마리, 《홍차와 장미의 나날》

몸과 마음은 서로 끊임없이 영향을 주고받는다. 몸을 잘 챙기지 않으면서 마음의 평안을 기대하는 건 현실적으로 불가능하다. 마음이 흐트러져 있는데 몸이 집중해서 일을 해내는 것도 무리다. 몸의 항상성을 유지하는 것은 마음의 중심을 잡아 일상과 일을 잘해 나아갈 수 있는 기본이 된다. 제때 잠자고 아침, 점심, 저녁 세 끼의 식사를 제대로 챙겨 먹는 것은 생각보다 중요한 일이다.

한 줄의 행

일에 열중할 때는 먹는 시간조차 아깝다. 하지만 장기적인 시각으로 바라보면, 몸의 상태를 불안정하게 만드는 건 위험한 일이다. 기본을 다져놓아야 최선의 컨디션으로 최상의 결과를 낼 수 있다. 오후 세 시가 넘었는데 아직도 식사를 안 했다면, 과감하게 떨치고 일어나 우선 밥부터 먹자.

February 24

실수를 잊는 가장 좋은 방법

실수에 대한 능동적인 처리 방법은
즉시 인정하고 고치며 거기서 배우는 일이다.

_ 스티븐 코비

실수하면 사람들은 그 일을 두고두고 떠올리며 자책감에 빠진다. 반대로 그럴듯한 논리를 동원하여 무마하는 유형도 있다. 하지만 어떤 경우든 근본적인 해결책은 아니다. 실수에 대한 효과적인 대처법은 우선 자신의 실수를 맘 편하게 인정하는 일이다. 그런 후 가슴에 손을 얹고 냉정하게 분석해보자. 분석의 결과는 잘 기억해두었다가 동일한 경우에 빠질 때 똑같은 실수를 하지 않으면 된다. 그것이 최선책이다.

한 줄의 깨달음

실수를 되짚어보는 건 누구에게나 싫은 일이다. 하지만 그대로 묻고 지나가면 내내 마음의 상처로 남는다. 도피보다는 용기 있는 바로 보기를 통해 극복하고 넘어가는 편이 낫다.

February 25

문자화한다는 것

"무책임한 모든 말은 글로 쓰여서는 안 됩니다.
한 번 문자화되면 그 말을 지켜야만 하니까요."

_ 어니스트 헤밍웨이

글로 쓰는 것은 책임이 깃든 행위이다. 글은 한 번 발설하면 공중에 흩어져버리는 말과 달리 오래도록 남기 때문이다. 대중이 볼 수 있는 지면에 올랐다는 것만으로 공공성과 유사한 성격을 띠기도 한다. 더욱이 글 쓰는 이들에게 글은 치열한 진심의 토로이다. 언言과 행行을 일치하겠다는 신성한 약속이다. 뜻 없는 말이나 본심이 아닌 말이 글자로 기록되어서는 안 되는 이유이다.

한 줄의 행 _____

일상생활에서도 유용한 이야기이다. 인터넷 게시판에 의견 올리기나 SNS의 포스팅, 문자메시지에 이르기까지 우리는 하루 내내 우리의 느낌과 생각을 글로 옮긴다. 한 번 올리면 그 파급효과가 적지 않다. 글로 표현되었기 때문에 읽는 이의 감정과 정황에 따라 달리 읽힐 수도 있다. 좀 더 신중한 글쓰기가 필요하다.

February 26

삶의 조성

삶은 10퍼센트의 '내게 무슨 일이 일어나는가'와
90퍼센트의 '내가 거기 어떻게 대처하는가'로 이루어진다.

_ 찰스 스윈돌

살다 보면 여러 일을 겪는다. 큰 사고라면 미리 예방하여 벌어지지 않게 만드는 것이 현명하다. 그러나 그 외에 살면서 마주치는 크고 작은 문제들은 사람 간의 갈등, 혹은 이해관계와 입장의 차이 등으로 으레 생겨나게 마련이다. 사건이 없기를 바라기보다 삶이란 문제들을 풀어나가는 과정이라 생각해보자. 일어나는 일들에 일희일비하지 않고 해결을 위해 노력하게 될 것이다.

한 줄의 공감

꽉 막혀 보이는 문제의 돌파구는 발상의 전환에서 시작되는 경우가 많다. 왜 이 일이 하필 자신에게 일어났을까를 탓하고 있으면 모든 상황이 불운하게만 보인다. 사건의 발생 자체보다 해결책에 집중하는 한, 상황은 거기서 벗어나는 쪽으로 갈 수밖에 없다.

February 27

한 가지 유형에 속할 필요는 없다

나는 얼리버드이고 밤 올빼미이다.
그래서 나는 현명할 뿐 아니라 벌레도 얻는다.

_ 마이클 스콧

사람들은 보통 아침형 인간과 올빼미형 인간으로 분류된다. '일찍 일어나는 새가 벌레를 잡는다'는 서양의 속담처럼 아침형은 부지런하고 모범적인 인간의 전형으로 여겨졌다. 그에 비해 올빼미형은 기존 관습이나 틀에 얽매이지 않고 자유분방하며 창의력이 뛰어난 것으로 알려져 있다. 이 유형은 노마드를 선호하는 요즘 세상에 와서야 장점이 부각되고 있다. 모든 이가 다 아침형으로 변모한다면 세상은 융통성이 사라질 것이다. 올빼미형만 있다면 세상을 움직이는 규칙과 시스템을 시간 맞춰 운용하기 힘들 수 있다. 두 유형이 공존하거나 서로 절충하는 것, 그게 정답일 것이다.

한 줄의 공감

'일찍 일어나는 밤 올빼미'라니, 참 재미있는 발상이다. 인공지능과 빅데이터, 네트워크의 시대에 어울리는 초인간적 인간형일지도 모른다. 단, 모자란 잠을 보충할 수만 있다면……

February 28

먼저 숨을 고른 후에

겨울에는 나무를 베어내지 마라.
기운이 처져 있을 때 부정적인 결정을 하지 마라.
기분이 최악일 때 가장 중요한 결정을 내리지 마라.

_ 로버트 슐러

평소 마음에 들지 않는 사람이 있다면 그가 심기를 건드릴 때 절교를 통보한다. 사랑하는 이에게도 말다툼 끝에 결별을 선언한다. 우리는 나쁜 감정이 고조되었을 때 중요한 결정을 내리곤 한다. 심리적으로 불안하거나 어두운 감정에 빠졌을 때 내리는 결정이 제대로 된 것이긴 어렵다. 기분이 안 좋거나 상황이 나쁠 때는 사물을 부정적으로 보게 마련이다. 그럴 땐 일단 결정을 보류하는 게 현명하다.

한 줄의 행

매사에는 적당한 때가 있다. 중요한 결정은 차분하게 가라앉은 이성적인 상태에서 내려야 한다. 한순간의 감정과 판단 착오로 앞으로의 날들이 그릇된 방향으로 흐르지 않도록 신중을 기하자.

March 1

계절의 변화

계절이 바뀌면서 우리는 적응하는 법을 배운다.

_ 라일라 기프티 아키타

자연은 스스로 드러나는 도道이고 법法이다. 우리는 봄에 움트는 싹에서 만물의 시작을 배운다. 날로 무성해지는 여름 나뭇잎을 보면 부지런히 움직여야 할 시간임을 깨닫는다. 가을 들판에서는 결실의 기쁨과 다가올 쇠락을 감지한다. 겨울 얼음 밑을 흐르는 물소리를 들으며 움츠리고 기다리는 인내를 마음에 새긴다. 그렇게 변해가는 계절에 흔들리면서도 평상심으로 돌아갈 수 있는 이유는 거듭되는 계절의 변화에서 적응하는 방법도 배웠기 때문이다.

한 줄의 깨달음

자연은 변화할 뿐, 가르치고자 하는 의도는 없다. 알아채는 것은 각자의 몫이다.

March 2

내가 좋아하는 것들

나는 잔디를 밟기 좋아한다. 젖은 세사細沙를 밟기 좋아한다.
고무창 댄 구두를 신고 아스팔트 위를 걷기를 좋아한다.
아가의 머리칼을 만지기 좋아한다.
새로 나온 나뭇잎을 만지기 좋아한다.
나는 보드랍고 고운 화롯불 재를 만지기 좋아한다.
(중략) 나는 골목을 지나갈 때에 발을 멈추고
한참이나 서 있게 하는 피아노 소리를 좋아한다.

_ 피천득, 〈나의 사랑하는 생활〉

그 외에도 얼마나 많은가. 갓 지은 밥의 포실한 윤기와 호흡 깊숙이 파고드는 따스한 향취, 이 끝에 묵직하게 전해져오는 버터 듬뿍 든 빵의 식감, 세수 후 얼굴에 폭 덮여오는 깨끗하고 잘 마른 새 수건, 살짝 뻐끗한 뒤끝을 지닌 매력적인 음색, 달콤한 군고구마 향이 감도는 좋은 품종의 커피 냄새, 야금야금 한 편씩만 꺼내 읽는 마츠모토 세이초의 단편 추리소설……. 일상의 작은 행복은 소소한 감각적 만족감에 있다. 오감의 탐닉을 경계하라고들 하지만 피부에 와 닿는 가벼운 감각의 기쁨은 살았기에 누릴 수 있는 특권이요 축복이 아닐까.

한 줄의 행 _____

잘 깎은 연필로 사각사각 소리 나게 좋아하는 것들을 적어보자. 그리고 기분이 언짢아질 때마다 꺼내어 읽어보자. 떠올리기만 해도 기분이 좋아질 것이다.

March 3

행복감의 디폴트

우리에겐 즐거운 경험의 희열이나 불쾌한 경험의 쓰라림이 사라질 때마다
돌아가게 되는 행복감의 초기 설정 지점이 있다.

_ 차드 멩 탄, 《너의 내면을 검색하라》

날마다 기름진 미식을 탐닉하다 보면 소박한 집밥이 그리워진다. 여행과 같은 탈일상의 삶도 처음엔 경이롭지만, 점차 그곳이 내 자리가 아니라는 인식이 싹트기 시작한다. 몸에 적응된 식사, 돌아가야 할 본래의 자리처럼 우리의 행복감도 스스로 기본이라 여기는 복귀 지점이 있다. 지극한 기쁨이나 고통을 겪고 나면 우리 마음은 도로 그 초기값으로 돌아가게 된다. 설정값이 낮게 형성되어 있다면 우울하고 부정적인 게 평소의 자신이라 여긴다. 반대의 경우는 기쁘고 긍정적인 것을 자신의 기본적인 상태로 인식한다.

한 줄의 행

행복감의 초기 설정 지점은 절대 불변의 것이 아니다. 평소의 생각과 삶을 바꾼다면 다르게 설정할 수 있다. 되도록 긍정적으로 생각하는 습관을 들이고, 잘될 거라는 낙관을 지니려 노력해보자.

March 4

가진 것을 사랑하라

좋아하는 것을 가지고 있지 않다면
갖고 있는 것을 좋아해야 한다.

_ 프랑스 속담

눈을 너무 높은 곳에 두면 발 딛고 있는 땅이 상대적으로 낮아 보인다. 손에 잡히지 않을수록 좋은 면이 더 부각되기도 한다. 좋아하거나 갖고 싶은 것에서 시선을 내려 주변을 찬찬히 살펴보자. 생각보다 우리는 좋은 것을 많이 가지고 있다. '최선이 아니면 차선이라도', '좋아하는 게 손에 없으니 어쩔 수 없어서'라는 생각보다 그것이 내게 얼마나 익숙하고 편안한 것인지 상기해보자. 이미 갖게 되어 무신경해진 가치와 의미를 새롭게 발견하고 그 소중함을 사랑해보자.

한 줄의 행 _____

소유물에만 국한된 이야기가 아니다. 자신이 갖지 못한 다른 사람의 능력을 부러워하며 스스로를 자책하는 건 어리석은 일이다. 다른 누구에게는 자신이 그렇게 보일 수도 있다. 내가 가진 장점에 집중하고 자부심을 가져보자.

March 5

걷는 것의 행복감

걷기는 우리를 겸허로 이끌고 순간을 열정적으로 포착하게 해주는
세상을 향한 열림이다.

_ 다비드 르 브르통, 《걷기 예찬》

걷기는 세상을 향해 마음을 열고 두 발을 내딛는 행위이다. 한 걸음 한 걸음 걷다 보면 지식도 가진 것도 다 떨쳐버린 맨몸의 홀가분함과 겸허를 느낄 수 있다. 본래 인간이 지녀야 할 삶의 속도가 어떤 것인지도 깨닫게 된다. 우리는 자동차나 비행기의 속도에 길든 채 매 순간을 미처 느껴볼 새도 없이 빠르게 흘려보냈다. 걷는 속도로 바라보는 세상은 훨씬 여유롭다. 떠오르는 평안한 상념 속에서 스치는 순간들을 숨 속 깊이 음미할 수 있다.

한 줄의 깨달음

걷는 것은 스스로 살아 움직이고 있다는 사실을 실감하게 해주는, 실존을 위한 가장 본질적인 행위인지 모른다.

March 6

일상의 작은 행복

평온한 아침밥은 순수한 행복의 순간이다.

_ 누르딘 메프타

아침 식사 시간을 편안하고 조용한 기분으로 맞는 사람이 몇이나 될까. 사람들은 항상 너무 바쁘다. 유치원부터 대학까지는 학교에 다니느라 다급한 아침 식사를 할 수밖에 없다. 직장이 생기면 단 몇 분이라도 더 자고 싶어 포기하게 된다. 휴일과 방학, 휴가철에나 맘 편하게 아침을 먹을 수 있을까. 담담한 밥에 소박한 반찬 몇 가지라 해도 괜찮다. 시간에 쫓기지 않고, 부산스럽지 않은 평온한 아침밥은 가장 기초적인 행복 중 하나일 것이다.

한 줄의 감성

방학 때 외할머니가 차려주시던 아침 밥상이 떠오른다. 붉은 꽃잎과 가을 잎이 고운 무늬로 새겨진 흰 창호지 사이로 뽀얀 아침 햇살이 비쳐 들어오던 안방. 밥상 위에 그득하던 고만고만한 종지들에는 정갈하고 맛깔난 반찬들이 담겨 있었다. 새벽 내내 폭 삶아 잘 익은 김치찌개와 갓 지은 흰밥의 포실한 만족감. 한식 방의 고즈넉한 분위기와 어우러진 그 밥상은 어린 마음에도 늘 잔잔하고 평안한 기쁨이었다. 살림 솜씨도 몸가짐도, 돌아가시던 순간의 마무리조차 깔끔했던 우리 외할머니.

March 7

단골식당

자신이 좋아하는, 자신만의 식당에서 밥을 먹는다는 것은
친구로 비유하자면 특정 장소에 가야만 만날 수 있는
굉장히 가까운 친구 같은 게 아닐까.

_ 오기가미 나오코

입맛만큼 개인의 취향과 감각을 극명하게 드러내는 것이 또 있을까. 입맛이란 감각의 차원을 넘어서서 한 사람의 정서와 역사, 심지어 맛에 대한 일종의 심미안 같은 것마저 포함된 복합적인 것이다. 한 식당의 요리가 그처럼 까다로운 미각을 사로잡았다면 취향과 감각의 깊숙한 공감대가 형성되었다는 의미이다. 사람으로 말하자면 자신의 내면과 성향을 알아주는 잘 통하는 친구와 같다.

한 줄의 감성

요리의 풍미뿐 아니라 주인의 인간미도 단골식당이 될지 아닐지를 가리는 주요 변수이다. 문 닫는 시간을 넘어 찾아갔는데도 다시 홀의 불을 켜고, 냉장고에 남은 재료들로 집밥 같은 특별 메뉴를 만들어준 단골식당의 주인. 그 푸근한 인정이 음식 맛을 배가시키는 것도 같다.

March 8

편안하게 잠들기 위해서는

먹는 것이 담박하면 정기와 정신이 맑고 시원하며,
마음이 맑으면 잠자며 꾸는 꿈이 편안하다.

_《명심보감》 정기편

요즘 너무 자극적인 맛을 취하고 있지는 않은가. 그렇다면 원인 모를 불안감이나 불면에 시달리고 있을지도 모른다. 내가 행한 어떤 일의 결과가 일상의 평온함을 해치는 요인이 될 수 있는데, 그 원인을 짐작하지 못할 때가 있다. 가끔 자신이 자주 택하는 음식 메뉴가 무엇인지, 잠들기 전 사사로운 고민에 사로잡히는 버릇이 있는 건 아닌지 스스로 일상을 돌아보자. 몸은 마음에 마음은 몸에 서로 영향을 준다.

한 줄의 행 _____

먹고 잠자는 기본적인 것이 평상심을 유지하는 근본이 된다. 바쁘다고 대충 식사를 건너뛰거나 잠을 줄여가며 무리하지 말자. 식사와 수면의 기본을 먼저 챙기고 좋은 컨디션으로 짧은 시간 동안 집중력을 높이는 쪽이 효율적이다.

March 9

마음이 번잡할 때면

세상에 노니는 선비들에게 묻네.
먼지와 소음 이는 세속의 바깥세상을 어찌 헤아릴까.
바라건대 가벼운 바람을 타고, 높이 올라 내 뜻에 맞는 세상 찾아가리.

_ 도연명, 〈도화원시병기〉

도연명이 지은 《도화원기》는 이상향인 무릉도원에 대해 적고 있다. 물을 거슬러 오르면 복숭아 숲이 이어지고 다시 그 숲의 끝에 산의 동굴이 나타난다 했다. 사람 하나 간신히 지날 만큼 좁은 동굴을 통과하면 시야가 환히 밝아지며 비옥하고 아름다운 마을의 정경이 펼쳐진다. 그곳이 바로 무릉도원이다. 진秦나라 때 전란을 피해 숨어든 이들이 대대손손 살아온 마을은 외부와 단절되어 그들만의 평화를 누리고 있다. 우연히 그곳을 발견한 어부는 융숭한 대접을 받고 돌아오며 곳곳에 표시를 해두었지만 어쩐 일인지 이후 다시는 그곳을 찾을 수 없었다. 어딘가 있을 법한, 그러나 영영 돌아가지 못할 잃어버린 마을.

한 줄의 감성 _____

도화원에 관한 이야기를 적은 후 끝에 시를 함께 적었고, 이 구절은 시의 맨 끝부분이다. 세상의 번잡함이 싫어질 때면 계절의 순리에 따라 씨 뿌리고 거두는 일상에 만족하는, 소박하고 욕심 없는 이들이 평화롭게 모여 사는 삶이 그리워질 때가 있다.

March 10

봄이 부르는 소리

머언 들에서
부르는 소리
들리는 듯

못 견디게 고운 아지랑이 속으로
달려도
달려가도
소리의 임자는 없고

_ 윤곤강, 〈아지랑이〉

봄은 선명하게 오는 계절이 아니다. 천천히 스며들고 은근하게 배어난다. 안개비나 보슬비처럼 봄을 재촉하는 비도, 아른아른 들판에 이는 신기루 같은 아지랑이도. 어느 사이엔가 얼음이 녹고 날이 풀린다. 모르는 결에 마음에도 느슨한 이완이 깃든다. 그러다 꽃들이 일제히 활짝 피어나면 우리는 비로소 어느새 세상과 마음을 모두 점령한 봄에 소스라친다.

한 줄의 감성

고등학교 시절 방과 후, 교실에 남아 공부하던 중이다. 밖에는 봄비가 내리고 있었다. 이웃한 대학 강당에서 어렴풋하게 합창 소리가 들려왔다. 적적한 빗소리에 섞여 가만히 귓전에 스미던 노래의 첫머리. 부름인 듯 애절함인 듯 마음을 잡고 놓아주지 않았다. 희미한 음률만 단서로 남아 먼 그리움처럼 아른거리던 노래의 정체를 한동안 찾아다녔다. 알수 없는 이의 부름에 이끌려 들판에 자욱한 봄 아지랑이 속을 헤매듯…….

March 11

어떻게 보는가에 따라 달라진다

사람들은 일어난 일 자체가 아니라
그에 대한 견해로 말미암아 불안감에 빠진다.

_ 에픽테투스

일어난 사실 자체는 가치 중립적이다. 그 일을 보는 시각과 입장에 따라 의미와 가치가 부여된다. 쉬운 예로 해몽解夢을 들 수 있다. 집에 불이 나서 발을 동동 구르는 꿈을 꾸고 깨었다고 해보자. 재난의 암시인가 싶어 일하는 내내 찜찜한 생각이 든다. 참다못해 점심 식사 후 틈을 내어 해몽 사이트에 들어간다. 그런데 의외로 횡재할 수라고 한다면? 오전의 불안감이 한순간에 날아갈 것이다. 분명 같은 꿈이지만 어떻게 해석하는가에 따라 흉몽도 길몽도 될 수 있다.

한 줄의 행

모든 일은 어떻게 받아들이느냐에 달려 있다. 늘 불안감에 사로잡혀 살고 있다면 사안에 대한 자신의 시각을 돌아보자. 부정적인 영향에만 집중하는 건 아닌지.

March 12

꾸미기의 효과

집을 꾸며라. 당신의 삶이 실제보다 훨씬 재밌고
살 만하다는 환상을 준다.

_ 찰스 슐츠

루틴한 일상이 싫어졌거나 기분이 처져 있을 때는 주변을 꾸며보는 것도 괜찮다. 집 안을 깨끗이 치우고 흩어져 있는 것들을 가지런히 모아보자. 늘 똑같은 곳에 놓여 있던 가구나 장식품을 의외의 장소에 재배치해보면 전혀 다른 공간을 만들 수도 있다. 삶의 의욕은 감각적 만족과 관계가 깊다. 감각을 자극하는 작은 시도가 기분을 나아지게 하고 알 수 없는 희망의 싹을 틔운다. 그런 경험들이 쌓여 긍정의 기류가 형성되면 현실에서도 좋은 일들이 생겨난다.

한 줄의 행 _____

가장 손쉬운 건 꽃 한 송이 사서 병에 꽂아놓는 일. 우선은 온갖 꽃이 모여 있는 꽃집에 들르는 일 자체가 기분을 상쾌하게 만든다. 나라면 아마 좋아하는 푸른 꽃을 몇 송이 고를 것이다. 기름한 유리잔에 꽂아 책상 위에 놓아두면 고개 들어 시선을 줄 때마다 신선한 느낌이 들면서 사는 일이 즐거워진다.

March 13

비에 어울리는 일

봄비는 책 읽기에 적당하고, 여름비는 바둑과 장기 두기에 알맞으며,
가을비는 일일이 살펴 갈무리하기에 맞춤하고, 겨울비는 술 마시기에 좋다.

_ 장조, 《유몽영》

같은 비라 해도 계절에 따라 다른 정취를 띤다. 봄비는 마음에 차분하게 젖어오니 차 한 잔 들고 풀빛 얼비치는 창가에 앉아 책 속 문장을 음미하는 일에 어울린다. 흙 마당에 시원하게 내리꽂히는 여름 장대비는 세상의 온갖 소리를 앗아간다. 소리를 잃고 세상과 격리된 탈속의 공간에 벗이라도 옆에 있다면 바둑이나 장기를 두며 암묵의 교감을 나누는 게 적당하다. 가을비는 상념을 부른다. 지나간 추억을 되새기며 정리하고 일기장에든 앨범에든 고이 간직하고 싶어진다. 생명의 온기도 서정도 느낄 수 없는 겨울비가 추적추적 내리는 날, 그런 날은 좋은 사람과 마주 앉아 술이라도 한잔 나누지 않으면 어찌 견딜 수 있겠는가.

한 줄의 감성

봄비 내릴 때면 나는 우산을 받쳐 들고 파릇한 들판에 서서 먼 기적 소리를 듣고 싶다. 여름비엔 침엽수 우거진 깊은 산간에서 습기 품은 나무 냄새, 풀 냄새를 숨 속 깊이 느끼고 싶다. 가을비의 쓸쓸함, 겨울비의 처연함은 감당하기 쉽지 않다. 맛있는 부침개를 만들어 먹거나, 따뜻한 꽃차 한 잔 우려 마시며 사람 냄새 가득한 수필 한 권을 읽고 싶다. 당신은?

March 14

소박한 일상의 소중함

삶에서 어떤 곤경에 처해도, 아무리 벅차고 힘 빠지는 사건이 펼쳐져도
아침에 일어났을 때 마시는 첫 커피 한 잔을 기대하는 한
자신이 늘 이겨내리라는 걸 알고 있었다고 그는 말했다.

_ 에이모 토울스, 《예의의 규칙》

갑자기 닥친 큰 사건이나 몹쓸 병마를 이겨내고자 애쓰는 사람들이 가장 원하는 것은 무엇일까. 대부분 평범한 일상으로 돌아가는 일이라 말한다. 소박한 삶의 기쁨을 되찾고 싶은 마음이 고통과 난관을 이기게 해주는 체감적인 동기가 된다. 산다는 것은 거창한 구호가 아니라 일상 속의 자잘한 행복임을, 큰일을 겪고서야 절실히 깨닫게 되기 때문일 것이다.

한 줄의 공감

크나큰 위기에만 국한된 건 아니다. 급한 마감에 쫓긴다든지 집안 행사나 회사의 특별 이벤트처럼 일상을 유보해야 하는 크고 작은 사건이 있을 때를 떠올려보자. 얼른 모든 걸 끝내고 커피 한 모금, 밥 한 숟가락이라도 마음 편하게 즐길 수 있는 평소의 생활로 돌아가고만 싶다. 그만큼 일상은 소중한 것이다.

March 15

자족의 기쁨

한가히 남는 틈에 먹 갈고 붓 들어 대나무 한 가지 그려보았네.
벽에 걸고 때로 바라보니 그윽한 정취 속되지 않구나.

_ 정서, 〈대나무를 그린 후 시를 지음〉

종일 행복한 기분이 드는 날이 있다. 돌이켜보면 큰 경사보다는 조그만 일이 단초가 되는 경우가 많다. 화장이나 머리 손질이 단번에 완벽히 끝났다든지, 날이 선선해져 살갗에 와 닿는 옷의 감촉이 쾌적하게 느껴지는 일 같은 것. 먼저 가라고 양보하니 비상등을 켜며 감사를 표하는 상대 차 운전자의 매너, 몇 년간 소식 없다가 어느 날 문득 꽃대가 올라 피어난 보랏빛 로즈마리 꽃. 몇 잎 띄운 민트 향이 차가운 홍차 한 모금의 뒤끝에 언뜻 느껴질 때도.

한 줄의 공감

사람들은 생각보다 소박한 것에서 자족의 기쁨을 느낀다. 작은 일이지만 스스로 넉넉하다고 여기며 만족할 줄 아는 것은 행복의 전제조건이다. 쉽게 만족감을 얻는 사람일수록 행복지수도 높다.

March 16

말의 향기

입에 비루하고 속된 것을 올리지 말자.
오래 지나면 향기가 피어나리라.

_ 이덕무, 〈서쪽 문설주에 쓰다〉

세월이 담긴 얼굴은 사람이 살아온 흔적을 드러낸다. 말과 말투에는 그의 마음새와 평소 해오던 말의 습성이 배어난다. 뒷말과 뼈 있는 말, 거짓된 말과 비난의 말로 익숙해진 입에는 탁한 기운이 맴돌 것이다. 상대를 배려하고 실례됨을 삼가는 말의 사람은 짧은 대화를 나누었어도 기분 좋은 인상이 오래도록 남는다. 아마도 그가 가꾸고 꽃 피워온 온화한 인품의 향기가 말과 말투에 스며 은연중에 이쪽에도 전해져왔기 때문일 것이다.

한 줄의 깨달음 _____

마음이 좋지 않은데 말만 아름답게 쓰는 것도 어려운 일이다. 좋은 말을 하기 위해서는 먼저 스스로의 마음에 맺힘이 없어야 한다. 겸허하고 유순한 말을 사용하여 입안에 좋은 말의 향기가 감돌게 하기 위해서는 먼저 마음의 수양이 필요하다.

March 17

하고 싶은 일을 하며 산다는 것

참 오랜만에 옛 친구의 목소리를 들었습니다.
글을 쓰는 사람이었는데, 이제는 돈을 버는 일을 한다고 했습니다.

_ 이철수, 《밥 한 그릇의 행복 물 한 그릇의 기쁨》

좋아하는 일과 돈 버는 일이 일치되긴 쉽지 않다. 대부분의 사람이 좋아하는 일은 돈과 관련 없는 경우가 많다. 돈에 의한 의무나 욕심이 개입되면 순수성이 희석되기도 한다. 아무런 생각 없이 좋아하는 일을 했을 뿐인데 경제적 보상이 되어 돌아온다면 그것만큼 행복한 경우도 없다.

한 줄의 감성

진력이 난 게 아니라면 좋아하는 일을 포기하기란 쉽지 않다. 다른 일을 하게 된 그의 마음 한구석에도 아직 글쓰기를 향한 꿈이 잠복해 있지 않을까. 정말로 하고 싶은 일을 하기 위해선 긴 겨울잠을 견뎌내야 할 때도 있다.

March 18

숲으로 간 이유

내가 숲으로 간 이유는 내 의지대로 살고 싶어서였다.
삶의 본질적인 면들만 마주하려 했고, 인생이 가르치는 것을 배울 수 있는지
알려고 했으며, 죽음에 이르렀을 때 헛되이 살았다는 사실을
발견하지 않기 위해서였다.

_ 헨리 데이비드 소로우, 《월든》

사람들은 너무 과도한 것들을 지니고 산다. 그런 생활을 유지하기 위해 어쩔 수 없이 일에 얽매이는 예도 있다. 높은 생활 수준과 사회적 위치 같은 만들어진 틀이 내 의지를, 내 시간을 좌우한다. 그렇게 살다 보면 청춘이 간다. 중년과 노년이 훌쩍 다가온다. 특별한 인생은 없다고, 누구나 그렇게 사는 거라고 스스로 위로해본다. 하지만 마음의 뒤끝에는 내 맘대로 시간을 쓰고, 겉치레를 없앤 삶의 본질에 집중하며, 내가 하고 싶은 대로 사는 삶에 대한 목마름이 남아 있다. 그래서 우리는 용기 있게 도시의 삶을 버리고 숲으로 간 '자연인'을 부러워하는 것일까.

한 줄의 행 _____

숲이 아니라도 좋다. 가진 것을 버리고 불필요한 일을 정리하자. 비워진 공간에 마음의 숲을 만들자. 자유의 토양을 일구어 꿈의 씨앗을 뿌려보자. 한순간이라도 내 의지대로, 내게 주어진 시간을 오롯이 쓰고 내 영혼에 새겨질 나만의 기억을 만들자.

March 19

손안에 머무는 향기

향기는 장미를 준 손안에 항상 머문다.

_ 하다 베자

아름다운 말은 말하는 이와 듣는 이 모두를 기분 좋게 만든다. 선행은 하는 이의 온기가 전해져 상대의 가슴을 훈훈하게 만든다. 말이든 선행이든 먼저 그 진원을 쥔 사람에게서 출발하여 다른 이에게로 퍼져나가는 것이다. 그 자신이 먼저 입안에 선의의 단어들을 머금지 않으면 안 된다. 마음속에 불꽃을 지피지 않으면 불가능하다. 좋은 표현과 선행이 받은 이의 귀와 마음을 아름답고 따뜻하게 해주듯 주는 이의 입안과 마음에도 선의와 온기의 기억이 남는다. 마치 장미를 쥐었던 손안에 향기로운 여향이 오래도록 머무는 것처럼…….

한 줄의 행

한 번 사는 짧은 인생, 굳이 험한 말과 악행으로 채울 이유가 없지 않은가. 아름다운 말, 선량한 마음으로만 채우기에도 부족한 나날들. 장미를 나눠주는 향기 어린 사람이 되자.

March 20

내색하지 않아도

사향을 지니면 절로 향이 번지는데
어찌 반드시 바람이 일어야만 향기로울까.

_《명심보감》 성심편

옛 여인들은 사향이 든 향낭을 지니고 다녔다. 머무는 곳마다 은은하게 남았을 향내에서 사람들은 향 주인의 아름다운 자취와 존재감을 느낄 수 있었을 것이다. 바람이 없어도 절로 배어나는 향기처럼 감추려 해도 감출 수 없는 것이 있다. 사람의 자질과 인품이다. 감각과 능력을 갖추고 인성이 괜찮은 이는 굳이 내색하지 않아도 두드러지게 마련이다. 어느 사회, 어느 자리에 있든 일과 인간관계에서 좋은 평가를 받는다.

한 줄의 공감

어떤 분야든 사람들은 성격 좋고 인간적인 이에게 매료된다. 실력 있는 이들이 그 분야를 실질적으로 이끌어간다. 겉치레보다 인성과 능력 같은 내실을 기하는 사람이 되어야 하는 이유이다.

March 21

사랑과 소유

우리는 가질 수 없는 것을 사랑하고,
사랑하는 것을 가질 수 없다.

_ 왕가위

사랑에 빠지면 이 세상에 단 하나뿐인 소중한 이가 내 것이라는 사실이 뿌듯하다. 우리가 사랑의 기쁨이라 여기는 요소들은 대부분 상대의 가장 아름다운 면을 가졌다는 소유감과 관계가 깊다. 그러나 사랑에 의해 하나로 일치되는 순간이 있을 뿐, 살아 움직이는 상대를 내 뜻대로 가질 수는 없다. 소유했다고 느꼈다가도 이내 불안해지고 전전긍긍하게 되는 건, 애초에 상대를 소유하는 게 불가능하기 때문이다.

한 줄의 깨달음

소유라는 허상에 집착하기보다 눈앞에 와 있는 세상에서 가장 아름답고 소중한 이와 일체가 되는 기쁨을 누리는 일, 그것이 현명한 사랑법 아닐까.

March 22

순간의 누림

천지간 물건은 각기 주인이 있어
내 것이 아니면 터럭 하나라도 취하지 못하지만,
강 위의 맑은 바람과 산 사이 밝은 달만은 귀로 얻으면
소리가 되고 눈으로 맞으면 형상을 이루니,
가져도 막는 이 없고 써도 마르지 않네.

_ 소동파, 〈전적벽부〉

적벽부는 유배 중이던 시인이 삼국지 무대인 적벽에서 즐긴 밤 뱃놀이의 경위와 정취를 읊고 있다. 작품 속의 이 부분은 변화하고 소멸해가는 것의 덧없음을 슬퍼하는 한 객客에게 준 시인의 답변이다. 변하지만 순환함으로써 늘 그 자리에 머무는 것이 자연이니, 짧은 인생을 부여받은 우리네는 자연이 베푸는 아름다운 것들을 한껏 누리다 가는 것이 최선의 삶이라는 의미이다.

한 줄의 감성 _____

슬픔과 허무에 대한 명쾌하고 여유로운 해법이 참 마음에 드는 구절이다. 괴로움과 기쁨을 모두 벗어난 무심의 경지가 좀 더 '종교적'인 초월법이라면, 삶의 한계를 인정하고 그 안에서 현재의 순간을 기꺼이 누리는 일, 그것이야말로 땅에 발 딛고 하늘을 바라보며 살 수밖에 없는 한 유한한 존재로서의 진정한 '인간적' 초탈이 아닐까.

March 23

덜 채워진 것의 아름다움

물건을 반드시 일습으로 갖춰야 한다고 여기는 것은
정취를 모르는 이의 이야기이다. 갖춰지지 않은 편이야말로 깊은 맛이 있다.

_ 요시다 겐코, 《도연초》 제82단

한 세트의 그릇, 한 질의 전집처럼 갖춰진 물건들은 틀에 박힌 감이 있다. 취향대로 하나씩 사서 모은 그릇들이 좀 더 운치 있어 보일 수 있다. 저마다의 아름다움으로 빛나면서 다른 그릇들과도 색과 모양의 조화를 이루는 편이 여유롭다. 같은 서가에 꽂혀 있는 다양한 책은 높낮이가 달라도 정감이 느껴진다. 주인의 취향과 사연, 역사가 깃들어 있어서이다. 갖춰지지 않은 것, 혹은 미완이란 열려 있는 가능성이다. 무어든 정해진 것으로 완벽하게 채워버리면 다채로움의 여지가 사라진다. 일정치 않고, 여백이 있기에 더 풍부하고 깊은 멋을 꿈꿀 수 있다.

한 줄의 감성 _____

사랑도 마찬가지가 아닐까. 완결하지 못한 사랑은 후회를 남긴다. 헤어지고 나면 함께 있을 때 못해본 일, 가지 못한 곳, 해주지 못한 것이 못내 아쉽다. 하지만 그런 아쉬움이 있기에 오래도록 가슴에 남는 것인지 모른다.

March 24

상대적 박탈감

행복을 망치는 좋은 방법은
다른 사람과 자신을 비교하는 것이다.

_ 프랑수아 를로르, 《엑또르 씨의 시간 여행》

우리가 흔히 저지르는 일상 속의 실수가 타인과 자신을 비교하는 일이다. 비교란 동일하거나 유사한 조건의 사물에 대해 행해져야 한다. 학술적 내용이라면 동일 조건의 설정이 무엇보다 중요하다. 하지만 우리는 유독 자신들에 대해서만은 엉성한 비교를 적용한다. 다른 이의 배경이나 조건이 자신과 엇비슷하다고 해서 그와 내가 비교 대상이 되는 건 불가능하다. 그 외의 더 많은 조건이 일치하지 않을 가능성이 크다. 괜한 비교로 상대적 박탈감을 갖는 건 굳이 불행을 자초하는 행동이다.

한 줄의 깨달음

헛된 비교가 가끔은 유익할 때도 있다. 자신을 일으켜 움직이게 하는 활력소로 사용될 때 말이다. 물론 무엇이든 지나치면 독이 된다.

March 25

마음 정원

마음은 정원과 같다. 연민이나 두려움, 원망 혹은 사랑을 키울 수 있다.
당신은 거기에 어떤 씨앗을 심을 것인가.

_ 잭 콘필드

미움이나 원망 같은 감정의 불길에 빠져 있을 때는 자신의 상태를 객관적으로 알기 힘들다. 그러다 문득 정신을 차려보면 자신의 마음이 그 감정 한 가지로 지배되고 있었음을 발견한다. 마음의 정원이 잡초 웃자란 정원처럼 황폐한 뜨락이 돼버렸던 것이다. 내면이 평온하고 아름다워야 사람과 세상을 향한 호의와 정감이 싹튼다. 마음의 정원을 화사하게 가꾸어주는 게 어떤 씨앗들인지 우리는 이미 잘 알고 있다.

한 줄의 행 _____

살다 보면 각자의 입장과 의견차에 의해 불만과 갈등이 생긴다. 하지만 상대를 향한 분노에만 몰두하는 순간, 자신의 마음 정원에 어두운 감정의 싹들이 자라난다는 상상을 해보자.

March 26

오르막과 내리막

갈 때의 오르막이 올 때는 내리막이다.
모든 오르막과 모든 내리막은 땅 위의 길에서 정확하게 비긴다.
오르막과 내리막이 비기면서, 다 가고 나서 돌아보면 길은 결국 평탄하다.

_ 김훈, 《자전거 여행》

자전거 타기는 세상으로 이어지는 끝없는 길을 답파하는 것이다. 낯선 길을 오롯이 몸으로 부딪치며 헤쳐가야 한다. 때로 힘겨운 오르막이 있다. 올라가는 도중에는 그 길이 영영 지속될 것 같다. 그러나 정점에 오르면 그 뒤엔 반드시 수월한 내리막이 존재한다. 몇 번의 오르막과 내리막을 거치다 보면 길이란 결국 평탄을 지향한다는 사실을 알게 된다. 인생도 비슷한 면이 있다. 삶의 오르막과 내리막이 있지만 지나고 나면 얻은 것도 잃은 것도 없는 평지 위의 자신으로 귀결된다.

한 줄의 행

일희일비하지 말자. 힘든 일이 앞에 있다 해도 종내는 시한이 있다. 기울어진 길 뒤에는 반드시 균형을 향한 상대적인 길이 이어진다는 사실을 염두에 두자. 평안하자.

March 27

달콤함도 쏩쓸함도

삶이 달콤할 때는 감사하다고 말하고 축하하라.
삶이 쏩쓸할 때도 감사하다고 말하라. 그리고 성장하라.

_ 샤우나 니퀴스트

괴로운 시련의 순간을 겪는다고 삶을 원망하는 것은 바람직하지 않다. 삶의 순간이 즐겁든 괴롭든, 생명을 받아 살고 있는 것 자체가 감사한 일이다. 우리가 누리는 기쁨도 고통도 살아 있기에 느끼는 축복 같은 감정이다. 겸허한 자세로 주어지는 모든 것에 감사하고, 매 순간 치열하고 충실하게 살아가며, 올바른 방향으로 나아가기 위해 노력하는 것이 한 생명으로서 최선의 자세이다.

한 줄의 행

기쁨은 고달프고 힘겨운 세상살이에 대한 달콤한 보상이고, 고통은 내면의 성장을 위한 쏩쓸한 약 같은 것이라고 생각해보자. 늘 감사하는 마음으로 기꺼이 누리고 또 참아낼 수 있을 것이다.

March 28

과정과 결과

모든 것은 과정이지, 결과가 아니다.

_ 칼 루이스

여행의 의의는 무사히 귀가하는 데 있지 않다. 기념품이 중요한 것도 아니다. 여정 중 만나는 아름다운 풍경, 낯선 사람들과의 교류, 그리고 그를 통해 얻을 수 있는 내면의 감회와 성장이야말로 여행의 참 의미를 담고 있다. 일상에서 행하는 프로젝트들도 마찬가지일 것이다. 결과물이란 과정의 충실에서 얻어진 귀결이거나 덤이다. 목표점을 향해 계획을 세우고 그 계획을 하나하나 실천해나가는 과정 안에 노력, 느낌, 좌절, 극복 같은 인간적인 체험이 깃들어 있다. 눈물과 고민과 성취감과 행복감, 그 자체가 의미 있다. 결과보다는 몸과 마음이 겪어낸 과정이 인생이라는 긴 여정을 구성하는 실제 내용이다.

한 줄의 깨달음 _____

지나고 보니 결과와 성과란 그다음 일을 위한 격려의 의미가 더 컸다. 성공이든 실패이든 내가 열과 성을 다해 참여했던 순간들 그 자체가 내 삶의 궤적이었다.

March 29

가벼워지기

소박하게 사는 것은 금욕주의자가 되는 게 아니다.
즐거움과 기쁨을 부정하지 않는다. 궁핍하게 사는 게 아니다.
대신 시간, 자유, 공동체처럼 지속적인 행복을 가져다줄 수 있는
유일하고 소중한 선물들로 둘러싸인 삶을 만드는 것이다.

_ 태미 스트로벨, 《행복의 가격》

한두 번 이사해본 사람이라면 예상 외의 이삿짐 부피에 놀랐을 것이다. 그중에는 몇 년이 지나도록 한 번도 쓰지 않은 물건도 있다. 우리는 가진 게 너무 많다. 큰 집과 많은 짐, 과한 지출이 삶의 질에 영향을 미치고 있다. 현재 누리는 만큼이 자기 삶의 규모가 되고, 그것을 유지하기 위해 더 열심히 일해야 한다. 그 결과 인생을 여유롭게 음미할 시간이 없다. 일상의 몸집을 가볍게 하고 소박한 삶을 지향할 필요가 있다.

한 줄의 행 _____

가진 것을 줄이니 자유로워졌다는 경험담이 많다. 큰 변화를 꾀하기 어렵다면 우선은 할 수 있는 것부터, 손닿는 부분부터 하나씩 규모를 줄여보자. 불필요한 치장으로 여겨지는 물건을 정리하고 필요한 만큼만 남겨보자.

March 30

이미지 변신하기

'자아상'은 인간의 성격과 인간 행동의 열쇠이다.
자기 이미지를 바꾸면 성격과 행동을 바꿀 수 있다.

_ 맥스웰 몰츠

사람들은 자신이 어떤 성향의 사람일 거라고 여기는 자아상, 즉 자기 이미지가 있다. '예의 바르며 균형감 있는 사람'이라고 스스로를 평가한다면 절대 남에게 무례한 행동을 하지 않을 것이다. 편파적인 견해도 자제하게 된다. '터프하고 쿨한 사람'이라는 견해를 가지고 있다면 세세한 일에 관심을 기울이기 어렵다. 정에 얽매이거나 이별에 연연하지도 않게 된다. 자기 이미지는 그처럼 성격과 행동을 결정하는 중요 요소이다. 만약 그것을 바꾼다면 이제까지와는 전혀 다른 삶을 살 수도 있다.

한 줄의 행 _____

특히 '늘 실패하는 사람', '손해만 보는 사람'이라고 스스로에 대해 부정적인 이미지를 갖고 있다면 '뭘 해도 좋은 결과를 내는 사람', '상대도 나도 원원하도록 돕는 타입' 등 긍정적인 방향으로 생각을 바꿔보자. 어느새 그런 이미지를 유지하기 위해 노력하는 자신을 발견하게 될 것이다.

March 31

마음이 향하는 곳으로

머리와 마음의 갈등이 있다면, 마음을 따르라.

_ 스와미 비베카난다

마음은 믿는데 머리에서 논리와 정황을 따질 때가 있다. 내가 아는 그가 그럴 사람이 아니라는 걸 직감적으로 알지만, 혹시나 하는 추론이 고개를 든다. 머리로만 헤아린다면 직관은 비논리적이다. 그러나 오감의 느낌과 경험, 예지 같은 총체적 요소를 거쳐 몸과 마음이 내린 판단이다. 적어도 마음과 마음의 관계에서는 그쪽이 정답일 수 있다. 산다는 것은 논리로 설명될 수 없는 부분이 많다. 스스로의 처신은 사리에 맞게 할지라도 타인의 비논리에만 집중해서 그를 질책하지 말자. 그의 마음이 내게 느껴졌다면 그것이 진실일 가능성이 크다.

한 줄의 행

머리의 의심을 잠재우고 마음이 가는 대로 사람을 믿어보자. 대부분의 사람은 자신을 믿어주는 이에게 진심을 다한다.

봄이 부르는 소리

머언 들에서
부르는 소리
들리는 듯

못 견디게 고운 아지랑이 속으로
달려도
달려가도
소리의 임자는 없고

_ 윤곤강, 〈아지랑이〉

April 1

거짓말의 행간

나는 늘 진실만 말한다,
심지어 내가 거짓을 이야기할 때도.

_ 알 파치노

누군가를 그럴듯하게 속인다고 생각할 수 있다. 하지만 사람들은 상대의 행간을 읽는다. 무슨 말을 하든 그 안에 숨어 있는 의미를 알아내고야 만다. 그 당장에는 알아채지 못할지라도 훗날 거짓말을 듣던 순간의 꺼림칙했던 느낌을 기억해낸다. 거짓말이란 본인만 모르고 다른 사람은 다 아는, 날 것 같은 진실의 고백일 수 있다.

한 줄의 행 _____

거짓말을 할 때조차 무의식적으로 진실의 실마리를 담고 싶은 게 인간이다. 꾸밈없이 솔직해지자. 하지만 오늘 같은 날, 애정이 담긴 하얀 거짓말은 예외이다. 삶의 활력소가 되니까.

April 2

탐미의 봄

구름 삼키고 꽃을 토해내는 요시노산.

_ 요사 부손의 하이쿠

벚꽃 만발한 계절. 햇살 아래 빛나는 말간 꽃잎들이 일상을 온통 흰빛으로 물들인다. 산과 들, 거리마다 지천인 꽃에 사로잡혀 비현실 같은 현실을 살다 보면 세상 모든 것이 꽃의 조화로 보인다. 중턱에 걸려 있던 구름은 오간 데 없고, 온 산 가득 흰 무리로 내려와 앉은 벚꽃. 구름을 머금었던 산이 제 몸 위로 흩뿌린 꽃구름일까.

한 줄의 감성

일을 마치고 돌아온 저녁, 눈 들어보니 사방이 희디흰 벚꽃으로 둘러싸여 있다. 어느새 이렇게 깊숙이 스며 있었을까, 온 세상을 점령한 봄. 마치 모르는 새, 마음의 틈으로 파고들어 몸과 마음을 앗아가고야 마는 불가항력 같은 사랑의 취기처럼.

April 3

가끔은 모든 걸 내려놓고

꽃에 사로잡히면 멈추어 쉬며 머물고,
술을 마주치면 취해서 돌아오네.

_ 백낙천, 〈한가롭게 집을 나서다〉

시간에 쫓기다 보면 일상이 둘로 나뉜다. 필요 없는 일, 필요한 일. 그러나 사람은 필요에 의해서만 살아가는 존재가 아니다. 아무런 대가도 성과도 없이 좋아하는 일에 며칠이고 몰두할 때가 있다. 목적 없이 비 오는 길을 서성이며 지나간 일을 떠올리는 날도 있을 것이다. 그런 여백의 시간이 있기에 실용적으로 압축된 시간을 쓸 수 있는 의욕과 에너지가 생긴다.

한 줄의 행 _____

가끔은 아무 생각 없이 이끌리는 대로 하루를 살아보자. 계획과 스케줄에 쫓기는 숨 가쁜 일상의 나, 목표에 매진하느라 주변을 돌아볼 여유가 없었던 나를 느슨하게 풀어 놓아주자. 계절이 뿌리고 간 꽃의 향기와 빛깔, 연푸른 잎의 싱그러움이 스며들어 온몸이 정화되는 치유의 기쁨을 누려보자.

April 4

폭포

산꼭대기 위, 물이 나타나 떨어져 내린다.

_ 쿠로자와 아키라, 《자서전 비슷한 것》

젊은 시절의 영화계 거장에게 충격으로 다가온 하이쿠 한 편이다. 작자의 천진한 시각과 보이는 그대로를 묘사한 군더더기 없는 표현이 놀랍다. 산꼭대기에 이르자 더 이상 흐를 곳이 없어 떨어져 내리던 끊임없는 물줄기는 작자의 표현력으로 생생하게 살아났다. 폭포 끝에 나타난 물이 마치 지상으로 낙하하는 새들처럼 주저 없이 차례로 휙 떨어져 내리고 있다. 무생물일 뿐이던 물이 생명을 얻은 자발적 존재가 되어 행동에 돌입하는 순간의 절묘한 포착이다.

한 줄의 감성

인간은 누구든 창작 본능이 있다. 학습된 경험, 혹은 누군가가 정의한 사물의 이름에서 벗어나 맑은 눈으로 일상 속의 대상을 바라보자. 내 눈에 보이는 그대로 지면에 옮겨 적어보자. 창작이라는 것은 대상에 생명과 의미를 부여하는 일이다.

April 5

마음에 와닿아야 진실이다

사물의 진실은 그것에 대한 느낌이지,
생각이 아니다.

_ 스탠리 큐브릭

생각은 논리를 지향한다. 상대의 말이나 책, 영화 속 이야기가 완벽하게 논리가 맞으면 반론을 접게 된다. 그러나 논리가 맞는 것과 그것이 진실인가는 별개의 문제이다. 진실은 논리를 한 차원 넘어서는 곳에 자리하고 있다. 상대가 하는 말 속에 진실이 담겨 있는지 알아채는 것은 생각이 아니라 느낌이다. 앞뒤가 맞지 않는 아이들의 천진한 말에 담긴 진실이 마음을 움직이곤 한다. 진실은 인위적 논리로 납득되는 게 아니므로 마음에서 마음으로만 전달된다.

한 줄의 공감 _____

세상이 살 만한 것은 모두의 가슴속에 엄연히 존재하는 순진무구한 진실 때문 아닐까. 꾸며낼 수 없고, 손상시킬 수 없는 절대성. 마음을 다하지 않으면 꺼낼 수 없고, 마음을 집중하지 않으면 전달받을 수 없는······.

April 6

소소한 창의

창의성은 우리 삶의 중심적인 의미의 근원이다.
흥미롭고 중요하며 인간적인 것의 대부분은 창의성의 결과이다.
창의적인 일을 해보면 우리가 인생의 다른 때보다
충만하게 살고 있다고 느낀다.

_ 미하이 칙센트미하이

창의적이지 못한 삶은 권태롭다. 루틴한 일상을 못 견디는 이유도 새로운 걸 만들어내지 못해서일 것이다. 진화를 통해 손이 자유로워진 인간은 필요한 그릇을 만들고 사냥을 위한 무기도 만들었다. 신에 대한 경외감과 기원을 담아 벽화를 그리고 예술적인 형상을 빚어냈다. 절대권자에 의한 노역이 아닌 한 자발적으로 만들었고, 결과물에서 무엇보다 큰 기쁨과 보람을 느꼈을 것이다. 창의란 한 인간의 내면의 의지와 생각, 정서를 자신이 지닌 솜씨로 형상화해내는 자기 성취이며 자기실현이기 때문이다.

한 줄의 행 _____

예나 지금이나 지상에 없던 것을 만들어내는 삶은 뿌듯하다. 일상을 창의로 채워보자. 꼭 거창한 예술 작품이어야 하는 건 아니다. 나의 특제 요리, 내가 만든 소품들, 나만의 시간 단축 노하우 등 소소한 창의를 통해 자기 성취의 기쁨을 자주 누리는, 특별하진 않지만 꽉 찬 삶을 살아보자.

April 7

스토리텔링의 중요성

스토리를 이야기하는 이가 세상을 지배한다.

_ 북아메리카 인디언 호피족 속담

스토리를 이야기하려면 사안에 대한 총체적 이해가 있어야 한다. 효과적으로 전달하기 위한 구성이 필요하다. 상대를 사로잡기 위한 논리적 설득력도 갖춰야 한다. 상대를 웃기거나 울려야 하며 고개를 끄덕이게 하는 공감을 끌어내야 한다. 스토리에는 전방위적인 능력이 함축되어 있다. 재미나 감동, 공감으로 스토리에 빠져든 사람들은 거기 담긴 생각과 의도를 거부감 없이 받아들인다. 그것이 역사에 관한 것이든, 미래에 관한 예견이든, 아니면 신의 음성을 전달하는 내용이든 상관없다. 스토리에 의한 납득과 감화는 강제하지 않고도 상대를 스스로 움직이게 만드는 놀라운 힘이다. 오늘날 강조되는 스토리텔링의 힘을 옛사람들도 잘 알고 있었다.

한 줄의 행

대부분 스토리텔링의 중요성에는 공감하나 만들기가 어렵다고 한다. 꼭 소설적인 스토리여야 하는 건 아니다. 꾸미지 않은 내 얘기부터 진솔하게 털어놓자. 일의 경위를 친구에게 이야기하듯 쉽게 풀어낼 수도 있다.

April 8

느끼는 대로

나는 내가 느끼는 대로 연주한다.

_오스카 피터슨

가끔은 생각의 인위성과 의지에 의한 조율을 벗어버리는 게 나을 때도 있다. 비가 오면 비를 맞고 눈이 오면 눈 속에 파묻히는 단순한 삶의 기쁨. 손끝과 살갗, 눈에 와 닿는 청명한 공기와 하늘, 귀에 감겨드는 물소리 새소리 바람의 울음, 코끝에 스치는 풀숲의 향기처럼 날것의 촉감과 느낌 그대로……. 지금 바로 이 순간, 단 한 번뿐인 찰나의 시간과 공간을 한껏 누리는 것. 그거야말로 진짜 사는 것인지 모른다.

한 줄의 행

무심히 지나치던 일상 속, 감각의 기쁨을 찾아본다. 매끄럽고 묵직한 머그잔의 손잡이, 입술에 와 닿는 온기, 숨 깊이 파고드는 커피 한 모금의 향취, 혀끝에 남은 산미酸味. 세상을 이루는 모든 느낌의 팩터factor에 감사한다.

April 9

직관의 눈

모래 한 알에서 세상을 보고,
들꽃 한 송이에서 천상을 보네.
그대 손바닥 안에 무한을 쥐고,
순간 속에서 영원을 잡아라.

_ 윌리엄 블레이크, 〈순수의 전조〉

모래 한 알이 탄생하기까지의 과정에는 빅뱅으로부터 비롯된 우주의 역사와 본질이 깃들어 있다. 들꽃 한 송이라는 하찮은 식물 속에도 생명의 탄생과 진화, 그리고 그 한계를 넘어 천상과 맞닿은 만물의 운행 법칙이 내재한다. 세상의 큰 범주로부터 말단의 미물에 이르기까지, 그 안에 자리하는 순수한 도道의 본성을 꿰뚫어 볼 수 있다면 지금 이 순간, 여기에 살아 있는 한 작은 존재로서의 '나'를 초월하여 무한의 공간과 영원의 시간 속을 소요할 수 있을 것이다.

한 줄의 깨달음

세상과 삶의 도는 도처에 자리한다. 살아갈수록 내 앞의 작은 일상에 충실한 것이 곧 큰 도를 지키며 사는 일과 통한다는 걸 깨닫는다.

April 10

향響, 향香

종소리 스러져 벚꽃 향기 울리는 저녁이어라.

_ 마츠오 바쇼의 하이쿠

벚꽃의 나날이다. 온 산 가득, 매 길가마다 만개한 희고 여린 꽃잎들은 혼을 빼앗아갈 듯 아름답다. 지나가던 바람도 꽃잎에 취해 머뭇거리면, 주변은 온통 꽃과 적막에 둘러싸인다. 미동조차 허용하지 않는, 영원과도 같은 절대 진공의 공간. 한순간 문득 종소리 은은하게 울려 퍼지며 비로소 일깨워지는 꽃잎의 향기. 그 소리조차 적막에 동화되어 잔향으로 스러져갈 때면, 소리에 감응한 향도 함께 번지며 희미해진다. 봄 저녁 벚꽃 흐드러진 산사山寺의 고즈넉한 운치여.

한 줄의 감성 _____

꽃에 홀린 나날들. 주변을 점령한 꽃에 취해 나는 없고 꽃잎과 향기만 내 안에 감돈다.

April 11

고전의 힘

사람들은 왜 새 아이디어에 경악하는지 모르겠다.
나는 오히려 옛것에 깜짝 놀란다.

_ 존 케이지

옛것은 진부한 것, 생기 빠진 아이디어라고 생각하게 된다. 한때를 풍미한 유행이라면 그럴 수 있다. 그러나 오래도록 생명을 이어온 옛것이라면 다른 시각으로 보아야 한다. 세월의 침해를 받지 않는다는 것은 이유가 있다. 좀 더 인간 본성에 가깝거나 시대를 막론하고 인간의 내면에 잠재한 지극한 공감대를 자극하는 요소를 지녔다는 이야기이다. 잠시 눈을 속이는 뜬 것들은 생명이 길지 않지만, 언제라도 사람의 가슴을 울리는 고전은 영구히 살아남는다. 복고라는 이름의 새로운 이슈로 다시금 수면에 떠오르기도 한다.

한 줄의 행 _____

새로운 영감이 필요할 때, 도서관에서 먼지를 뒤집어쓰고 잠들어 있는 고전의 바다를 유영해보자. 분명 좋은 아이디어가 떠오를 것이다.

April 12

달 아래 홀로 술 마시며

꽃 사이에서 한 병의 술을 가까운 이 없이 홀로 마시네.

_ 이백, 〈월하독작〉

똑같은 취향이라 해도 홀로 커피를 마시는 것과 술을 마시는 것은 차이가 있다. 커피는 삶의 여유 같은 것이지만 술은 인생의 쓸쓸한 뒤안길 같은 인상이다. 가까운 이와 함께 마시는 술은 힘겨운 세상을 살아가는 동병상련의 소탈한 공감이 오간다. 홀로 마시는 술은 적적한 상념이 따른다. 대신 자족의 기쁨이 있다. 더욱이 달 밝은 밤, 향기 그윽한 꽃 속에 앉아 술인 듯 향취인 듯 달의 정령인 듯한 술 한 잔을 음미하고 있다. 그 술 속엔 오히려 다른 이의 존재가 번거로운 혼자만의 탐미의 기쁨이 감돌 것이다.

한 줄의 감성 _____

정말로 술을 좋아하는 이들은 말술이든 한 잔 술이든, 대작이든 독작이든 마다하지 않는다. 나름의 즐거움이 있다고 말한다. 술을 마시는 기쁨과 운치는 부여하기 나름인 것이다. 삶을 대하는 자세도 그와 같아야 하지 않을까. 무심 담담하게 바라보면 재미없고 호기심 가득한 눈으로 바라보면 무궁무진한 비밀이 숨어 있다.

April 13

벽癖이 깊으면

"꽃의 품종 자체는 좋지 않은 것이 없습니다.
모든 게 가꾸고 물을 주는 사람에 달려 있지요."

_ 포송령, 《요재지이》 황영

꽃이나 나무, 푸성귀를 키워본 사람은 안다. 식물도 감정이 있고, 감각과 느낌이 있다는 사실을. 애정을 주는가 싶으면 활짝 피어나 실한 결실을 맺는다. 기이한 설화들을 담은 이 작품 중 '황영'은 국화를 너무나 사랑하던 주인공이 남매로 분한 국화의 정령들과 만나 한 세상을 함께하는 이야기이다. 국화꽃 여인을 후처로 맞아 평생 해로하고, 술 좋아하는 국화꽃 처남 때문에 위기를 겪는다. 사물이든 식물이든 무언가 한 주제에 대한 애착이 강하면 현실에서도 아름다운 환영을 만나게 되는 것일까.

한 줄의 깨달음

어릴 때 동화책에서 본 후 오랫동안 신비한 이미지로 마음에 담아두었던 설화이다. 어른이 되어 그 원전이 《요재지이》에 실려 있음을 알고는 마치 풀리지 않던 수수께끼의 답을 찾은 기분이었다. 결국 모든 것의 귀결은 '마음'이다. 마음과 성을 다하면 세상에 감복하지 않을 존재가 어디 있겠는가. 꽃을 잘 키우는 것도 마음이 담겼기 때문이요, 꽃의 정령과 만나게 된 것도 순수한 마음이 꽃의 마음을 움직였기 때문일 거다.

April 14

취향의 페르소나

우리는 자기 안의 분위기나 감정이 있지만 정확하게 그게 뭔지 모른다.
그러다 때때로 느끼긴 했지만, 그전엔 결코
명료하게 알아내지 못했던 무언가를
콕 집어낸 것 같은 예술 작품들과 마주친다.

_ 알랭 드 보통, 《치유로서의 예술》

개성이 확실하고 자기애가 강한 사람일수록 주변에 두는 예술 작품이나 장식품, 패션, 일상의 도구 등을 까다롭게 고른다. 그런 것들을 통해 자신의 취향, 즉 정체성을 암암리에 드러낼 수 있다고 여긴다. 특정한 무언가를 선택했다는 것에서 우리는 그 사람의 안목, 특성 등 많은 것을 엿볼 수 있다. 내가 어떤 사람이라고 일일이 말로 할 수 없을 때, 자신이 고른 것들이 다른 이에게 '나의 핵심'을 직관적으로 보여주는 명쾌한 이미지가 된다.

한 줄의 공감 _____

인간이 말을 하고 그림을 그리고 노래를 부르고 글을 쓰는 행위도 결국은 자기 내면의 것을 밖으로 끄집어내어 형상화하고, 그걸 다른 누군가에게 보여주거나 공감을 얻고 싶다는 표현 본능에서 비롯된 일이다. 직접 하지 못한다면 자기 취향과 꼭 맞는 다른 이의 표현을 빌려 대신 전할 수 있다.

April 15

평생 사로잡혀 산다는 것

색은 나를 소유하고 있다. 나는 그녀를 붙잡으려 애쓸 필요가 없다.
그녀는 영원히 나를 소유한다. 그것이 이 행복한 시간의 의미이다.
나와 색은 하나이다. 나는 화가다.

_ 파울 클레

무언가 잠시 마음을 끄는 경우는 흔하다. 그러나 일평생 사로잡고 놓아주지 않는 주제가 있다면 단순한 끌림을 넘어 이미 자신의 존재 이유가 된 것이다. 그것을 통해 스스로를 실현하는 게 가장 큰 기쁨이고 그렇지 못할 때는 끝없는 절망에 빠진다. 한 번 사는 인생이라면 다양한 일을 하며 살아가야 할 필요도 있다. 반대로 색이든 음률이든 혹은 학문이나 기술처럼 한 가지 주제에 천착하며 경지의 깊이를 추구하는 삶도 나쁘진 않다.

한 줄의 공감 _____

무지개처럼 다채로운 삶이 있는가 하면 단색의 삶도 있다. 일생 무언가에 홀려 산다는 것. 그 평온하고 신실한 도취의 기쁨을 아는 이라면 자신의 삶이 한 가지로 채색되는 일을 마다하지 않을 것이다.

April 16

슬픔의 자식들

음악은 시의 자매이며 그 어머니는 슬픔이다.

_ 세르게이 라흐마니노프

그는 시이든 음악이든 그 뿌리가 슬픔이라 생각했다. 글의 모습으로 태어난 아이, 음률의 모습을 띠고 태어난 또 다른 아이라는 차이가 있을 뿐 그 유전자 속에는 어머니인 슬픔의 인자가 공통적으로 깃들어 있다. 〈보컬리즈〉나 〈파가니니 주제에 의한 광시곡〉, 피아노 협주곡들처럼 그가 작곡한 작품의 바탕에서 느껴지던 알 수 없는 슬픔과 우울의 정체가 이 한마디로 이해될 수 있을 것이다.

한 줄의 깨달음

나는 글과 그림이 형제이거나 자매 같다는 생각을 해왔다. 내게 음악은 글과 그림이 구현해내려는 내면의 이미지를 활성화하는 강렬한 영감의 촉매로 작용한다.

April 17

우물에 물 남겨두기

"작가는 우물과 비교될 수 있어요. 우물은 작가 수만큼 여러 종류가 있죠.
중요한 건 우물에 좋은 물을 담는 건데, 우물이 마르도록 물을 퍼 올린 후에
다시 차기를 기다리기보다는 주기적인 양을 퍼내는 게 낫습니다."

_ 어니스트 헤밍웨이

작가들이 한결같이 조언하는 건 규칙적인 글쓰기이다. 출퇴근하듯 하루 일정 시간을 정해 글을 쓰는 편이 낫다고 한다. 영감이라는 것도 꾸준히 써나가다 보면 어느 순간 뜻과 문체가 생생하게 살아 있는 문장을 만나게 되는 법이다. 광기에 사로잡혀 창작의 우물을 고갈시키는 일은 스스로의 생명을 단번에 소진시킨다. 몸과 마음이 회복 불능의 상태로 치달을 수 있다. 단거리 달리기보다는 장거리 마라톤처럼 글을 쓰는 편이 현명하다.

한 줄의 공감 _____

베이스와 영감이 필요한 모든 일이 다 그럴 것이다. 지난한 길을 걸어야 완성되는 다양한 프로젝트들도 창의의 우물이 조금씩 다시 차오를 수 있도록 여지를 남기는 게 좋다. 그래야 체력과 의욕, 일에 대한 호감을 끝까지 유지할 수 있다..

April 18

온건한 시도

**누군가 이렇게 말할 때가 가장 내 마음을 움직인다.
"당신은 정말 차이가 있군요."**

_ 대니엘 스틸

창의력은 작가와 음악가, 화가의 전유물이 아니다. 어떤 종류든 일을 이루기 위해서는 창의적인 발상이 필요하다. 모든 사람은 자기 분야에 있어 작가이고, 창작자이다. 그러나 분명히 다른 유전인자와 성장배경, 다른 생각과 취향을 지녔음에도 사람들은 종종 엇비슷한 결과물을 만들어낸다. 아마도 각각의 분야에서 '모범'이라 여겨지는 몇 개의 전형을 염두에 두고 일을 하기 때문일 것이다. 모범은 초심자가 빨리 일정 수준에 도달할 수 있도록 도움을 주지만, 창의와 성장을 방해하기도 한다.

한 줄의 행

무난하고 튀지 않는 '평년작'을 선호하는 사회의 경향 때문일 수도 있다. 한 가지 일에는 대부분 여러 사람의 업무적 성패가 연결되어 있다. 새로운 것을 시도하다 실패하는 것보다 기존의 틀에 따른 수수하고 평범한 결과를 원하는 이유이다. 하지만 언제까지 남의 틀에 끼워 맞추느라 내 창의 본능을 잠재울 것인가. 작은 차이가 큰 차이를 만드는 법이다. 약간의 발상 전환만으로도 남들과 다른 자기만의 색채를 가미할 수 있다. 이번 일은 조금만 다르게 시도해보자.

April 19

자신 속에서 발견하라

모든 예술은 자전적이다. 진주는 진주조개의 자서전이다.

_ 페데리코 펠리니

창작한 내용이 모두 만든 사람 자신의 실제 이야기는 아니다. 그러나 어디에서 소재를 찾든 그것을 보는 시각과 표현방식은 창작자의 기억과 의식을 반영하는 게 당연하다. 의미를 찾아내고 형상화하여 완성도를 기하는 과정을 통해 스스로의 의식이 성장해가는 과정과 결과도 담길 수밖에 없다. 외형은 다른 옷을 입고 있다 해도 내면은 어떤 식으로든 자기 자신이 투영된다. 그런 면에서 모든 예술은 필연적으로 자전적이라 볼 수 있다.

한 줄의 행 _____

회사에서 일하거나, 학교에 과제물을 내야 할 때, 그 외 숱하게 마주치는 일상 속 창의의 현장에서 우리는 무언가 개성 있는 결과물을 내야만 한다. 그때 가장 먼저 마주치는 난관이 소재 찾기이다. 먼 곳을 살피기 전에 우선 내 안에서 소재를 발견해보자. 내 안의 것이야말로 내가 가장 잘 알고, 나만 아는 독창적 소재가 될 수 있다.

April 20

기억에 남은 향기

냄새는 사진보다 훨씬 더 선명하게 사람을 되살릴 수 있다.

_ 앤 타일러

사람에 관한 기억만 그런 건 아니다. 각각의 기억에는 잊고 있던 옛일들을 한순간 표면으로 솟구쳐 오르게 하는 촉발점이 있다. 어떤 사람에 관해 특정한 인상을 받거나 일이 일어나던 당시 그 순간을 겪던 자기 감각에 새겨진 느낌들이다. 그때 그 순간과 똑같은 감각이 자극되는 순간, 기억은 순식간에 아주 생생하게 그날 그 자리, 그 순간을 지금 이 순간, 여기로 불러온다.

한 줄의 감성

내 경우엔 주로 햇살의 조도와 음악, 눈빛의 기억, 그리고 향기 같은 것이 촉발의 문이다. 어렴풋한 향기의 여운 같은 것은 마치 조금만 열린 문틈으로 들여다보듯 기억의 전모를 쉽사리 내놓으려 하지 않지만……

April 21

진정성 없는 글을 쓰지 말 것

감정을 표현하기 위해 쓴 글은 간결하며 진심을 묘사하지만,
글을 쓰기 위해 감상을 인위적으로 만들어낸 글은
지나치게 화려하며 장황하고 넘친다.

_ 유협, 《문심조룡》

개인의 의견이 직접적인 말뿐 아니라 인터넷상의 포스트나 댓글로 표현되는 세상이 되었다. 글의 중요성이 그만큼 더 커진 것이다. 어떤 형식이든 글에는 쓰는 이의 진정성을 담아야 공감을 얻을 수 있다. 진심을 표현하고 싶은 이는 사용하는 단어가 자신의 뜻과 감정에 적확한 것이기를 원한다. 초점을 흐리는 화려한 말로 장식하여 굳이 옥의 티가 되는 걸 바라지 않는다. 미사여구일수록 진심이 거기 있지 않을 가능성이 크다.

한 줄의 공감 _____

다행히 사람들은 진심이 담긴 글과 영혼 없는 글을 감으로 구별해낸다. 진심이 진심을 부르는 것이다. 진심의 토로 없이 기교에만 치우친 글은 쓰는 이 자신만 현혹시킬 뿐이다.

April 22

별이 빛나는 밤

나는 지금 확실히 별이 빛나는 하늘을 그리고 싶어.
내게는 종종 밤이 낮보다 훨씬 풍부한 색채로 보여.
아주 강렬한 보라와 파랑, 초록으로 채색된.

_ 빈센트 반 고흐, 《고흐의 편지》

그는 종종 별이 빛나는 밤의 아름다움에 대한 절실한 포착의 의지와 갈망을 느꼈다. 강렬한 푸른빛 밤하늘과 선명하게 대비되는 노란 별의 이미지는 그의 의식을 붙잡고 쉽사리 놓아주지 않았다. 밤처럼 어두운 삶을 살아가던 이웃들을 그린 그림에서도 그런 성향이 엿보인다. 거칠고 곤궁한 표정 뒤에 숨은 별빛같이 여리고 애틋한 슬픔을 잡아낸 그의 시선을 느낄 수 있다. 그는 검은 밤 속에 내재한 다채로운 색채를 바라볼 수 있는 깊고 따뜻한 내면의 눈을 지녔던 것이다.

한 줄의 감성

불타오르던 그림에 대한 열정으로 생을 소진해버린 그가 여동생 빌레미엔에게 보낸 편지 중 한 구절이다. 성誠을 다한다는 것은 그런 삶이 아닐까 싶다. 한 점 사사로움도 허용하지 않는 전폭적인 진정성으로 한 곳에 몰두했던 그의 흔적들이 마음 깊이 파고든다. 혼신을 다해 열심히 살아낸 한 인간의 생애에 대한 경의와 함께.

April 23

전혀 새로운 것만 창의가 아니다

창의성이란 겉으로 관계없어 보이는 것들을
연결시키는 능력이다.

_ 윌리엄 플로머

창의력은 세상에 없던 것을 만들어내는 능력이라고만 생각한다. 그러나 유사 이래 수많은 지적, 문화적 데이터가 축적되어 왔다. 그 결과 우리는 오늘날 평생 다 챙겨 보지도 못할 만큼 광대한 분량의 문화적 유산과 정보 속에 살고 있다. 기존의 것을 어떻게 활용하여 연결하느냐에 따라 새로운 것들을 무궁무진하게 만들 수 있다. 스티브 잡스 역시 비슷한 말을 했었다.

한 줄의 공감

과학자들은 기존 연구들을 면밀히 살피며 연구 주제를 정한다. 창작인들도 좋은 영감을 얻기 위해 끊임없이 책을 읽고 그림을 보고 음악을 듣는다. 다양한 경험이 창작에 도움 된다는 이야기조차 사실은 창의적 연결을 위한 데이터베이스를 확보한다는 데 의미가 있다. 무언가 생각해내야 하는데 머릿속이 하얗다면 손쉬운 해결법은 일단 읽거나 보는 일이다. 원하는 주제가 아니어도 상관없다. 우선 생각을 불러일으키는 내용이라면. 그러다 보면 서로 연결되는 지점이 생길 것이다.

April 24

자질과 외양

바탕이 무늬보다 넘치면 거칠고,
무늬가 바탕보다 넘치면 겉만 화려하다.

_《논어》옹야편

아무런 꾸밈없이 본성 그대로를 밖으로 표출하면 순수하고 질박해 보인다. 하지만 세련된 맛이 없다. 가진 자질에 비해 겉모습을 지나치게 꾸미면 겉은 화려하고 눈에 띄지만 속은 비어 보인다. 타고난 자질과 그것을 밖으로 표출하는 데 필요한 외형이나 형식을 적절히 조화시킬 줄 알아야 이상적인 사람이다.

한 줄의 공감

공자는 '문질빈빈文質彬彬한 연후라야 군자가 된다'라고 했다. 문질빈빈은 내실과 외형을 겸비하여 균형을 이룬 상태이다. 오늘날의 사회 생활에도 유용한 지혜가 담긴 글귀이다.

April 25

남에게 설명하려면
나 자신이 먼저 알아야 한다

당신이 지닌 지식의 궁극적인 시험은
다른 사람에게 그것을 전달하는 능력이다.

_ 리처드 파인만

다른 사람에게 자신이 지닌 지식을 설명하고 이해시키려면 쉬운 표현을 써야 한다. 논리도 단순하고 명쾌해야 한다. 아이들도 이해할 수 있을 만큼 간단하다면 더욱 좋다. 하지만 무엇이든 알기 쉽게 표현하기 위해서는 먼저 그 내용을 완벽히 이해하고 있어야 한다. 간단한 원리로 보여주려면 논리 구조를 명확히 꿰뚫고 있어야 가능하다. '쉬운 전달'을 염두에 두는 순간 본인 자신이 더 확실히 공부할 수밖에 없는 것이다.

한 줄의 행

남에게 더 잘 설명하기 위해 명확성을 기한 것이 결국 본인 자신의 주제 이해도를 높인다. 각종 기획안의 프레젠테이션 등도 작성자에게 이런 효과를 준다. 자신의 창작이나 기획에 허점이 있는지, 개념상의 미비점이 있는지 점검해볼 때 먼저 다른 이에게 설명하듯 내용을 정리해보자.

April 26

관심 잡아두기

내용상 가장 중요하고 필요해서 들을 만한 구절에 이르면,
갑자기 입을 다물고 말을 하지 않는다.
사람들은 그다음 순서를 듣고 싶어 다투어 엽전을 던진다.
이를 요전법이라 부른다.

_ 조수삼, 《추재기이》 전기수편

영화 덕분에 널리 알려지긴 했지만, '전기수傳奇叟'라는 직업이 있었다. 소설을 읽어주고 돈을 받아 살아가는 조선 시대의 직업 이야기꾼이다. 흔히 방송 프로그램이나 유튜브 채널을 시청할 때, 가장 호기심 나는 지점에서 내용을 끊고 중간광고가 나온다. 시청자는 이어질 내용에 대한 궁금증 때문에 채널을 돌리거나 종료 버튼을 누르지 않고 광고 내용을 고스란히 지켜보게 된다. 오늘날의 중간광고와 비슷한 행태인 요전법遊錢法이 조선 시대에도 존재했다. 전기수가 자주 쓰던 방식이다.

한 줄의 행 _____

당신의 콘텐츠 구성은 어떠한가. 상업적 필요가 있다면, 혹은 단순히 청중의 주의 집중과 관심을 끌어야 할 경우라 해도 조선 시대 요전법의 스토리 구연방식을 벤치마킹해보는 건 어떨까.

April 27

똑같이 주어진 시간임에도

하고 싶은 일이 무수히 많은데 남겨진 시간이 없다.

_ 마츠모토 세이초

누구에게나 똑같이 주어지는 '일생'이라는 시간. 어떤 이들은 목표도 의욕도 없이 무기력하게 살아간다. 또 다른 이들은 일분 일 초가 아쉽다. 일본 추리소설계의 거장 마츠모토 세이초는 확실히 뒤의 유형에 속하는 사람이다. 40세라는 비교적 늦은 나이에 첫 소설을 썼으니 남은 나날에 비해 하고 싶은 이야기가 더 많았을 것도 같다. 이후 40년의 집필 기간 동안 장편소설만 무려 100권을 남겼고 중단편과 다른 장르까지 합하면 대략 천 편에 이르는 글을 썼다. 다룬 주제도 상상을 초월할 정도로 다양하고 광범위했다. 그렇게 열심히 쓰면서도 그는 늘 입버릇처럼 이런 말을 했다.

한 줄의 행

다른 이의 인생과 자신의 인생을 단순히 비교할 수는 없다. 그러나 가끔은 참고해서 분발의 기회로 삼을 필요가 있다. 세이초의 다작 비결은 내가 가장 잘할 수 있고 재미를 느끼는 일을 발견했기 때문이다. 정말 좋아하는 일이라면 누가 시키지 않아도 자발적으로 해내게 된다. 다른 일에 시간을 낭비하는 것도 아깝다. 그런 일을 하고 있는지 돌아보자.

April 28

단선의 기억

매일 저녁 바라보는 다채로운 서향의 붉은 노을이
기억 속에서는 오직 하나의 노을이 될 것이다.

_ 호르헤 루이스 보르헤스, 《영원성의 역사》

정말로 우리는 스스로 겪었던 엇비슷한 여러 경험 중 단 한 개의 이미지만을 기억한다. 매일매일 일어난 일상적인 일이라 해도 기억은 그중 하나를 대표로 삼는다. 사람에 대해서도 마찬가지다. 그에 관해 가장 인상적이었던, 반대로 특별히 인상적이지 않은 하찮은 순간의 한 장면 혹은 몇 장면만 남게 될 뿐이다. 어떤 이미지가 총체적인 기억의 대표가 될지는 알 수 없다.

한 줄의 공감

나는 그것을 '기억의 표제어'라 표현하곤 한다. 기억이라는 드넓은 도서관의 분류표나 백과사전의 색인 같기도 한 것. 하지만 어떤 원칙도 일관성도 없이 무작위로 선정된 것.

April 29

안개비의 색감

이렇게 가는 빗속에서는 세상의 순수를 숨 속으로 호흡한다.
나는 무한대의 색감들로 채색됨을 느낀다.
이 순간 나는 내 그림과 하나가 된다.
우리는 무지갯빛 혼돈이다.

_ 폴 세잔

숨 속으로 파고드는 안개처럼 자욱한 비는 감성으로 바로 스며 나를 점유한다. 아무것도 존재하지 않고 오직 빗줄기뿐인 비의 세계에서는 깨끗이 비워진 순수한 세상과 나, 나와 비를 구분 짓는 모든 경계가 허물어진다. 세상이 곧 나이고, 나는 미세한 비이다. 이윽고 그 비가 지닌 무한대의 색채들이 세상과 내 안을 물들이면 세상 전체가 그림이며 나 또한 그림의 일부가 된다. 우리는 다양한 색채들로 어우러져 서로 분리될 수 없는 하나의 아름다운 혼돈이다.

한 줄의 감성 _____

비가 내리면 이성적인 논리보다는 감각과 느낌, 정서로 세상을 느끼게 된다. 가늘게 내리는 빗속에서 수를 셀 수 없을 만큼 다양하고 미묘한 색들을 감지하고, 그 색채들과 완벽히 하나로 합일된 화가의 영감이 그의 글귀를 읽는 우리에게도 고스란히 전이된다.

April 30

말의 뉘앙스

"오만은 자신에 대한 우리의 의견과 좀 더 관계가 있고,
허영심은 남이 우리를 어떻게 생각하는지와 관련이 있어."

_ 제인 오스틴, 《오만과 편견》

말의 뉘앙스는 말이 지닌 섬세하고 미묘한 느낌의 차이다. 각각 다른 어감을 지닌 단어를 어떤 것으로 선택하는지, 혹은 그 단어를 어떻게 조합하고 어떤 말투에 담아 표현하는지에 따라 평이한 말로는 전하기 힘든 세세한 심리를 전달할 수 있다. 어떤 말은 본인이 의도하지 않더라도 무심결에 그의 무의식을 드러낸다. 자기 자신에 대한 과도한 자신감을 은연중에 내포한 '오만pride'이라는 단어와, 자신이 가진 것을 다른 이에게 과시하고 싶어 하는 마음이 담긴 '허영심vanity'의 차이를 잡아낸 작가의 묘사가 말맛 감별의 소소한 즐거움을 준다.

한 줄의 공감

'오만'과 '허영심'이라는 우리말로 구별하여 번역하니 오히려 확연한 차이가 눈에 보이지만, 'pride'와 'vanity'는 둘 다 '자부심, 자만심'이라는 의미를 지녔다. 두 단어의 차별점은 미묘한 뉘앙스 차이에 있는 것이다. 각각 다른 맛이 나는 말들의 섬세한 느낌 차이를 깊이 음미하는 일은 제가 자란 땅의 성분과 기후, 품종의 차이나 숙성 조건, 연륜 등에 따라 향과 색, 맛이 다른 커피나 차茶, 와인을 품평하는 것 못지않은 감각의 기쁨이 있다.

May 1

탐스러운 과일을 따지 않는 이유

그들은 배가 가지에 달려 있게 놔둔다.
배를 따버리면 그 자리에서 사라지기 때문이다.

_ 토니 모리슨, 《재즈》

성숙한 사람들이라면 탐스러운 것을 자기 것으로 취하는 게 능사가 아니라는 걸 안다. 제자리에 존재하게 함으로써 그것이 지닌 생명력이 제빛을 발하는 것에 만족할 줄 안다. 그것이 농익은 과일이든, 매력적인 사람이든, 혹은 인생의 가장 화사한 순간에 맞는 절정의 기쁨이든.

한 줄의 깨달음

원하는 것을 얻은 잠깐의 만족감 후에 그것에 지녔던 호기심과 동경이 사라져버린 경험이 얼마나 많았던가. 애틋한 사랑일수록 그 자체의 느낌을 소중히 여기는 편이 좋다. 가보지 못한 길이라 해도 아쉬움과 아련한 그리움만으로 충분히 의미 있다.

May 2

적절한 선의 아름다움

꽃은 반쯤 핀 모습을 보고, 술은 살짝 취하도록 마셔야
가장 아름다운 정취가 있다.

_ 홍자성, 《채근담》

흐드러지게 만발한 꽃의 아름다움 속에는 쇠락을 앞둔 위태로움이 숨어 있다. 술에 과하게 취하면 이성이 마비되어 추한 모습을 보일 수 있다. 무어든 적당한 것이 가장 아름답고 흥취 있는 법이다. 극한까지 욕심을 부리면 아름다움과 정취를 모두 잃어버리게 된다. 인생의 가장 빛나는 시절을 맞은 사람 역시 이런 점을 명심해야 한다. 성공의 과실은 적절한 정도까지만 누릴 줄 알아야 한다. 욕망이 지나치면 그 끝엔 모든 걸 잃은 허망함이 기다릴 수 있다.

한 줄의 깨달음

역사 속의 수많은 인물이 그러한 지점을 알아채지 못하고 씁쓸한 후회를 남긴 채 명멸했다. 예나 지금이나 물러설 때를 아는 것은 쉽지 않은 일이다.

May 3

얽매이지 않기

나는 규칙에 신경 쓰지 않는다.
사실은 매 곡마다 최소 열 번 규칙을 깨지 않으면,
내 작업을 제대로 해내고 있는 게 아니다. 실수하는 것보다
감정이 훨씬 더 중요하니, 멍청이처럼 보일 준비를 해야 한다.
너무 조심스럽거나 가공된다면, 음악은 마음에서 우러난
자연스러움과 직감적인 느낌을 잃는다.

_ 제프 벡

규칙을 만드는 이유는 안정된 형식을 갖추게 하여 드러내고자 하는 내용의 완성도를 기하기 위함이다. 규칙에 매여 내용이 침해받는다면 주객이 전도되는 격이다. 특히 창의적인 분야에서 일정한 틀에만 얽매인다면 좀 더 중요한 내면의 느낌과 정서가 제대로 표현되기 어렵다. 예술 분야가 아니더라도 창의력은 모든 일의 핵심이다. 차별된 결과를 얻고 싶다면 규칙을 넘어설 줄 아는 용기도 필요하다.

한 줄의 깨달음

어떤 일이든 항상 본질은 형식보다 내용에 있다. 우리는 종종 그 점을 잊는다.

May 4

배움의 순서

가르침을 지킨 후 그것을 깨버리거나
떨어져 나간다고 해도, 본질을 잊지 마라.

_ 센 리큐 선사

어떤 일이든 처음 입문하여 스승으로부터 가르침을 받고 스스로 일가를 세우기까지는 순서가 있게 마련이다. 선불교에서 유래한 수행의 단계인 수파리守破離는 '지키고守, 틀을 깨고破, 떠난다離'는 의미이다. 검도와 다도 등에도 차용되어 수행의 기본 이론이 되었다. 여기서 수守란 스승으로부터 배운 기본기를 충실히 지켜 몸에 익히는 단계이다. 파破는 단순한 기본기의 답습에서 한 걸음 더 나아가 자신에 맞게 기술을 적용하거나 재창조해보는 단계이다. 리離의 단계가 되면 수행자는 스승의 가르침에서 완전히 벗어나 자신만의 이론과 기술을 확립하여 새로운 도의 일파를 완성한다.

한 줄의 공감 _____

그 모든 과정을 거쳐 자기만의 도를 이룬다 해도 근본의 원칙과 정신만큼 중요하고 본질적인 것은 없다. 근본을 잃은 변주와 변형은 정체성 없는 허울일 뿐이다.

May 5

이른 성공

당신이 감내할 수 있을 때보다
성공이 조금이라도 더 빨리 오지 않도록 기도하라.

_ 엘버트 허버드

이른 성공은 부러움의 대상이다. 그러나 어떤 분야에 갓 뛰어들어 좋은 아이디어 하나로 반짝 성공한 사람과 오랜 준비 끝에 성공을 이룬 사람은 다르다. 성공이 가져다준 돈과 명성의 과실에 치이지 않고 마음의 중심을 잡기는 쉽지 않다. 성공한 위치만큼의 역할과 기대치에 부응하는 능력과 숙련도 역시 갑자기 생겨나기 힘들다. 성공은 자신을 제어할 정도로 수양이 쌓이고, 진정한 실력을 갖췄을 때 오는 편이 바람직하다.

한 줄의 깨달음

성공 그 자체보다는 성공의 지속에 방점을 두어야 할 것이다. 평균 이상의 일정 수준을 유지하려면 그만큼의 내공과 지속적인 능력의 투입이 필요하다. 스포트라이트를 받기 전에 미리 준비되어 있지 않으면 안 된다.

May 6

어린 시절의 과자가게

가장 좋아한 건 육계봉이라는 것이었다.
그것은 막대사탕에 계핏가루를 묻힌 것인데,
진한 단맛 속에 마음을 들뜨게 하는 계피 냄새가 났다.

_ 나카 간스케, 《은수저》

학교에 오가던 길의 문방구, 혹은 골목길 어귀에 자리한 낡은 진열장의 구멍가게에서 느끼던 설렘은 어린 시절의 큰 즐거움이었다. 잡다한 장난감과 사탕, 과자류가 떠오른다. 물총, 구슬, 옷을 갈아입힐 수 있는 종이 인형, 계피향이 나던 먹는 종이, 곰방대 모양의 담배사탕, 건빵 속 별사탕, 쫀드기, 뽑기 등과 이제는 이름도 형체도 기억나지 않는 만화 캐릭터가 인쇄된 판박이 풍선껌, 카카오 향만 간신히 풍기던 함량 미달의 동전 모양 초콜릿 같은 것들. 호기심이 한창 커가던 무렵의 문방구와 구멍가게는 세상의 다양성과 조악하고 아기자기한 구체성을 동시에 느끼게 해주던, 세상을 향한 축소된 관문 같은 게 아니었을까.

한 줄의 감성

얼마 전 펜 하나를 사러 문방구에 들렀다. 초등학교 아이들 틈새에 서서 옛 추억을 되살려본다. 그런데 저것, 이름이 뭐였더라. 하늘색, 분홍색, 연미색의 파스텔톤으로 물들인 짧은 빨대 속 크림 같은 과자. 그 달고 새큼한 청량감을 혀끝의 감각으로 떠올린다. 아직도 있다니. 그렇게 세월이 많이 흘렀는데도 아직 거기 있어주다니. 왠지 고맙고 눈물겹다.

May 7

절제의 미덕

생각은 풍부하게, 외형은 조촐하게.

_ 앤디 워홀

콘텐츠는 뛰어난데 그것을 드러낼 외형의 틀이 부실한 경우가 있다. 눈에 띄지 않아 좋은 아이디어가 사장될 우려가 있다. 반대로 콘텐츠에 비해 외형만 화려한 쪽은 실속 없는 허상처럼 무의미하다. 콘텐츠에 대한 자신감이 있다면 외형에 치우칠 이유가 없다. 치장의 유혹을 물리치고 단어를, 선을, 음표를 아껴야 한다. 가지를 쳐내고 또 쳐내자. 마음속에 수천만 가지의 생각과 상상이 오갈지라도 표현은 콘텐츠를 효과적으로 드러낼 수 있는 수준이 적당하다.

한 줄의 행

모자라지도 남지도 않게, 꼭 필요한 만큼만 표현하는 절제의 미덕이 완성도를 높인다. 그래도 고수의 눈에는 단순하고 소박한 표현 속에 내재된 고뇌의 흔적이 보이는 법이다.

May 8

자신만의 향기와 색채를 내려면

"이봐, 자기 자신처럼 소리 내는 건 때때로 오래 걸릴 수도 있어."

_ 마일즈 데이비스

와인이나 보이차가 각각의 독특한 풍미와 향취를 내기 위해서는 시간의 손길이 필요하다. 사람 역시 세월을 겪으며 영혼에 나이테가 새겨지는 내면의 성장을 이룬다. 그 끝에 자신만의 향기와 색채를 띠게 된다. 그리고 그것을 장인의 기법이나 글, 그림, 음악 등의 예술로 형상화하기 위해서는 원하는 걸 자유자재로 다룰 수 있는 기술이 필요하다. 오랜 연습을 거쳐 민첩성과 감각을 몸에 익혀야 한다. 그 모두가 하루아침에 이루어지진 않는다. 오래 걸릴 수도 있다기보다 오래 걸리는 게 당연하다.

한 줄의 깨달음

세월과 세상을 겪지 않는다 해도 직관으로 궁극의 도를 깨우치는 이가 간혹 있다. 그러나 오랜 시행착오 끝에 내적인 성장을 이루고 기술적인 발견과 깨달음을 거듭하며 프로의 경지에 오르는 것보다는 깊이가 부족하지 않을까. 거기엔 한 사람의 삶이 통째로 스며 있으니 말이다.

May 9

문자향서권기

난 치는 법 또한 예서 쓰는 법과 가까우니,
반드시 문자의 향기와 서권의 기운이 있은 다음에 얻을 수 있다.

_ 추사 김정희, 《완당전집》 제2권 '아들 상우에게 보낸 편지글'

'문자향서권기文字香書卷氣'란 글의 향취와 서책의 기운이다. 수많은 독서와 사색은 물론, 운치와 여백, 겸허와 경계, 절제의 미학 등을 아우르는 심미안의 함양, 도道와 인간에 대한 치열한 내적 탐구와 인격 수양, 깨달음들을 통해 얻어진다. 오랜 수행과 함께 내면화한 문자의 향기와 서책의 기운은 가슴속에 품은 뜻을 담은 은은한 격이 되어 글과 글씨, 그림 속에 절로 드러난다. 쉽게 도달하기 어려운 경지이기에 일평생 정진해야 하는, 서화를 하는 이들의 수행적 화두이다.

한 줄의 감성 _____

문인화文人畵에서 난蘭을 치는 것은 난초 몇 줄기를 그림으로 그리는 의미가 아니다. 붓과 먹을 통해 종이 위에 붓 든 이의 높은 뜻과 고아한 정취를 형상화하는 것이다. 오래도록 글씨를 써온 필력이 몸체가 되고, 독서와 문장이 지극한 경지에 이르러 몸과 마음에 배인 기운과 정서, 심미안과 운치가 얼을 담은 정신이 되어 그 안에 깃든다. 그림의 행위라기보다 세속을 벗어난 정신적 소요에 가깝다. 아들에게 필법과 화법의 진수를 전한 추사의 글에서 초탈한 한 선비의 진면모와 정신의 깊이를 가늠해보자.

May 10

자기다운 삶

감히 나는 훌륭한 그림을 그렸다고는 말할 수 없지만
우리적인 그림을 그렸다고는 생각한다.

_ 청전 이상범

그는 "예술은 선진 후진이 없으며 하나의 양식과 작품적 진실이 배어 있어야 한다"고 말했다. 또한 "우리 예술은 우리만의 분위기와 근기를 담아야 한다"고 했다. 그가 말한 예술을 인생으로 바꿔놓아도 좋을 것이다. 인간의 삶에 우열이 있을 수 없다. 어떤 가치관과 색채로 어떻게 살아왔는지, 얼마나 진정성 있게 살아왔는지가 의미 있을 뿐이다. 자신의 삶에는 자기만의 분위기와 정체성, 정수가 담겨야 한다. 그렇게 산다면 훌륭한 삶을 살고 있다고 말할 수는 없어도 자기다운 삶을 살고 있다고 자부할 수 있다.

한 줄의 감성 _____

취미였지만 전시회 준비를 위해 종일 화선지 앞에서 그림에 몰두하던 시절이 있었다. 묵향이 은은히 배 있던 서예와 동양화 연습실. 인사동 필방과 지업사에 들르는 날의 잔잔한 행복감. 그때 청전은 쉽사리 다가갈 수 없는 별 같은 존재였다.

May 11

품질과 역량

품질은 아무도 보지 않을 때
일을 바르게 해내는 것을 뜻한다.

_ 헨리 포드

일을 완성하기 위해서는 시간과 체력과 정신을 모두 거기 쏟아부어야 한다. 누군가의 시선을 의식해서 해내는 척하거나 마음이 딴 데 가 있어 대충한다면 좋은 결과가 나올 수 없다. 그것은 일에 대한 무성의를 넘어 자기 삶에 성실하지 못한 자세이다. 삶을 진중하게 여긴다면 한순간도 가벼이 흘려보낼 순 없다. 누가 보고 안 보고는 중요하지 않다. 마음을 집중하고 성의 있게 주어진 일을 행하면 그 정성만으로도 결과물의 질적인 충실도가 생긴다.

한 줄의 공감 _____

중용에서 말하는 '성誠'과 통하는 말이다. 자기 자신이 엄한 기준이 되어 구석구석 최선을 다하는 일. 그것이 일의 품질과 사람의 역량을 높인다.

May 12

한 송이 꽃을 피우기 위해

꽃의 내면을 깊이 들여다보면, 우리는 그 안에서
구름과 햇빛, 광물, 시간, 지구, 그리고 우주의 모든 것을 본다.

_ 틱낫한

꽃 한 송이를 얻기 위해서는 비와 햇빛, 각종 광물질, 시간과 공간 등 우주를 이루는 다양한 요소의 조력이 필요하다. 꽃이라는 모습으로 드러났지만, 그 안에는 그처럼 눈에 보이지 않는 여러 요인이 서로 밀접한 연관 속에서 잠재해 있다. 그중 어느 한 가지라도 빠지면 꽃은 피어날 수 없다. 꽃 한 송이를 손에 쥐면 그 모든 것과 마주하게 된다. 마치 우주 전체를 손으로 접촉하는 것과 같다.

한 줄의 깨달음

자기 자신 역시 우주의 지극한 정성과 협업에 의한 결과이다. 무성의하게 살아서는 안 되는 이유이다. 내 곁에 온 사람들도 하나 같이 우주의 숨결을 담고 있다. 겸허하게 우주의 무한성과 광활함을 대하듯 진심을 다해야 한다.

May 13

산행의 기쁨

**사람들은 산 정상에서 살기를 원하지만
모든 행복과 성장은 산을 오를 때 일어난다.**

_ 앤디 루니

부지런히 산을 오르는 사람은 해가 지기 전에 정상에 오를 수 있다. 하지만 정상에 이르러보면 그것이 잠깐의 성취감임을 알게 된다. 돌이켜보면 언뜻 스친 들꽃과 산새 소리, 폭우로 불어나 신발을 적시던 계곡물 같은 것이 오히려 산을 오르며 만난 정겨운 행복이었다. 무너져 내린 산길에서 미끄러져 가며 우회로를 찾아내던 순간의 뿌듯함도 떠오른다. 진정한 산행의 기쁨은 정상에 있는 게 아니었다. 산을 오르는 그 자체에 있었다. 다시 산을 오른다면 그런 순간에 좀 더 집중하고 싶다. 그런데 이미 해가 저물고 있다. 내려갈 길을 서둘러야만 한다.

한 줄의 행 _____

목표를 갖고 이루는 것도 의미 있는 일이다. 그러나 삶의 내용을 정상에 오르기 위한 희생으로만 채우고 있는 건 아닌지 돌아보자.

May 14

테크닉인가, 정서인가?

나는 기법을 다루지 않는다. 정서를 다룬다.

_ 지미 페이지

기법이 완벽하게 손에 익으면 정서의 표현이 자유로워진다. 고수가 되기 위해선 기법의 수련이 필수이다. 그러나 기법에만 치중하여 정서를 담지 않는다면 상대의 심정적 공감을 얻지 못한다. 감화나 울림도 기대할 수 없다. 기법을 넘어 정서를 다룬다는 것은 그가 테크니션인지 예술가인지를 가르는 분수령이다.

한 줄의 공감

영화로 되살아난 대중적 인기 덕분에 퀸과 프레디 머큐리의 인지도가 상승해 있지만, 사실 하드록의 숨은 고수들을 캐내자면 한도 끝도 없을 것이다. 하드록과 헤비메탈 뮤지션들을 시리즈로 영화화한다면 그룹 레드 제플린의 기타리스트 지미 페이지도 그중 첫 번째나 두 번째 편 정도의 주인공이 되지 않을까.

May 15

일을 잘하기 위해 필요한 것

일을 잘하기 위해 필요한 것.
첫 번째는 애정, 두 번째는 기술.

_ 안토니 가우디

일을 잘해내려면 그 일을 좋아하지 않으면 안 된다. 애정이 있는 한 누가 시키지 않아도 스스로 완벽성을 기하려 노력하게 된다. 기술도 능숙해야 한다. 기술은 머릿속에서 빠르게 일어나 사라져버리는 영감과 창의력을 제때 잡아내어 형상화할 수 있는 민첩성과 자유를 준다. 기술을 갖추면 일정 수준 이상의 결과물을 낼 수 있다.

한 줄의 깨달음

마음과 애정만 앞서는 사람은 아직 초심자이다. 기술에만 능하면 말 그대로 기술자일 뿐이다. 능숙한 기술의 토대 위에 혼신의 애정을 담아 일을 완성하는 이, 그가 바로 진정한 프로페셔널이다.

May 16

프로페셔널의 조건

피아노 연주는 상식과 마음, 기술적 자원으로 구성된다.
세 가지 모두를 똑같이 개발해야 한다.
상식이 없다면 낭패를 보고, 기술이 없으면 아마추어이며,
마음이 없으면 기계이다.

_ 블라디미르 호로비츠

피아노 연주뿐 아니라 어떤 분야에 종사하든 귀담아들을 이야기이다. 특히 여기서 눈에 띄는 부분은 '상식'이다. 보통은 기술과 마음 혹은 정서에 관해서만 이야기된다. 그러나 그는 일종의 균형감각인 상식에 대해 짚고 있다. 상식을 갖는다는 것은 사리에 벗어나지 않는 분별심으로 정확하게 판단하고, 상황에 대해 이해력과 융통성을 발휘해야 하며, 기본적인 에티켓과 함께 경우에 맞게 처신하는 일일 것이다. 아무리 뛰어난 정서나 기술이라 해도 상식에서 벗어나 한쪽으로 치우치면 균형추 없는 저울처럼 위태로워진다.

한 줄의 공감

그는 잘 다져진 기술적 바탕 위에 담는 마음의 중요성, 그리고 그것들을 주관하는 절제의 미학과 중용의 자세를 알려준다. 바로 그게 프로페셔널이 되기 위한 또 하나의 조건일 것이다.

May 17

처음부터 잘한 건 아니다

전문가란 아주 좁은 분야에서 벌어질 수 있는
모든 실수를 저질러보았던 사람이다.

_ 닐스 보어

'다른 사람은 척척 잘해내는데 왜 나만 자꾸 실패할까'라는 생각에 사로잡혀 있다면, 시행착오를 통해 전문가가 된 경우를 참고해볼 필요가 있다. 눈썰미가 좋거나 이해도가 빨라 처음부터 잘하는 사람도 있다. 그러나 그는 숱한 실패 끝에 노하우를 갖게 된 사람보다는 경우의 수에 대한 대처력이 떨어질 게 확실하다. 한 번 실패하면 같은 실수를 반복하지 않기 위해 구체적 대안을 마련하게 된다. 그것이 하나하나 쌓이면서 이론을 넘어 현장에 대한 전문성이 얻어진다.

한 줄의 깨달음 _____

헛되이 지나가는 시간은 없다. 이제까지의 모든 실패가 케이스 스터디였다고 생각해보자. 그런 경험을 살려 개별 상황에 따른 돌발적인 어려움을 해결해나갈 줄 아는 것이 진정한 전문가의 역할이다.

May 18

하이라이트 장면 뒤에 숨은 것

우리가 불안감으로 허우적거리는 이유는
우리의 무대 뒤 상황과 다른 모든 이의
하이라이트 장면을 비교하기 때문이다.

_ 스티브 퍼틱

주변에 성공한 이가 있으면 사람들은 괴롭다. 스스로 거기에 비교하며 자책한다. 반면, 다른 이가 그런 성취를 위해 겪었던 노고와 괴로움의 날들은 무시한다. 그의 꽃다운 시절만을 본다. 그래서 상대적으로 시시하고 평범한 자신의 현재를 불안해한다. 천둥과 번개, 소나기의 혹독한 시절 없이 꽃이 필 리 없다. 그들도 대부분의 나날을 볼품없는 모습으로 노력하고 또 노력했을 것이다.

한 줄의 행

사람은 각기 다른 환경과 능력을 지닌 만큼 각자의 길이 다르다. 비교 자체가 무의미하다. 하지만 굳이 성공한 이와 자신을 비교하고 싶다면, 그 성공의 지점보다 거기까지 가게 한 그의 노력에 집중해보자.

May 19

모든 것은 제때가 있다

어떤 꽃은 여름에, 어떤 꽃은 겨울바람 속에서 핀다.

_ 테오크리토스, 《목가》 제11권

르네상스 시대의 대표적 신학자인 에라스무스는 저서 《격언집》에서 '만사 제때가 있으니 적당한 때를 놓치지 마라'는 의미로 이 시구를 인용했다. 하지만 '사물엔 다 저마다 피어날 시기가 있으니 초조해하지 말고 때를 기다려라'라는 뜻으로 해석할 수도 있다.

한 줄의 행

어떤 해석을 취하든 피어날 때를 기다릴 줄 아는 인내와 제때 피어나기 위한 준비가 필요한 것만은 분명하다.

May 20

달 뜨는 밤, 달 뜨는 마음

오늘 달이 참 밝다.
꽃아, 나랑 도망갈래?

_ 서덕준, 〈장미도둑〉

달이 유난히 밝은 밤이면 쉽게 잠이 오지 않는다. 검은 밤을 환하게 밝히기 때문일까. 아니면 음의 기운이 충만한 날이기 때문일까. 낮의 열기를 식히고 순순히 잠자리에 들어야 할, 착하고 모범적인 주행성의 삶을 뒤흔들며 마음을 들뜨게 하는 달의 유혹.

한 줄의 감성

그런 밤 집으로 돌아오는 길이라면 그대로 차를 돌려 동해의 푸른 바다를 보러 가보자. 지명을 알 수 없는 낯선 소도시의 밤으로 훌쩍 여행을 떠나보자. 일상이 너무 뻔하다면 사는 게 무슨 재미가 있을까. 일탈에도 때가 있다면 달이 부추길 때, 그때가 적기다.

May 21

많이 알면 말이 없어진다

얕은 물은 소란스럽게 흐르지만, 깊은 물은 고요히 흐른다.

_《수타니파타》

바닥이 얕은 시냇물은 흐르다 부딪히는 돌이며 구비마다 소리를 낸다. 깊은 강물은 돌과 바위, 하상의 굴곡을 만나도 크게 영향받지 않는다. 사람의 지식이나 견문도 그와 같다. 한 가지만 아는 이는 그에 위배되는 논리와 만날 때마다 반박하게 된다. 세상의 수많은 논리와 다투려니 말이 많아질 수밖에 없다. 모든 것을 섭렵하여 식견과 이해력이 넓은 이는 어떤 논리든 나름의 일리가 있음을 안다. 일일이 반응하지 않으니 말이 없어질 수밖에 없다.

한 줄의 행

세상은 넓고 공부해야 할 것은 많다. 평생을 노력한다 해도 깊은 물의 경지는 쉬이 오지 않을 것이다. 어떤 경우든 자신의 견해를 밝힐 때는 겸허한 자세를 지니는 게 좋다. 확신할 수 없음에도 단정적으로 말하는 건 아닌지 늘 경계해야 한다.

May 22

안고수비

나는 내 글에 짜증이 난다.
마치 진정 잘 들을 수 있는 귀는 지녔지만,
손가락이 내면에서 들리는 소리를
정확히 재현하는 걸 거부하는 바이올리니스트와 같다.

_ **귀스타브 플로베르**

눈은 높으나 손이 따라주지 않는다는 뜻을 지닌 성어가 안고수비眼高手卑이다. 글뿐 아니라 무언가 새로운 걸 만들어내야 하는 이들이 공통적으로 느끼는 갑갑한 심경일 것이다. 높은 안목과 심미안을 지닌 이들일수록 불만은 더욱 커진다. 내면에서 일어나는 상상이나 이미지의 전개를 정밀하게 재현해내는 건 쉬운 일이 아니다. 연습하고 또 해도 자신의 솜씨가 마치 무딘 칼처럼 둔하게 느껴진다.

한 줄의 행

추사 김정희는 그의 서간문에서 칠십 평생 붓 천 자루를 몽당붓으로 만들고 벼루 열 개가 밑이 다 닳았을 정도로 정진했다고 밝혔다. 그 결과 붓끝을 자유자재로 구사하는 도의 경지에 이르렀다. 안목과 손의 일치를 이루려면 그처럼 지극한 노력이 필요하다. 쓰고 또 쓸 수밖에!

May 23

오늘보다 나은 내일

"나는 지나간 연주에 결코 만족하지 않아요.
항상 그것들을 다시 더 잘 연주해보길 꿈꾸죠.
그와 같이, 매번의 콘서트는 다음번을 위한 연습일 뿐이에요."

_ 아르투르 루빈스타인

오래도록 명연주자로 이름을 남기는 이유가 있다. 자만하지 않는다는 점이다. 연습을 멈추는 순간 손은 무뎌지고 감은 떨어진다. 좋은 연주를 위해 항상 감각의 날을 벼려놓지 않으면 안 된다. 완결된 작품이 아니라 '연습'이라고 표현한 것에 주목해보자. 연습은 나아지기 위한 과정이다. 다음번엔 좀 더 나아지기를 바라며 쉼 없이 노력하겠다는 자세가 깃들어 있다. 누구든 그런 겸허함을 잃지 않는 한 그의 경지는 매번 갱신이 가능할 것이다.

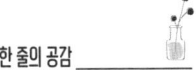

한 줄의 공감

인생의 모든 일도 그와 별반 다르지 않을 것이다. 완전히 손을 놓기 전까지는 끝이나 완성이 없는 건지 모른다. 살아 있는 한, 좀 더 나아지기 위해 노력해보자. 오늘보다 더 나은 내일을 위해!

May 24

과한 연습도 독이 된다

너무 과도한 연습은 좋지 않다고 생각해왔다.
그것은 너무 적은 연습만큼 나쁘다.

_ 야샤 하이페츠

가장 완벽에 가까운 음을 구현했다고 평가되는 바이올린 명연주자의 말이 다소 의외로 들린다. 그러나 그는 실제로도 우리가 상상하는 것만큼 과한 연습을 하지 않았다. 하루 일정량의 연습 외에는 독서나 스포츠 같은 좋아하는 일들에 몰입했다. 휴일과 휴가도 편하게 즐겼다. 과한 연습으로 말미암아 너무 기계적으로 굳는 것을 경계했고, 좀 더 인간적인 일들에 시간을 쓰면서 감성과 정신적 여유를 잃지 않으려 했다.

한 줄의 공감

무어든 과한 건 모자란 것만 못한 법이다. 열심히 하는 것도 좋지만 일상과 휴식, 마음의 여유를 잃어가면서까지 몰입하고 있다면 보다 중요한 걸 잊은 삶일 수 있다. 잠시 브레이크를 걸고 그간의 삶을 돌아보자.

May 25

잘나가는 때일수록

가장 잘되어갈 때야말로
빈틈이 생긴다는 것을 알아라.

_ 도쿠가와 이에야스

항상심은 인생에서 반드시 지녀야 할 덕목이다. 잘나가든 못나가든 그에 연연하지 않고 스스로 경계하며 묵묵히 해야 할 일을 해나가야 한다. 그래야 일이 잘될 때 방심하지 않게 된다. 일이 안 풀린다고 포기하지 않을 수도 있다.

한 줄의 공감

도쿠가와 이에야스는 "인생이란 무거운 짐을 지고 먼 길을 가는 것과 같다"라는 말을 남기기도 했다. 그처럼 삶에 대한 기대치를 낮게 가짐으로써 볼모살이의 어려움을 이겨냈다. 또한 인내하고 또 인내하며 천하 통일의 위업을 달성했다. 그의 신중함, 과하다 싶은 조심성 역시 생사가 오가는 일상과 같은 전쟁에서 최후의 승자가 된 큰 요인 중 하나일 것이다.

May 26

삶의 완성도

삶의 기술은 문제를 제거하는 것보다는
그 속에서 함께 성장하는 데 있다.

_ 버나드 바루크

대부분의 이야기에는 갈등을 일으키는 문제가 있다. 문제를 해결해나가는 것이 그 얼개가 된다. 그러나 좀 더 의미 있고 완결성을 갖춘 이야기는 단순히 문제만 해결하고 끝나지 않는다. 문제를 풀어나가는 과정을 통해 주인공이 내적 성장을 이룬다. 결말이 지어질 때의 주인공은 이야기의 처음 시작점과 다른 사람으로 변모한다. 삶에서도 문제가 발생한다. 문제 해결과 함께 배우고 성장하는 이는 삶의 완성도가 높아질 수밖에 없다.

한 줄의 행 _____

문제가 생기면 울적하고 힘겹다. 어차피 해결해가야 한다면 시각을 달리해보자. 자신 앞에 놓인 이 문제를 잘 헤쳐나가면 또 그만큼 자라 있겠지 하는 씩씩한 기대감을 가져보자.

May 27
왜 하는지 안다는 것

어떻게 하는지 아는 사람은 늘 일을 가질 수 있다.
왜 하는지도 안다면 항상 그의 상사가 된다.

_ 랠프 왈도 에머슨

어떻게 하는지 안다는 것은 일하는 방법을 터득했고 자신만의 노하우를 지녔다는 말이다. 그런 이에게는 당연히 일이 끊이지 않는다. 일의 구체적인 방법이 없다면 일의 실행이 불가능하다. 그러나 방법은 전쟁터의 병사와도 같다. 적의 함락이라는 목적성을 지닌 지휘관이 있어야 효과적으로 운용된다. 방법은 목적과 전략에 예속된다. 싸우는 이유를 아는 사람은 지휘관이 될 수밖에 없다.

한 줄의 깨달음

기술과 숙련도가 뛰어나다 해도 그 솜씨에 생각과 의도가 깃들어 있지 않다면 '장이'에 머물 뿐이다. 철학과 필요도에 따라 스스로의 기술력을 제어하는 능력을 지닌 이가 '장인'이다. 자기 자신이 왜 일을 하는지부터 정립해야 지닌 노하우의 진정한 주인이 될 수 있다.

May 28

기본의 힘

기본으로 돌아가는 것은 혼란에 빠졌을 때
평정을 찾는 가장 간단한 방법이다.

_ 커트니 카버

일하다 보면 중심 줄기가 무엇인지 혼란스러워질 때가 있다. 한 개의 사안에 대해 수많은 논의가 오가거나 수정에 수정을 거듭하다 보면 그런 일이 생기곤 한다. 그럴 때 제일 빠른 해결책은 처음 기획하던 단계의 핵심 아이디어를 떠올리는 일이다. 그에 비추어 너무 지엽으로 흐른 건 아닌지, 처음과는 다른 방향으로 일이 틀어지고 있는 건 아닌지 살펴보면 무엇을 버리고 택해야 할지 명백해진다.

한 줄의 공감

이는 사람 사이의 관계에도 적용된다. 복잡하게 얽힌 상황에서 사람들에 대해 어떻게 처신해야 할지 판단이 서지 않을 때가 있다. 때에 따라, 입장에 따라 진실의 양상이 달라지는 모호한 상황도 있다. 그런 경우엔 인간관계의 가장 기본적인 원칙을 떠올리며 거기 어긋나지 않게 행동하는 것이 좋다. 예를 들면 상대에 대한 신의, 예의 같은 것들…….

May 29

책 한 권에 담긴 원리

나는 한 권의 책만 읽은 사람을 두려워한다.

_ 토마스 아퀴나스

책을 많이 읽으면 시야가 넓어진다. 그러나 단 한 권의 책이라 해도 그 의미와 문장을 제대로 독파하여 내 것으로 만든다면 세상의 이치를 꿰뚫을 수 있다. 제2의 버지니아 울프라 불리는 영국 작가 재닛 윈터슨은 불우했던 어린 시절, 정말로 단 한 권의 책을 읽고 또 읽으며 언어감각을 익히고 글쓰기 방법을 터득했다. 책뿐 아니다. 완성도를 지닌 악곡이나 미술 작품, 혹은 한 생명으로 존재하는 미물이라 해도 그 안에 자기만의 작은 우주를 지니고 있다. 한 작품, 한 존재를 완벽히 이해한다는 것은 세계와 우주의 작동 원리를 습득하는 것과 같다.

한 줄의 행 _____

멀티태스킹의 강박에서 벗어나자. 한 길을 제대로 파고드는 우직함이 산을 움직인다. 생각을 어지럽히는 모든 잡다함에서 벗어나 한 가지에 집중해보자. 단, 편벽된 사고로 빠지지 않도록 경계하고 본질에만 초점을 맞출 것.

May 30

진정한 완벽주의

"예전엔 내 음반에 부족한 부분이 너무 많은 것 같아
아예 거들떠보지도 않은 채 지내곤 했습니다.
그런데 시간이 한참 흐른 뒤 다시 들었을 때 비로소
그 안에 있는 음악 모두가 아름답다는 걸 알게 됐죠.
내가 얼마나 최선을 다해 연주했는지도 느껴졌습니다.
그 뒤부터 '음반에 대해 아쉬움을 느끼는 것 자체가 자만이다.
내가 할 수 있는 것을 다 하고 나면 평가는 듣는 사람 몫으로 남겨두자'고
생각하게 됐습니다."

_ 정경화

불계공졸不計工拙은 '잘되고 못 되고를 따지지 않는다'는 뜻이다. 일정한 경지에 올랐다면 이후의 결과물은 흠이 있든 완벽하든 다 그 나름의 본질적 아름다움이 있다. 굳이 예쁘고 완벽하게 보이려 애쓸 필요가 없다. 무어든 최선을 다해 본질에 충실했다면 그 자체로 충분히 아름답다.

한 줄의 공감

연륜과 함께 자유로움과 여유의 경지에 오른, 내가 사랑해온 한 연주자의 아름다운 황혼. 그녀는 연주에 완벽을 기하는 것으로 유명했다. 생각해보면 완벽해지려 노력한 것 자체가 최선을 의미한다. 최선을 다해 살아온 스스로를 인정하고 자유롭게 하는 것, 그 거야말로 완벽성을 뛰어넘는 진정한 완벽의 경지이며 초월이다.

May 31

팩트와 형용사

"당신도 형용사는 좀 길고 구체적인 내용은 부족해요."

_ 에이모 토울스, 《예의의 규칙》

말 표현에 형용사가 많다는 것은 구체적 사실의 빈곤을 감추기 위한 경우일 때가 많다. 마치 음식 맛에 자신이 없으면 자극적인 향신료나 조미료를 과하게 쓰는 것처럼. 무엇보다 지나친 꾸밈은 말의 진실성이 부족해 보인다는 위험성을 안고 있다. 형용사를 습관적으로 남용하는 건 아닌지 한 번쯤 자신의 언어생활을 되돌아보자.

한 줄의 깨달음

불필요한 장식 없이 단순한 팩트를 말하는 게 경제적이긴 하다. 말하는 이가 쿨해 보인다. 그러나 어떤 것이든 상대적인 면이 있다. 구체적 사실이나 팩트만으로 이루어진 말은 대화를 건조하게 만든다. 말이 이어질 여지가 끊겨 상대 혼자 계속 질문하고 이쪽은 답만 하는 '닫힌 대화'의 우려도 있다. 무엇이든 적절함이 정답이다.

June 1

마음이 하나뿐인 이유

우리에겐 다음과 같은 것들이 주어졌다.
잡을 수 있는 손 두 개. 걷기 위한 다리 두 개. 보는 눈 두 개. 듣는 귀 두 개.
그런데 왜 마음은 하나뿐일까? 다른 한 개는
누군가 다른 이에게 주어졌기 때문이다. 우리가 찾을 수 있도록.

_ 로렌 차일드

정말로 그 중요한 심장, 즉 마음은 왜 하나일까? 아이처럼 한 번쯤 의문을 갖게 된다. 그에 대한 한 작가의 기발한 답변. 로렌 차일드는 《찰리 앤 롤라》 시리즈를 쓴 영국의 동화 작가이다. 그녀가 해석한 우리 몸과 마음의 비밀에서 사랑에 대한 해답을 발견할 수 있다.

한 줄의 공감 _____

그래서 다들 그렇게 찾아 헤매는 것일까. 이 세상 어딘가에 분명히 있을 내 또 하나의 마음.

June 2

침체된 삶에서 벗어나려면

사람의 삶은 말 그대로 물이 고이기도 하는 것처럼 침체될 수 있다.
움직이고 방향을 바꾸는 게 고인 물의 개선책이듯,
목적을 갖고 활동해나가는 것은 정체된 삶에 대한 해결책이다.

_ 존 버로우즈

문득 돌아보니 제자리에서만 맴돌고 있었다. 앞뒤가 꽉 막힌 것처럼 정체되어 더 이상의 진전이 느껴지지 않는다. 살다 보면 그렇게 일이 잘 안 풀릴 때가 있다. 막혀 있다는 건 활력이 부족해졌다는 뜻이다. 주변 상황은 바뀌었는데 이전의 방식을 고수하고 있거나, 매너리즘에 빠져 기계적인 반복을 계속하기 때문인지도 모른다. 원인이 무엇이든 새로운 목적을 세우는 것은 상황 전체에 생기와 추진력을 부여한다. 좀 더 활발한 움직임은 정체를 풀어 변화가 일게 한다.

한 줄의 깨달음 _____

사람의 운세나 상황의 기운은 물과 공기, 바람의 속성과 비슷하다. 움직이지 않으면 정체되고 움직이면 변화한다. 스스로 흐름을 만드는 지혜가 필요하다.

June 3

스스로 만드는 세상

사랑이 있는 사람들은 애정 어린 세상에서 산다.
적대적인 사람들은 적대적인 세상에서 산다. 같은 세상에서.

_ 웨인 다이어

사람은 상대적인 존재이다. 내가 믿고 사랑을 주면 상대도 내게 애정 어린 방식으로 대한다. 사사건건 트집을 잡거나 상대를 비난하면 그도 나의 결점을 찾게 된다. 똑같은 세상에 살지만, 자신이 어떤 쪽의 행동을 하느냐에 따라 스스로가 사는 환경이 바뀔 수 있다.

한 줄의 행 _____

내 주변부터라도 선의와 이해, 배려의 아우라로 채워보자. 세상 모두를 바꾸는 건 불가능하다 해도.

June 4

문제 해결의 진정한 열쇠

자신을 괴롭히는 상황에서 진정 벗어나고 싶다면,
당신에게 필요한 것은 다른 장소로 가 있는 게 아니라
다른 사람으로 변하는 것이다.

_ 루키우스 세네카

사람은 항상 문제에 부딪히며 산다. 어떤 때는 그 원인이 새로온 상사인 경우가 있다. 공동 작업을 하게 된 이기적인 동료가 스트레스를 주기도 한다. 머피의 법칙처럼 운세 자체가 발목을 잡는 적도 있다. 그렇다고 해서 그 상황 자체를 회피해버리는 건 답이 아니다. 나 자신을 먼저 점검하고 생각과 태도를 바꾸거나 문제에 대한 대처방식을 바꿈으로써 상황이 달라질 수 있기 때문이다.

한 줄의 깨달음

하지만 곤란을 부르는 원인이 명백하게 비정상적이고 부당하다면 결연한 작파研破가 필요할 때도 있다. 반대로 어떤 곳을 가든, 누구를 만나든 시비가 일어난다면 스스로에 대한 객관적인 성찰이 필요하다.

June 5

살아 있다는 증거

성장은 삶의 유일한 증거이다.

_ 존 헨리 뉴먼

씨앗을 땅에 심고 햇살과 수분을 주면 싹이 난다. 며칠, 몇 주가 흐르면 다시 잎이 돋고 꽃이 핀다. 시시각각 변화해가는 모습을 보면서 우리는 꽃과 나무가 살아 있음을 느낀다. 자연의 한 부분인 사람 역시 매 순간 자라난다. 몸 안에서 이루어지는 생체 활동을 자각하긴 어렵지만, 아이들의 성장과 쇠퇴해가는 몸의 흔적에서 우리 모두가 줄곧 살고 있음을 알아챈다. 성장은 삶이 밖으로 드러내는 활동의 자취이자 증거이다.

한 줄의 깨달음

몸만 자라는 건 아니다. 사물에 대한 이해력과 통찰력도 자란다. 오늘 문득 어제와 다른 깨달음이 생겼다면, 내 정신도 치열하게 살아 있었던 것이다. 반대로 세월이 가도 전혀 성숙되지 않는다면 진정 살고 있다고 할 수 없을 것이다.

June 6

말의 초점을 맞추려면

말은 사람의 마음에 초점을 맞추는 렌즈이다.

_ 아인 랜드

말을 하는 중요한 이유 중 하나는 상대의 공감을 얻기 위함이다. 공감이란 머리보다 마음의 것이다. 마음에서 우러나지 않은 말은 상대의 마음에 가 닿지 않는다. 그럴듯한 논리라 해도 상대가 마음으로 받지 않으면 공감 획득에 실패한 것이다. 내 말이 상대의 마음에 가 닿도록 하기 위해 우리는 표현을 고른다. 어떤 단어가 가장 적확하게 내 마음을 대신할 수 있는지, 어떤 말투에 상대가 감복할지 본능적으로 찾게 된다. 표현에 따라 내 마음이 가감 없이 전달되기도 하고, 감정을 증폭시켜 전하기도 한다. 말은 확실히 사람의 마음에 초점을 맞추는 렌즈이다.

한 줄의 행

동서고금의 가르침 속에 한결같이 등장하는 것도 바로 말에 대한 경계이다. 역사 속에서도 말 한마디로 사람의 행과 불행은 물론 생사가 갈린 사례가 많다. 오죽하면 '구업口業'이라는 말이 다 생겨났을까. 말을 하기 전 한 번쯤 말을 삼키고, 상대의 마음을 헤아린 정제된 표현을 써보자.

June 7

시간에 내맡긴다는 것

시간이 상황을 변화시킨다고들 말한다.
하지만 실질적으로는 자기 자신이 변하게 만들어야 한다.

_ 앤디 워홀

시간이 모든 걸 해결해주긴 한다. 그러나 자신이 원하던 방향이 아닐 수도 있다. 시간의 힘에 일의 추이를 내맡기는 건 더 이상 어떻게 해볼 수 없을 때 쓰는 방법이다. 내 앞에 주어진 삶을 능동적으로 살아나가기 위해서는 하는 데까지는 해보는 게 옳다. 시간은 배경일 뿐이다. 변화의 주체는 자기 자신이다.

한 줄의 행

'이것 또한 지나가리라'라는 말은 그 이상 물러설 곳이 없을 때 쓰는 구원의 조커Joker 같은 패여야 한다. 아직은 이르다. 움직일 수 있는 한 움직여보자. 그래야 내가 바라는 쪽으로 변화를 이룰 수 있다.

June 8

일의 속성

일을 만들면 일이 점점 더 생기고
일을 덜어내면 일이 점차 줄어든다.

_《명심보감》 존심편

일은 스스로 불러들이는 측면이 있다. 일이 많아 힘들다고 항상 불평하는 사람을 살펴보면 이 일 저 일 손대는 것이 많다. 일에 대한 욕심도 많다. 힘들어도 마다하지 않는다. 일이 점점 많아질 수밖에 없다. 반대로 일을 가리기 시작하면 한가해진다. 일에 마음이 없으니 일이 줄어들 수밖에 없다. 더 많은 일을 해서 바빠지고 싶다면 일을 자꾸 만들면 된다. 세상과 인연을 끊고 한적하게 살고 싶다면 일을 하나둘씩 거절하면 될 것이다.

한 줄의 깨달음 _____

사람을 사귀는 것도 일과 비슷한 면이 있다. 일과 사람이 끊이지 않으면서도 과하여 스스로 제어와 통제가 불가능한 상태가 되지 않도록 적정한 선을 지키는 게 관건이다.

June 9

스스로에겐 엄하게, 남에겐 너그럽게

자신을 다스릴 때는 마땅히 가을 기운을 띠어야 하고,
남을 대할 때는 봄기운을 띠어야 한다.

_ 장조, 《유몽영》

음식이 입에 달다고 그것만 먹을 수는 없다. 건강을 생각해야 하기 때문이다. 감정에 이끌리는 대로만 행동할 수도 없다. 일을 그르치기 쉽기 때문이다. 삶에서는 더 필수적이고 중요한 일들을 위해 스스로를 다스려야 할 경우가 있다. 그러나 다른 이의 잘못은 가차 없이 지적하면서도 자기 자신에 대해서는 관대한 게 또 사람이다. 봄처럼 따뜻한 태도로 다른 이들을 대하면 인간관계에 호의와 너그러움이 깃든다. 스스로에게는 늦가을 서리처럼 엄해지지 않으면 틈날 때마다 무너지려는 마음을 다잡기 힘들다.

한 줄의 행 _____

익숙한 조언일수록 그냥 지나치기 쉽다. 하지만 이렇게 새로이 일깨워질 때마다 최근의 삶을 돌아보며 스스로를 점검하는 계기로 삼아보자.

June 10

현명한 거절

부탁을 좋은 말로 거절하는 것은
상대에게 호의를 베푸는 것이다.

_ 푸블릴리우스 시루스

착한 사람 콤플렉스가 있는 사람일수록 부탁받을 일이 많다. 하지만 들어줄 수 없는 종류일 경우는 난감하다. 백 번 잘하다가 한 번만 못해도 나머지 아흔아홉 번의 호의가 묻혀버린다. 남을 잘 도와주지 않는 사람에 비해 욕을 먹을 확률도 더 높아진다. 지금 당장은 도움이 될 수 있지만 궁극적으로 내게도 상대에게도 해가 되는 것이라면 마음을 굳게 먹고 거절하는 편이 옳다.

한 줄의 행

거절해야 할 경우에 대한 나름의 원칙을 세워보자. 상대의 부탁이 정도를 넘어선다고 생각될 때, 정말로 내키지 않을 때, 상대를 도와준 이후의 상태를 스스로 감당하기 힘들 때, 서로에게 해가 될 게 분명할 때…… 그런 경우라면 심경을 솔직히 털어놓고 이해를 구해보자. 듣기 좋은 말이나 핑계보다는 그게 낫다.

June 11

모두 다 알아버린 것의 함정

신화는 인간의 상상력이 자유롭고,
그의 마음이 종종 시적이었을 때 태어났다.

_ 린위탕, 《제국의 베이징》

오늘날의 우리는 무슨 이야기든 진짜인지 아닌지부터 판별하려 한다. 과학적 분석이 그 진위를 가려주고 있다. 하지만 그렇게 해서 팩트를 얻은 대신 놓쳐버린 게 있다. 상상력이 주는 감흥이다. '진짜'라는 것, 즉 현실적으로 일어날 가능성이 확실한 것에만 치중해서 아름다운 상상력의 산물인 신화나 기이한 설화들을 터무니없고 무지한 허풍쯤으로 생각하게 되었다. 그와 함께 불가사의한 삶과 세상에 대한 호기심과 기대감도 점점 잃어가고 있다.

한 줄의 공감 _____

사물이나 상대에 대해 모든 걸 알아버리는 게 꼭 좋은 건 아니다. 잘 몰라서 상상으로 채워보는 나머지 세계는 그 자체로도 신선한 기쁨이 있다. 사람을 사귈 때도 두고두고 그를 음미할 수 있는 여지를 남기는 쪽이 나을 수 있다.

June 12

준 것은 잊고 받은 것은 기억하자

주는 사람은 기억하지 말아야 하고,
받는 사람은 절대 잊지 말아야 한다.

_《탈무드》

선의는 베푸는 그 순간으로 잊는 게 좋다. 준 것을 기억하는 한, 상대에 대해 '준 사람'이라는 마음을 품게 된다. '나한테 어떻게 이럴 수 있어?'라는 생각은 준 것을 잊지 못해서 생기는 원망이다. 남에게 도움을 받았다면 그의 선의에 대한 감사의 마음을 잊어서는 안 된다. 준 사람이 아끼는 것을 포기하거나 몸을 움직여 도와준 가치를 마음 깊이 되새겨보아야 한다. 가능하다면 어떤 형태로든 은혜를 되갚는 것이 인간의 도리이다.

한 줄의 행

주는 사람이 조심해야 할 게 있다. 조금이라도 생색을 내려는 기미가 엿보인다면 주고도 주지 않음만 못하게 된다. 누군가를 돕거나 가진 것을 줄 때는 마음을 비우고 아낌없이 내주어야 한다.

June 13

있는 그대로 사랑하기

사람을 있는 그대로 사랑하는 법을 배우는 데는 오랜 시간이 걸린다.
자기 주위에 있는 사람들을 자기 비슷하게 만들려고 애쓰는 버릇이
깊이 뿌리박혀 있기 때문이다.

_ 황동규, 〈있는 그대로 사랑하기〉

"왜 그렇게 했어. 봐봐, 이렇게 하는 거야."
우리는 이런 종류의 말을 자주 한다. 그 말에 담긴 의미를 생각해보자. 상대에게 자신이 지닌 전문 지식을 알려주는 게 아니라면, 기본적으로 본인은 옳고 상대는 그르다는 의식이 깔려 있다. 그 말을 듣고 상대가 자신의 방식대로 따라주면 마음이 흡족해진다. 사랑에서도 예외는 없다. 자신과 다른 상대의 특성을 못 견딘다. 상대를 내 생각과 방식대로 바꾸려 애쓴다. 누가 맞고 틀리고가 아니라 '그저 다를 뿐'임을 깨닫는 데는 꽤 오랜 세월이 필요하다.

한 줄의 공감 _____

'자기 비슷하게 만들려고 애쓰는 버릇'이라는 표현에서 멈칫, 스스로 돌아보는 이가 적지 않을 것이다. 자신과 비슷해진 상대는 더 이상 나를 사로잡았던 그가 아니다. 모든 존재는 저마다의 특성대로 피어나고 살아 있을 때 가장 아름다운 법이다.

June 14

그럴듯해 보이는 것의 허점

논리적 타당성이 진실을 보장하는 것은 아니다.

_ 데이비드 포스터 월리스

누군가의 진의를 파악해야 할 경우가 있다. 그럴 때 우리는 그의 말이 앞뒤가 맞는지부터 살핀다. 흠 없는 논리로 이야기한다면 심정적으로 끌리지 않아도 그 말을 믿으려 애쓴다. 그러나 논리적 타당성과 진실은 일치할 수도 있고 아닐 수도 있다. 그럴듯해 보이는 것이 때로 진짜가 아닌 경우를 우리는 종종 겪는다.

한 줄의 깨달음 _____

말이 마음을 모두 표현하기 어렵듯, 말의 논리가 진실의 속내를 모두 밝혀주진 못한다. 본의 아니게 상황이 얽혀 논리로 표현되지 못하는 진심도 있는 법이다.

June 15

직관과 이성

직관적 생각은 신이 준 재능이고, 이성적 생각은 충실한 하인이다.
우리는 하인을 공경하고 신에게 받은 재능을 망각한 사회를 만들었다.

_ 알베르트 아인슈타인

중요한 결정을 내릴 때면 자기 감을 믿기보다 책이나 전문가의 조언에 더 의존하는 자신을 발견한다. 그쪽이 더 객관적일 거라고, 검증된 이성이라고 믿기 때문이다. 하지만 때로는 이성의 눈을 감고 직관의 눈으로 상황을 봐야 할 필요도 있다. 그들의 조언은 어디까지나 조언일 뿐이다. 그 누구도 그 결정에 대해 책임져주지 않는다. 결과는 나의 몫이다. '감'은 내가 나를 살리려는 생물학적 본능이다. 내가 지닌 본능과 세월의 촉이 이론으로 무장한 전문가의 이성보다 더욱 과학적일 수 있음을 잊지 말자.

한 줄의 행 _____

머릿속 생각은 복잡해도 마음이 끌리는 곳이 있다면? 그래, 매사 머리로만 따지지 말자.
이번만큼은 직관을 믿어보자.

June 16

엇갈린 사랑에 관한 한 음유

유월 보름에 아아, 벼랑에 버린 빗 같구나.

_ 고려가요 〈동동〉

고려가요 〈동동〉은 1월부터 12월까지 각 절기를 한 여성의 처지와 심경에 빗대어 표현하고 있다. 여인에게 임은 2월 보름에 높이 켜진 등불처럼, 3월 늦봄의 진달래처럼 눈에 띄는 준수한 사람이다. 그에 비해 여인 자신은 머리 감는 풍속 후 버려진 빗처럼 쓸쓸하다. 그럼에도 일 년 내내 재회를 기원하다 12월에야 그리던 이와 만난다. 그러나 임을 위해 정성껏 깎아 상 위에 올려놓은 젓가락은 다른 손님이 덜컥 잡아 입으로 가져간다. 임과 여인의 엇갈린 마음을 절절하게 묘사한 장면들이 오랜 세월이 흐른 오늘날의 우리 마음에도 애절하게 다가온다.

한 줄의 감성

작자는 어떤 사람이었을까. 관심에서 벗어난 처지를 '벼랑에 버린 머리빗 같다'라고 묘사한 걸 보면, 기록에는 없지만 한 여성의 작품일 것 같다. 머리빗은 거울과 함께 여성의 단장과 관계 깊은 소지품이다. 늘 몸에 지니던 것이 평평한 땅도 아니고 벼랑에 버려졌으니, 그녀의 절박한 처지를 촉각에 와 닿게 비유했다. 남성이 잡아내기는 힘든 표현이다.

June 17

고개 숙임의 딜레마

고개를 숙여 지킬 수 있는 것도 있고,
고개 숙임 때문에 지키지 못하는 것도 있다.

_ 센 리큐 선사

"좋은 게 좋은 거다"라는 말로 자신을 다독이며 내 의견을 접고 상대에게 고개를 숙여야 할 때가 있다. 그럴 때 지켜지는 것은 평온이라는 실리이다. 시일이 지난 후 사건의 진실이 자명해질 것을 내다본 일시적인 고개 숙임도 있다. 좀 더 큰 진리를 위해 소소한 자존심을 버리기도 한다. 현실적인 이득을 위해 몇 번이고 머리를 굽히는 경우도 당연히 있다. 반면 다툼과 대립을 각오하고서라도 고개 숙일 수 없는 때도 있다. 거기서 한 발 양보하면 나 자신의 정체성과 자존에 침해를 받는 경우이다. 오해를 받는 상황에서 수긍을 강요당한다면 더더욱 의견을 굽힐 수 없다. 고개를 숙일 것인지 아닌지는 자신이 어디에 중점을 두고 있는지에 따라 달라진다.

한 줄의 깨달음 _____

고개 숙여야 할 때를 가늠하는 일이 처세의 전부일 수도 있다.

June 18

치우치지 않는 사귐

현명한 이는 친하면서도 공경하고, 두려워하면서도 사랑하며,
사랑하지만 그 나쁜 점을 알고, 미워하지만 그 좋은 점을 안다.

_《예기》 곡례 상편

친한 사람일수록 예의를 지키고 서로 존중해야 한다. 그것은 인생이라는 긴 길을 동행하기 위한 필수 요건이다. 오랜 관계라 해도 그런 경계가 무너지면 다툼이 일어나게 된다. 한편 누군가를 좋아하면 눈이 흐려져 그의 단점이나 잘못된 처신에 눈감아주기 쉽다. 사람이 미우면 그의 장점과 훌륭한 처신에도 불구하고 나쁘게만 볼 우려도 있다. 감정에 치우치지 않고 균형 잡힌 눈으로 상대를 바라볼 줄 아는 것이 좀 더 현명한 사귐이다.

한 줄의 공감

친구뿐 아니라 사랑과 결혼, 가족 간의 관계, 사회 속에서의 모든 천분에 두루 해당하는 사귐의 기본이 아닐까 싶다.

June 19

다른 이의 입장 되어 보기

자신보다 다른 누군가의 입장이 되어보는 상상은
우리 인간애의 핵심에 있다.
그것이 동정심의 본질이고 도덕의 시작이다.

_ 이언 매큐언

남에게 폐가 될까 봐 조심스레 행동하는 사람을 보면 왠지 모를 안도감이 든다. 상대방 사정은 생각하지 않고 일방적으로 몰아붙이는 사람은 비인간적이라는 생각이 든다. 남을 배려하고 경청하는 것을 포함하여 함께 살아가려는 모든 노력이 타인의 입장에 대한 공감에서 비롯된다. 역지사지는 자기 자신만을 생각하는 이기심에서 벗어날 수 있는, 인간 세상을 좀 더 훈훈하고 살맛 나는 곳으로 바꿔주는 출발점이다.

한 줄의 행 _____

누군가가 주변에서 자신에게 감정적으로 좋지 않게 행동해오는 사람이 있다면, 그를 비난하기 전에 먼저 그 입장과 마음을 헤아려보자. 의외로 쉽게 해결책이 보일 수도 있다.

June 20

남을 평가하려면

비판은 마치 비처럼 사람의 뿌리를 파괴하지 않고
그의 성장에 자양분이 될 수 있을 만큼 부드러워야 한다.

_ 프랭크 클라크

남을 평가할 때 보통은 상대의 장점보다 단점에 집중하게 된다. 평가하는 이가 공격성을 띠게 되는 경우도 있다. 하지만 상대는 죄를 지은 게 아니다. 미비한 점이 있을 뿐이다. 감정적 비판은 상대에게 상처를 주고 의욕을 꺾는다. 평가의 목적은 상대의 행동이나 생각의 논리적 허점, 보완해야 할 점 등을 짚어봄으로써 좀 더 완벽한 경지를 지향하도록 만드는 데 있다. 비판 그 자체에 함몰되어 목적을 잊어서는 안 된다.

한 줄의 행 _____

감정어를 배제한 객관적 표현만으로도 상대는 자신의 모자라는 점을 충분히 인식한다. 결점을 지적당한 사실에서 받은 내적 상처를 위로해줄 만한 따뜻한 표현을 고심해봐야 한다. 평가하는 이의 표현 한마디로 그는 더 힘차게 날아오를 수도 있고 영영 추락해버릴 수도 있다.

June 21

누군가를 위로할 때

누군가의 기운을 북돋워주는 가장 좋은 방법은
그가 캄캄한 가운데 혼자 있는 게 아니라고 느끼게 하는 것이다.

_ 알랭 드 보통

어려운 상황에 빠졌을 때는 세상에 자신만 혼자 나쁜 일을 겪고 있다고 느낀다. 아무도 도와줄 사람 없는 막막함 속에서 홀로 고통을 헤쳐가야 한다는 생각에 몇 배 더 절망스럽다. 그럴 때는 누군가 따뜻한 눈길로 사정을 들어주고 거기 공감해주는 것만으로도 큰 힘이 된다. 덧붙여 그쪽도 비슷한 처지에 있다거나, 이전에 같은 일을 겪었지만 잘 극복했다는 경험담이 도움 된다. 동병상련의 동질성이야말로 혼자라는 외로움에서 벗어나게 해주는 가장 든든한 응원이다.

한 줄의 공감

이 책의 기조도 비슷하다. 일상에서 마주치는 갖가지 어려운 문제와 상황, 그에 대한 사람들의 대처 혹은 작가의 의견을 보면서 심리적으로 '나만 그런 게 아니구나', '내가 빠져 있는 이 고통도 시효가 있겠구나'라고 느끼길 원한다. 그로써 본인이 절대 외롭지 않다는 위안을 얻을 수 있다면 이 책은 그 책무를 다한 것이다.

June 22

비평이 제 가치를 발휘하려면

질책으로 시작하고, 칭찬으로 마무리하라.

_ 유대인 격언

콘텐츠에 대해 피드백을 줘야 할 경우가 있다. 적지 않은 사람들이 먼저 콘텐츠의 장점을 칭찬하고 슬쩍 곁들이듯 결점을 지적한다. 하지만 그런 방식은 장점에 대한 언급이 마치 끝에 붙은 비평 한마디를 위한 립 서비스인 것처럼 오해받기 쉽다. 유대인들은 먼저 매를 주고 후에 칭찬으로 기운을 북돋는 게 효과적이라 말한다. 각각의 장단점이 있겠지만 늘 전자의 방식이었다면 한 번쯤 순서를 바꿔보자.

한 줄의 행

단, 초반부터 격하고 단도직입적으로 결점을 지적하면 상대가 마음의 문을 닫게 된다. 이쪽의 의견에 거부감을 가질 수도 있다. 차분한 논리로 예의를 갖추어 표현해보자.

June 23

비 내리는 날

비 내리는 날엔 집에서 차 한 잔과 좋은 책으로
시간을 보내야 한다.

_ 빌 워터슨

비 내리는 날은 마음이 차분해진다. 내면으로 침잠하는 일에 어울린다. 여유의 메신저 같은 차茶 한 잔에 책 한 권 손에 들면 부러울 게 없다. 번잡한 세상사에서 한 걸음 물러나 책 속의 세상에 빠져 있다 돌아오면, 여유롭고 자족한 혼자만의 여행을 다녀온 기분이 든다.

한 줄의 감성 _____

몸에는 축축함을 날려주는 따뜻한 차를. 머리와 마음에는 삶의 의미를 일깨우고 정서의 자양분이 되는 책 속의 구절들을. 차와 책만 있으면 온종일 침대에서 뒹굴고 있다 해도 몸과 마음이 모두 흡족해진다.

June 24

이해의 시선

이상한 인간 같은 건 없다.
누군가는 다른 사람보다 좀 더 이해가 필요한 것뿐이다.

_ 톰 로빈스

상식적으로 납득이 안 가는 행동을 하면 우리는 그를 이상한 사람이라 말한다. 하지만 평범해 뵈는 사람이라도 깊이 파고들면 괴팍한 면이 한두 개쯤 있다. 그런 면이 많을수록 독특하게 여겨지는 것이다. 세상 모든 사람이 상식이라는 테두리에 걸맞기란 어렵다. 이상해 보이는 사람과 아닌 사람은 얼마나 잘 사회화되어 있는가의 문제일 수도 있다. 이상하다고 배척하기 전에 좀 더 폭넓은 이해의 시선으로 사람들을 바라볼 필요가 있다.

한 줄의 공감

새로운 직장에 들어가거나 새 모임에 합류하면 특이한 사람이 한둘쯤 눈에 띈다. 처음엔 낯설고 황당하게 느껴지지만, 시간이 점차 익숙해진다. 그가 어떤 사람이란 걸 알아가면서 그만의 개인적 특성을 받아들이게 되는 것이다. '이상한 사람'은 '더 깊은 이해를 요하는 사람'과 같은 의미인 측면이 있다.

June 25

선량함이 경계해야 할 것

선을 좋아하는 사람은 악에 관대하다.

_ 앙투안 드 생텍쥐페리, 《성채》

선한 사람의 눈에는 모든 것이 선하게 보인다. 상대가 하는 모든 행동을 선한 쪽으로 해석하고 싶어 한다. 안타깝게도 그런 시각은 세상 사람 모두에게 부합되는 건 아니다. 선하게 보인 행동이 실은 다른 이득을 염두에 둔 겉치레였을 수 있다. 관대함의 느슨한 틈새에서 상대의 방종을 키우기도 한다. 나를 위해서, 또 상대를 위해서도 좀 더 현명한 선량함을 지니지 않으면 안 된다.

한 줄의 행

그럼에도 되도록 선한 시각으로 사람을 바라보자. 다 그렇진 않다고 해도 사람이란 상대가 진심으로 믿어주면, 그 믿음에 맞는 방향으로 노력하는 존재이기 때문이다.

June 26

여러 의견을 들어보자

단 하나의 이야기를 말하는 데 천 개의 목소리가 필요하다.

_ 북아메리카 인디언 격언

대부분의 사람은 본인의 의견이 가장 옳다고 여긴다. 그러나 사람마다 생각이 다르고 잘할 수 있는 분야도 다르다. 그들은 그들 나름의 타당한 의견을 지니고 있다. 중요한 일을 결정하기에 앞서 여러 사람의 조언을 들어본다면 자신이 미처 생각지 못한 허점을 발견할 수 있다. 자기 의견을 거울에 비춰보듯 객관화할 수도 있다. 또한 편향성에서 벗어나 균형감각을 갖출 수 있다. 매사 균형만 잘 잡아도 실패할 확률이 크게 낮아진다.

한 줄의 깨달음 _____

사람들의 의견만 유용한 건 아니다. 기존 사례를 분석해보는 건 그 일에 성공한 이와 실패한 이의 의견을 듣는 것과 같다.

June 27

마음으로 스미는 비

어떤 이들은 비를 느낀다.
다른 이들은 비에 젖을 뿐이다.

_ 밥 말리

살아 숨 쉬는 모든 것은 비에 대한 예감이 있다. 날이 흐리면 풀잎과 나뭇잎이 더욱 푸르러진다. 습기를 향한 그리움이 온몸의 세포 안으로 번지기 때문일 것이다. 비를 좋아하는 이라면 불현듯 이는 서늘한 바람 속에서 본능처럼 비의 기운을 눈치챈다. 후드득후드득 빗방울이 나뭇잎 위에 듣기 시작하면 강렬한 부름에 들뜬다. 밖으로 나가 비 내리는 거리를 걷게 된다. 우산 속에 감도는 정적 위로 툭툭 떨어지는 먹먹한 빗소리가 정겹다.

한 줄의 감성

여름비 갠 다음 날 아침, 학교 가는 길옆 수풀 우거진 공터엔 빗물이 만들어놓은 가는 물줄기가 흘렀다. 모래와 들풀 사이로 이리저리 뻗어 나간 물줄기를 보며 남가일몽 설화 속 순우분이 갔던 소인국의 강물을 상상하곤 했다. 해 질 녘, 비가 내리면 저녁밥을 준비하는 엄마의 분주한 움직임을 편안한 배경으로 느끼며, 처마 끝에서 떨어지는 물방울에 마당이 패는 모습을 구경했었다. 아무것도 아닌, 스토리 없이 느낌만 남아 있는, 비와 함께한 유년의 기억들.

June 28

한 번 뱉은 말

말은 탄환이 장전된 권총과 같다.

_ 브리스 파랭

말과 총은 여러모로 유사한 면이 있다. 말에 핵심이 담겨 있다면 목표물에 명중하듯 듣는 이에게 바로 이해가 된다. 주제를 빗겨 간 말은 과녁을 빗나간 탄환처럼 겉돈다. 한 번 밖으로 뱉은 말은 총신을 벗어난 탄환과 같다. 다시 주워 담을 수 없다. 잘못되면 상대의 가슴에 치명상을 준다. 말할 때는 위험한 총을 대하듯 조심스런 마음가짐으로 표현을 가려야 하며, 신중해야 한다.

한 줄의 공감 _____

말의 영향력에 대해서는 모두가 공감할 것이다. 말을 입 밖에 낼 때는 백 번 조심해도 나쁠 게 없다.

June 29

거리감 없애기

두 사람 사이의 가장 가까운 거리는 미소이다.

_ 빅터 보르게

낯선 두 사람이 기차에 마주 앉는다고 가정해보자. 그들은 서로에 대해 아무런 정보가 없다. 상대가 나쁜 사람인지 좋은 사람인지도 알 수 없다. 특별히 사교적이지 않은 한 무표정한 얼굴로 무장하고 서로 외면하듯 앉아 있게 될 것이다. 그런 두 사람이 뜻하지 않게 눈이 마주친다면 어떨까. 어색한 순간을 모면하려 그중 한 사람이 미소를 짓게 된다면? 아마 다른 사람도 함께 웃게 될 것이다. 그다음 놀라운 일이 일어난다. 겨우 웃었을 뿐인데 그들은 서로를 향한 경계와 무장을 풀게 된다. 심지어 막연한 호감까지 느끼면서. 미소의 위력은 그런 것이다.

한 줄의 행

주변에 쉽게 친해지지 못해 서먹한 사람이 있다면 미소의 마법을 사용해보자. 말이나 행동보다 훨씬 직감적인 친근감으로 다가갈 것이다.

June 30

화의 원인은 내게 있다

모든 것을 다른 사람의 책임으로 돌리지 말자.
자신이 겪는 고통의 주된 원인은 자기 안에 내재한 화의 씨앗이고,
다른 사람은 부수적 원인일 뿐이란 사실을 먼저 깨닫자.

_ 틱낫한, 《화》

화가 나면 우리는 그 원인이 밖에 있다고 생각한다. '조용히 살고 싶은 나를 왜 화나게 하는 걸까. 그런 식으로 행동하면 이쪽에 피해가 온다는 걸 모르는 걸까. 아무 잘못 없는 내가 화가 나 고통받고 있으니 상대에게 이런 감정을 표출하는 건 당연한 일일지 몰라.'
하지만 한 걸음 물러서서 잘 생각해보자. 요즘 매사에 과민했던 건 아닐까. 굳이 화까지 내게 된 건 내 안에 숨어 있던 화의 불씨가 상대를 빌미로 활활 타오르며 분출되었던 건 아닐까.

한 줄의 행

'화'라는 행태는 내 감정의 문제이며 상대의 행동과는 별개의 일이다. 그의 행동에 대한 여러 대응 중 나는 가장 감정에 치우친 방식을 택한 것이다. 누군가에게 화를 냈다면 그러한 대처에 대해서만큼은 솔직하게 사과하자. 상대의 행동으로 내가 입는 피해가 있다면 화를 낼 일이 아니다. 담담한 어조로 고쳐달라고 부탁하면 된다.

July 1

살아 있다는 것

살아 있다는 것. 그것의 실체는 순간일 뿐이다.

_ 오카모토 타로

과거는 기억과 경험, 깨달음으로 남는다. 그로써 판단과 선택의 기준이 되어 현재의 내 생각과 행동에 영향을 준다. 미래는 현재의 나를 움직이게 하는 동력이다. 행동의 방향성을 지정해준다. 하지만 과거와 미래는 현재를 위한 조역이며 실체가 없는 허상이다. 내 손에 쥐어진 유일한 삶의 실체는 바로 지금 이 순간뿐이다.

한 줄의 행 _____

스스로의 의지대로 살아 움직일 수 있는 이 소중한 순간을 지나간 일에 대한 후회로 채울 것인가. 다가오지 않은 미래에 대한 걱정과 상념으로 채울 것인가. 아니면 몸을 움직여 행하고 누리며 진정 살아 있을 것인가.

July 2

봉숭아꽃물들이며

고운 거처에서 새벽에 일어나 처음 주렴 걷는데
붉은 별이 거울에 획 던져지는 모습, 반갑게도 보이네.

_ 허난설헌, 〈염지봉선화가〉

이른 새벽, 여인의 거처에서 처음 발을 걷어 올리는 순간, 거울에 언뜻 비친 봉숭아 물이 마치 붉은 별 하나가 획 던져지는 모습 같다고 했다. 참으로 선명하고 감각적인 묘사이다. 손가락의 빠른 움직임을 따라 거울 속에도 스치듯 지나쳤을 꽃빛 별의 모습이 눈에 보이는 듯 생생하다.

한 줄의 감성 _____

요즘 아이들도 봉숭아꽃물을 들일까. 도시이든 시골이든 작은 화단이 있는 곳엔 으레 봉숭아 몇 그루가 있었다. 여름이 오면 모두 통과의례처럼 손톱 끝에 봉숭아꽃물을 들였다. 매니큐어의 인공미와 달리 순박하고 자연스러운 이 아름다운 손톱 단장의 풍습이 입에서 입으로, 손에서 손으로 오래도록 전승되었으면 싶다.

July 3

삶을 주관하는 것

인생은 우리가 사는 것 그 자체가 아니다.
살고 있다고 상상하는 것이다.

_ 파스칼 메르시에, 《리스본행 야간열차》

산다는 것을 객관적 시선으로 요약한다면 태어나서 죽어가고 잊히는 것이다. 우리는 날마다 잠이 깨고 식사를 하고 일을 하며 사람을 만나고 잠이 든다. 예상치 못한 해프닝에 휘말릴 때도 있지만 시간이 가면 어떤 식으로든 해결된다. 사는 일 자체는 그처럼 담담하고 무심한 것이다. 우리가 그 현실을 어떻게 받아들이고 어떤 의미로 보는가에 따라 다르게 다가온다. 산다는 것은 결국 삶 그 자체가 아니라 우리의 인식과 생각과 느낌 등에 의해 규정되는 어떤 것이다.

한 줄의 공감

삶의 규정자를 넘어 삶을 주관하는 자가 바로 우리의 의식이다. 사는 행위 자체는 비루하고 남루하다 해도 드넓은 우주를 소요한다면 그의 삶은 광대무변할 것이다. 별빛을 꿈꾸며 하루하루의 삶을 맑게 가꾼다면 그의 삶은 별처럼 빛날 것이다. 스스로 꿈꾸는 삶의 이상적인 형태에 맞춰 일상을 사는 것, 그것이 진정한 자신의 삶이다.

July 4

순간에서 영원으로

나는 소망하기도 전에 만족된다.
영원이 여기 있는데 나는 그것을 바랐다.
지금 내가 원하는 것은 더 이상 행복해지는 게 아니라
단지 의식이 깨어 있는 것이다.

_ 알베르 카뮈, 《안과 겉》

사람들은 가까이 있고 이미 익숙해진 일들에 대해 무심해진다. 의식하지 못하고 흘려보내는 시간은 버려지는 시간이다. 명료하게 깨인 의식이 바로 그 순간 자기 앞에 존재하는 아름다운 것들을 알아채게 되면 비로소 그 순간을 살게 된다. 그런 순간이야말로 내 몸과 마음과 영혼이 스스로의 주체와 존재감을 자각하며 동시에 세계를 인식하는 진정 살아 있는 순간이다.

한 줄의 공감 _____

언젠가 지인에게 그런 이야기를 들었다.
"뭘 그렇게 한순간 한순간을 다 느끼려 그러세요."
그녀의 말처럼 대충 넘기고 무디게 사는 게 옳은지에 대해 회의하는 내게 카뮈의 명쾌한 해답이 눈에 들어왔다. 나를 둘러싼 모든 아름다운 것들의 가치와 소중함. 내게 다가오는 경험들을 하나하나 깨인 눈으로 의식하고 느끼며 살고자 했던 내 노력이 그의 이 구절과 정확히 일치된 기쁨.

July 5

바로 지금, 여기

"사람들을 '지금 여기'로 데려와야 해. 실제의 세계로. 그게 현재의 순간이야.
과거는 우리에게 소용없어. 미래는 불안으로 가득해.
오직 현재만 실제로 존재하는 거야. 지금 여기에. 오늘을 꽉 붙잡아."

_ 솔 벨로우, 《오늘을 잡아라》

삶의 나날이 짧다고 푸념하면서도 사람들은 여기에 있는 지금 이 순간을 도외시한다.
'그 길로 갔으면 어땠을까. 지금쯤 더 나은 내가 되어 있겠지.'
'다음 기회가 또 있을 거야. 지금은 그 일을 할 기분이 아냐.'
움직인다는 것은 상상하는 것보다 귀찮은 일이다. 과거를 떠올리거나 미래를 꿈꾸는 생각에 잠기는 게 손쉽고 편안하다. 그러나 과거는 흘러갔고 미래는 확실히 약속되어 있지 않다. 우리가 삶을 살 기회는 내 눈앞에 있는 바로 여기, 지금 이 순간뿐이다. 추억과 꿈꾸기로만 삶의 시간을 채우면 나는 한 번도 진정 살아본 적 없는 인생을 살게 된다.

한 줄의 행 _____

'오늘을 잡는다'는 말의 실천은 어렵지도 복잡하지도 않다. 잡념을 버리고 혼신의 힘으로 지금 눈앞의 일에 집중하면 된다.

July 6

마음을 다하는 일

성실한 것은 만물의 시작이며 끝이니
정성되지 않으면 세상 만물이 없다.

_ 《중용》 제25장

마음을 담지 않은 말은 상대에게 울림을 주지 못한다. 성의 없이 만든 물건은 거칠고 투박하여 쓰는 이의 손이 가지 않는다. 치밀함을 기하지 못한 일이 완성도가 있을 리 없다. 정성을 기울여 대하지 않으면 누구든 곁에 머물지 않는다. 우주 만물에 생명을 부여하는 것은 마음이 담긴 성의이다. 말도 사물도 일과 인간관계도 진실한 마음과 성의를 다하는 태도가 없다면 생명 없는 공허함일 뿐이다. 마치 존재하지 않는 것과 같다.

한 줄의 공감 _____

불성무물不誠無物은 오래도록 지녀온 내 삶의 지침이기도 하다. 매 순간 내 앞에 놓인 현재에 온 마음과 성의를 다하는 일, 그것이야말로 내가 살아낼 수 있는 최선의 삶이다.

July 7

일에 충실해야 하는 또 하나의 이유

무엇이든 네 손이 할 것을 찾거든 온 힘을 다해 열심히 해내어라.
네가 향하게 될 죽음의 세상에는 일도 계획도 없고,
지식과 지혜도 없음이니라.

_ 〈전도서〉 9장 10절

맡은 일이 힘들고 마음에 들지 않더라도 손에 잡은 이상은 성誠을 다해야 한다. 내 손으로 무언가 행한다는 것은 살아 있다는 방증이다. 삶이 끝나면 누리지 못할, 살아 있는 이의 특권이기도 하다. 내가 가진 지식과 지혜로 계획을 짜고 과정을 살피고 완성해낼 수 있다는 사실만으로도 감사한 면이 있다.

한 줄의 공감

같은 일을 하더라도 투덜거리며 마지못해 하는 이가 있다. 내게 주어진 일이니 감사하며 누가 보든 보지 않든 최선의 성의를 기울이는 이도 있다. 똑같이 누리는 시간을 어떤 이는 남의 시간처럼 흘려보내고 또 다른 이는 내 영혼과 몸이 참여하는 나만의 순간들로 채운다.

July 8

인생을 이루는 것

지나가는 모든 순간은 인생이 흘러가는 것이다.
인생의 매 순간이 인생 그 자체이다.

_ 리사 시, 《허밍버드레인의 보이차 아가씨》

살아가야 할 날들이 한참 많은 시절에는 인생을 좀 더 그럴듯하고 심중한 것이라 생각한다. 아침에 잠 깨어 밥을 먹고 공부하거나 일을 한 뒤 다시 잠이 드는 일상처럼 시시한 게 인생일 리가 없기 때문이다. 돌이켜볼 날이 더 많아지면 생각이 달라진다. 어떤 식으로 보내왔건 인생은 자신이 겪은 하나하나의 사소한 순간 그 자체의 총합임을 깨닫게 된다.

한 줄의 깨달음 _____

매 순간을 의도적으로 잘 보내려 애쓸 필요는 없다. 하지만 흘려보내고 있는 시간이 어떤 의미인지 아는 것과 모르는 것 사이에는 큰 차이가 있다. '순간'이라는 시간의 가치와 소중함을 안다면 결코 자신 앞에 놓인 한순간 한순간을 함부로 살진 못할 것이다.

July 9

자신은 자신이 잘 안다

그 누구도 우리가 어떻게
세상과 사물을 알아내고 인식하는지 알 수 없기에,
우리는 스스로에 대한 최고의 전문가다.

_ 칼 로저스

나 자신만큼 나에 대해 관심 있는 사람은 없다. 내 문제에 대해 지극한 애정으로 초집중해서 본질을 파악하고 어떻게 하면 더 나아질까 심혈을 기울여 고민하며 대안을 생각하는 사람은 자신뿐이다. 외부의 패턴화된 인식으로 개입하면 핀트가 맞지 않을 가능성이 있다. 자신의 현재와 미래를 좌우할 사안이 있다면 스스로를 가장 잘 아는 자기 자신이 선택하고 결정하는 게 맞다.

한 줄의 공감 _____

단, 자신을 지극히 사랑하는 누군가라면 본인보다 본인의 상황을 객관적으로 볼 수도 있다. 예를 들어 부모님, 혹은 나를 사랑하는 이, 가까운 이들의 의견은 내가 보지 못한 나에 대한 또 다른 시각을 일깨워준다.

July 10

당신이 믿는 것이 당신이다

사람은 그의 믿음에 의해 만들어진다.
믿는 그대로가 그 사람이다.

_ 힌두교 경전 《바가바드기타》

어떤 일을 행하기 전 할지 말지 판단하고 선택하는 단계가 있다. 이 단계에 영향을 미치는 요소는 가까운 이의 권유 혹은 검색을 통해 알아낸 정보일 수도 있다. 책, 인터넷, TV 등에서 본 귀가 솔깃해지는 경험담에 이끌려서일 때도 있다. 그러나 어떤 경우든 우선은 나 자신이 그에 대해 일리 있다고 믿었기 때문에 그런 행동을 택하게 된다. 결국 사람은 본인이 믿는 것에 의해 행동이 결정된다. 그 행동들이 모여 그 사람의 개성을 만든다. 믿는 그대로가 그 사람인 것이다.

한 줄의 깨달음

이와 비슷한 종류의 이야기들이 있다. 예를 들면 "당신이 먹는 것이 당신이다", "당신이 입는 것이 당신이다", "당신이 말하는 것이 당신이다", "당신이 읽는 것이 당신이다"까지. 그 외에도 여러 행동과 관련해서 같은 형식의 문장이 가능하다. 잘 생각해보면 그 모두가 틀린 이야기는 아니다. 믿고 먹고 입고 말하고 읽는 등의 모든 행위는 여러 종류의 선택지 중 그것을 택한 이의 생각과 의지를 반영하기 때문이다. 그렇게 행해진 것들의 결과와 그 총합이 바로 지금의 그 사람이다.

July 11

나 자신이 돼라

당신은 당신 자신이 되어야 한다.
당신이 누구이고 무엇인지에 대해 진실해라.
그러고도 사람들이 아직 당신을 좋아한다면 그건 대단한 일이다.
하지만 그들이 당신을 싫어한다면, 그건 그들의 문제이다.

_ 스팅

내가 아닌 다른 누군가가 될 수는 없다. 남을 모방하는 이는 아류일 뿐이다. 각각 자신만의 유전자적 특질과 개성, 취향을 지닌 우리가 선택해야 할 옳은 길은 하나이다. 그런 나를 인정하고 스스로에게 충실해지는 것이다. 세상과 소통하고 적응하며 잘 살아나가는 것과 세상이 좋아하는 모습에 맞추기 위해 자신의 특성을 버리는 것은 다르다. 우선 자기 자신이 되어야 한다. 세상은 자신에게 성실한 사람의 진정성에 끌리는 법이다.

한 줄의 행

이 문장은 살짝 배타적인 감이 있다. 그래서 덧붙이자면, 나 자신이면서도 동시에 세상과 어울려 잘 지내는 방법이 있다. 호감 가는 매너를 지니면 된다. 이를테면 심지 있고 사고의 균형감을 지닌 사람, 자기 자신에게 충실하고 남에게 솔직한 사람, 남의 개성과 입장도 존중할 줄 아는 사람. 그것은 타고나야만 하는 특징은 아니다.

July 12

감수성이 예민한 것

나는 감수성이 예민하다는 것을 싫어했다.
그런 점이 나를 나약하게 만든다고 생각했다.
그러나 그 단 하나의 특성을 없애버리는 것만으로,
내 정체성의 가장 본질적인 것을 빼앗게 된다.

_ 케이틀린 자파

사람들은 무난한 것, 원만한 것을 좋아한다. 취향을 내세우지 않거나 까다롭게 요구하지 않는 사람을 편하다고 여긴다. 그 결과, 감수성이 예민하고 감성이 풍부한 성향은 장점보다 단점에 속하게 되었다. 외부의 자극에 민감하면 쉽게 상처를 입긴 한다. 감정의 움직임이 미묘해 다른 이의 심기를 불편하게 할 수도 있다. 하지만 똑같이 주어진 한 번뿐인 인생의 시간을 상대적으로 더 섬세하게 느끼고 누릴 수 있다는 점은 크나큰 축복이다.

한 줄의 공감

길어서 싣지 못한 이 말의 뒷부분은 이렇다.
'그러한 특성을 없애면, 내 양심과 공감 능력, 직관, 창의력, 작은 것들에 대한 깊은 감사, 생생한 내면의 삶, 타인의 고통에 대한 섬세한 알아챔, 그리고 그것들 모두에 대한 나의 열정을 빼앗는 것과 같다.'

July 13

잘할 수 있는 일

나는 사람들한테 말을 하는 게 정말 불편하게 느껴졌다.
그래서 기타를 시작했고 그 뒤에 숨을 수 있었다.
나는 상황을 설명하는 게 어렵다.
내 머리가 그쪽으로 작동하지 않기 때문이다.

_ 리치 블랙모어

리치 블랙모어는 전설적인 하드록 그룹, 딥 퍼플의 기타리스트이다. 그는 하드록과 헤비메탈 분야에서 독보적인 위치를 차지하고 있다. 무대 위에서의 그는 힘 있고 거침없는 기타 연주를 통해 내면의 영감과 열정을 자유자재로 표현했다. 그러나 일상에서는 의사소통이나 의견 조율에 서툴렀다. 함께 연주하는 동료들과도 충돌이 잦았다. 그는 느낌이나 생각을 표현할 때, 언어보다 기타를 더 잘 구사하는 유형이었다.

한 줄의 공감 _____

사람마다 능력이 특화된 분야가 있다. 좋아하며 잘할 수 있고 수월하게 느껴지는 일. 우리는 그것을 '적성'이라 부른다.

July 14

주체적인 삶

당신이 내리는 모든 결정이 당신을 만든다.
다른 사람들로 하여금 당신이 어떤 사람이 될지 선택하게 하지 말라.

_ 카산드라 클레어

산다는 것은 이런 취향, 이런 생각, 이런 생김새로 태어난 '나'라는 지구상의 유일한 개체가 자신을 세상 속에서 실현하는 일이다. 그리고 그 실현은 매 순간의 결정에 따라 이루어진다. 하지만 생각보다 우리는 자기 뜻보다는 주어진 환경에 맞는 결정을 내리고 산다. 인생의 시간은 한정되어 있다. 누군가의 발상에 맞춰 결정하고 그 결과에 따라 움직인다면 그에게 내 귀중한 시간과 에너지를 할애하는 것과 같다.

한 줄의 행 _____

살아가면서 주변 사람과의 협력은 필수이다. 협업은 하되 중심은 잃지 말자. 양보할 건 양보하고 관철할 것은 관철할 줄 알아야 한다. 그래야 후회 없는 인생을 살 수 있다.

July 15

스스로의 가치

세상은 당신이 자신을 얼마나
가치 있게 여기는지를 당신에게 되비쳐준다.

_ 다니엘 라포르테

사람들은 스스로가 매긴 자신의 가치를 기준으로 움직인다. 그것이 매사를 선택하는 기준이 되고 세상에 나아가고 물러섬의 지표가 된다. 거기 합당한 이가 되기 위해 노력할 것이고, 그 기준에 못 미치는 결과를 세상에 내놓을 수 없으므로 성실성과 완벽성을 기할 수밖에 없다. 자신을 소중하게 여기고 자존감을 잃지 않는다면 세상 역시 당신을 그렇게 대한다.

한 줄의 공감

"나는 소중해. 나는 가치 있어"라는 말만으로는 곤란하다. 드러나는 행동이 스스로가 책정한 가치에 합당할 때 세상도 나를 그렇게 여길 것이다.

July 16

내가 삶을 사랑하면
세상도 내게 호의를 베푼다

나는 경험과 관찰을 통해, 신의 섭리와 자연, 신 혹은
내가 창조의 힘이라 부르는 건 삶을 조건 없이 받아들이고
사랑하는 인간에게 호의를 베푸는 것 같다는 사실을 알아챘다.
나는 확실히 진심을 다해 그렇게 하는 사람이다.

_ 아르투르 루빈스타인, 《나의 젊은 시절》

세상 모든 것은 상대적인 측면이 있다. 행동이 있으면 결과가 있다. 작용이 있으면 반작용이 있다. 이쪽에서 선의를 보내면 저쪽도 호의를 갖게 마련이다. 삶의 기운이라는 것도 그렇지 않을까. 늘 한탄하고 원망만 하는데 좋은 기운이 되어 다시 돌아올 리 없다. 행운이 있기를 바라기에 앞서, 먼저 선의와 희망, 긍정적인 마음을 지니고 삶과 세상을 대해야 할 것이다.

한 줄의 깨달음

사실 우리가 '삶'이라는 추상적인 말을 사용하지만, 그 세부는 늘 대하는 것들이다. 이를테면 사람들과의 관계, 매일매일의 일상, 세상 속에서의 일 같은 것. 삶에 대한 선의를 갖는 것은 그런 구체적인 일들에 호감과 성의를 갖고 임한다는 뜻이다. 그것이 긍정의 기류를 형성하고, 다시 좋은 결과로 돌아오게 된다. 인생의 행운이란 그렇게 만들어질 것이다.

July 17

비의 계절

빗속을 걷고 있어요. 갈 곳도 없이.
상처받은 몸을 적시며.

_ 요시키, 〈Endless Rain〉

감성의 속성은 습기임에 틀림없다. '사막처럼 황량하고 메마른 마음'이라든지 '촉촉한 감성'이라는 표현을 보면 우리는 모두 암암리에 거기 동의하고 있었다. 그래선지 비가 내리면 습기에 젖은 내면이 풍성해진 감성으로 바깥을 향해 열린다. 세상의 모든 소리도 아름답게 증폭되며 다가온다. 가만히 귀 기울이면 들려오는, 나뭇잎 위에 듣는 빗방울 소리, 창문 밖 양철 프레임에 떨어지는 빗줄기, 거리를 지나는 차의 경적 소리…….

한 줄의 감성

여름비 내리는 날이면 떠오르는 가장 상큼한, 동시에 처연한 비 노래의 첫 구절. 인트로 부분 피아노 반주를 들으면 사랑이라는 피할 수 없는 청춘의 격렬한 고통을 아련한 비의 서정으로 감싸주는 느낌이다.

July 18

자기 의지대로 생각하고 행하지 않으면

습관과 인용으로 살기 시작하면
사는 걸 멈추기 시작한 것이다.

_ 제임스 볼드윈

습관이란 오래도록 똑같은 행동을 반복하면서 몸에 밴 일상의 패턴이다. 무언가를 행하겠다는 의지 없이도 몸이 알아서 하던 일을 해내게 된다. 그런 행동 속에 진심이 담길 리 없다. 남의 그럴듯한 말을 앵무새처럼 인용하면 굳이 스스로 생각하지 않아도 된다. 그 같은 편리함에 젖어들면 생각하는 능력 자체를 잃어버릴 수도 있다. 결국 의지와 진정성을 잃고 생각 없이 살게 되는 것이다.

한 줄의 깨달음

역으로 생각하면 살아 있다는 것이 무엇인지 정의할 수 있다. 매 순간 깨어 있는 의식으로 생각과 행동에 진정성을 담는 일, 그게 진정 사는 것이다.

July 19

그림자의 그림자

그림자가 말했다. 내가 의지하는 것이 있어서 그러는가.
내가 의지하는 것도 또 의지하는 게 있어서 그리되는가.

_《장자》 제물론

사람이 살아가기 위해서는 행동의 지침이나 기준이 필요하다. 보통은 인생관, 가치관이 그 역할을 한다. 하지만 때에 따라 맹목적으로 믿게 된 사실이 그 자리에 대신 들어서기도 한다. 혐오감에 의한 편견, 호감 가는 사람이 주장하는 이론 등 아무런 검증 없이 차용한 개념으로 사람을 판단하거나 일상의 중요한 결정을 내린다. 만약 그 편견이 애초부터 잘못된 생각이라면? 그 사람의 이론 역시 누군가의 이론을 빌려 온 것에 지나지 않는다면? 우리는 실체의 움직임에 따라갈 뿐인 그림자를 실체로 알고 그에 의해 허망한 그림자의 그림자로 살고 있는 것이다.

한 줄의 공감

쉬운 예로 건강 프로그램에서 어떤 식품이 항암효과가 있다거나 항산화효과가 있다고 알려지면 우리는 바로 그 식품을 사서 복용한다. 몸에 맞아 효능을 보면 다행이지만, 체질에 따라 독이 되는 경우도 있을 것이다. 그림자의 그림자로 산다는 건 스스로를 요행에 맡기는 일과 다르지 않다.

July 20

허상이 아닌 실체를 보라

삽화 신문 속 얼굴들을 보지 말고 거리의 얼굴들을 보라.

_ 길버트 체스터튼

그림으로 그려졌다는 것은 실제와는 다른 일이다. 아무리 실물과 똑같이 모사해도 그림이란 그리는 이의 주관과 느낌에 의해 재해석된 일종의 허상이다. 그러나 우리는 늘 사람들에 대한 자신만의 상像을 그린다. 그렇게 만들어진 상에 의거해 일정한 기준을 정한 후 그것으로 사람들을 대한다. 그림 속 사람이 아닌 살아 숨 쉬는 사람 그 자체를 봐야 한다. 그가 내뿜는 섬세한 생명의 움직임을 직접 느끼며 받아들일 때 비로소 그 사람에 대한 올바른 이해와 통찰이 가능하다.

한 줄의 행

사람과 대화하고 교류한다는 것은 살아 움직이는 생명 간의 접촉이다. 본인이 정한 기준대로 상을 그려놓고 상대를 거기 맞추려고 시도하는 순간, 갈등이 발생한다. 내 그림 속의 그는 실제의 그가 아니다. 그림을 버리고 살아 있는 눈앞의 그 사람을 보자.

July 21

본질에 집중하기

지나가며 모든 걸 바라보게 될 것이다.
하지만 아무 데서도 멈춰 서면 안 된다.

_ 앙드레 지드, 《지상의 양식》

왜 사는지, 무엇을 위해 이토록 쉼 없이 생각하고 움직여야 하는지 알고 싶다면 되도록 많이 보고 듣고 경험해보는 게 도움 된다. 어떤 체험 속에도 사물을 관통하는 진실이 담겨 있게 마련이다. 수많은 진실을 마주해야 비로소 그 안에 공통적으로 존재하는 불변의 진리를 도출해낼 수 있다. 특정 사물이나 상황에만 적용되는 진실은 보편적인 진리가 아닐 가능성이 크다. 한 가지 원리, 한 가지 진실에만 미혹되어 머무른다면 본질과 핵심에 다가가지 못한 채 좁은 시각으로 세상을 바라보게 된다.

한 줄의 공감

작가는 다시 이런 말을 덧붙였다.
'중요한 건 네 눈길 속에 있지, 보이는 것 속에 있는 게 아니다.'

july 22

정해놓은 틀에 얽매이지 마라

우리는 이전이나 현재의 생각 한계에 결코 얽매일 필요가 없다.
또한 줄곧 그래왔거나 그렇다고 생각하는 인간형에 고정될 필요도 없다.

_ 앨런 로코스

일관성을 갖는 건 좋지만 그것은 내가 결정해야 할 어떤 행동의 지침일 때 의미가 있다. 스스로가 정해놓은 논리에 얽매이거나, 만들어진 이미지의 벽에 갇혀 자유의지가 손상되는 건 바람직하지 않다. 생각이란 것도 결국 내가 만들어낸 상상이다. 이제껏 쌓아온 이미지 역시 자기 자신이 정한, 혹은 남들에 의해 규정된 외형의 틀일 뿐이다.

한 줄의 깨달음 _____

생각과 이미지에 얽매여 얼마나 많은 일상 속의 갈등이 일어나는가. 우리가 옳다고 굳게 믿는 그것들조차 실은 만들어진 허상임을 깨닫는다면 우리는 좀 더 열리고 자유로워질 것이다.

July 23

관념이 아닌 행동으로 살아보자

"지금까지", 나는 나 자신에게 말했다.
"너는 그림자만 보고 그것에 상당히 만족해왔다.
이제 나는 너를 실체의 세계로 이끌 것이다."

_ 니코스 카잔차키스, 《그리스인 조르바》

소설 속 조르바처럼 온몸을 내던져 타고난 자유를 누리고 사는 건 쉽지 않은 일이다. 삶이라는 것은 내 의지와 내가 처한 상황의 조율과 타협에 의해 살아지는 측면이 더 강하기 때문이다. 자유를 꿈꾼다 해도 속세의 삶을 벗어나지 않는 한 한계가 있다. 그러나 지식보다 체험을 강조하는 그의 삶의 방식은 20대 초중반까지도 지식을 습득하는 일에만 매달려야 하는 우리로선 귀담아들을 부분이 있다. 우리는 확실히, 세상을 잘 살아나가기 위해 쌓은 정보와 지식에 오히려 발목이 잡혀 생각 과잉의 삶을 사는 경향이 있다.

한 줄의 행

학교에서 배운 것, 책에서 읽은 내용만으로도 살아가는 데 필요한 지식은 충분하다. 정말로 산다는 건 내게 주어진 1분 1초를 내 느낌과 감각 그대로 겪는 것이다. 관념과 예단을 배제하고 내 손으로 직접 만져보고 부딪치며 그로써 얻은 체감의 지혜로 세상을 살아보자.

July 24

막상 기회가 오면

딱히 급하게 도망친다거나 할 필요는 없다.
지금, 그의 손안에 있는 왕복표에는 행선지도 되돌아오는
장소도 본인이 자유롭게 적어 넣는 여백으로 비어 있다.

_ 아베 코보, 《모래의 여자》

작품 속 남자는 원래 살던 삶에서 유리된 채 뜬금없이 사구의 모래 구멍에 갇힌다. 평생 돌을 굴려 올려야 하는 시시포스처럼 끝없이 모래를 퍼내는 노역을 해야만 한다. 고통스런 삶에서 벗어나려는 끈질긴 연구와 시도가 이어지고, 결국은 빠져나갈 방법을 발견하게 된다. 하지만 막상 기회가 오자 머뭇거리며 현실에 안주한다. 어느새 그는 몸에 익은 그 현실을 자신의 삶이라 여기게 된 것이다.

한 줄의 공감 _____

원치 않는 삶이라 생각하며 일탈을 꿈꾸지만, 그런 기회가 온다 해도 현실을 과감하게 벗어던지지 못하는 세상의 모든 사람처럼.

July 25

행운은 만드는 것이다

운은 상당히 예측 가능하다는 것을 발견했다.
더욱더 운이 좋기를 원한다면, 기회를 더 많이 잡고,
더 적극적이어야 하며, 더 자주 모습을 보여야 한다.

_ 브라이언 트레이시

운은 저절로 깃든다고 생각하는 이가 많다. 그러나 운이 좋은 것처럼 보이는 사람들의 내막을 살펴보면 그들 자신이 운세를 적극적으로 만들어간 경우가 대부분이다. 그들은 부지런하며 매사에 준비성이 강하다. 기회를 얻기 위해 최대한 움직이고 접촉한다. 실패한다 해도 쉽게 포기하는 법이 없다. 열심히 참여해서 사람들의 머리에 각인될수록, 일들이 되지 않으면 안 되도록 상황을 완벽하게 만들수록 예상대로 운 좋은 결과를 얻을 가능성이 커진다.

한 줄의 깨달음 _____

시도만 열심히 한다고 행운이 깃드는 건 아니다. 그만큼의 실력도 겸비해야 한다.

July 26

사랑받기의 딜레마

사랑받는 것을 보장받는 유일한 방법은
사랑받을 가치가 있는 사람이 되는 것이다.
삶의 중요한 목표가 수동적으로 사랑받는 거라면
사랑받을 사람이 될 수 없다.

_ 모건 스콧 펙

사람을 끌리게 만드는 것은 어떤 사람의 개성에서 오는 인간적 매력이다. 사랑받기 위해 억지로 꾸며내어서는 불가능하다. 그런 행동에는 스스로의 삶에 대한 주체성이 결여되어 있다. 남에게 수동적으로 사랑받는 것을 삶의 제1 목표로 삼기보다 자신의 삶을 사랑하고 고양시키기 위해 노력해야 한다. 그렇게 세워진 삶의 자신감이 바탕이 될 때 비로소 사랑받기에 연연하지 않는 능동적인 사랑의 길이 열린다.

한 줄의 공감

사랑받는 것에 집착하면 그 사랑이 식을까 봐 전전긍긍하게 된다. 마음을 붙잡기 위해 상대에게 종속될 수밖에 없다. 세상의 그 누구도 자신의 처분에 따라 이리저리 움직이는 상대편을 사랑의 대상으로 존중하긴 힘들다. 사랑받기에 얽매이기보다 내 삶에 충실하고 당당하게 사랑하자. 그런 이야말로 사랑받을 자격이 있다.

July 27

인생을 좌우하는 것

생각을 조심하라. 말이 된다. 말을 조심하라. 행동이 된다.
행동을 조심하라. 습관이 된다. 습관을 조심하라. 성격이 된다.
그리고 성격을 조심하라. 운명이 될 테니까.
무언가를 생각하면 우리는 그 생각대로 된다.

_ 영화 〈철의 여인〉

말은 생각의 통로이다. 말로 의견을 표출하면 대부분의 사람은 말과 행동을 일치시키려 노력한다. 오래도록 같은 행동을 반복하다 보면 그것이 몸에 익어 습관이 된다. 한 번 몸에 밴 습관은 쉽사리 개선되지 않는다. 평생 가는 경우도 있다. 습관에 의해 행해지는 전형적인 행동들은 어떤 사람의 특성이나 개성을 결정한다. 그러한 개성이 타고난 유전적 성향과 결합해서 한 사람의 성격을 만든다. 그리고 모든 사람은 자기 성격대로 인생을 살게 된다. 결국 우리의 생각은 인생을 결정하는 출발점이다.

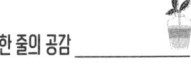

한 줄의 공감 _____

편벽된 생각이 사람을 한 방향으로만 빠지게 만드는 걸 종종 본다. 부정적인 생각으로 절망적인 삶을 사는 경우도 흔하다. 균형 잡힌 생각, 긍정적 사고의 중요성을 다시 한 번 생각해보게 된다.

July 28

나와 똑같은 이를 만나는 일

"살아온 날들 동안 나는 여기 있지만
동시에 어딘가 또 다른 곳에 있었던 느낌이야."

_ 영화 〈베로니카의 이중생활〉

이 세상에 자신과 똑같은 이가 있다면 어떨까. 동시에 존재하는 또 다른 자신을 의미하는 도플갱어는 숱한 문학 작품과 영화의 소재로 사용되었다. 아마도 오래전에는 이 넓디넓은 세상에서 한 번뿐인 인생을 사는 단 하나의 사람이라는 고립감, 또 다른 삶을 살아보고 싶은 욕망이 만들어낸 단순한 상상이었을 것이다. 근대 이후에는 그런 상상 자체를 인간 이해의 차원에서 보는 심리학적 측면이 거론되었다. 그러나 지금은 평행우주 이론을 통해 우리와 똑같은 사람이 동시에 다른 곳에도 존재할 수 있다는 과학적 연구가 진행 중이다. 도플갱어가 실재할 가능성도 있는 것이다.

한 줄의 공감

실재 여부는 아직 알 수 없다. 하지만 도플갱어를 만났을 때의 기분만큼은 일상 속에서 모두들 흔히 겪고 있다. 가령 동영상 기기 속에서 움직이고 있는 자신의 모습에 대한 낯선 느낌 같은 것. 내가 알고 있고, 이상적으로 그리고 있던 나와 바깥에 보여지는 내 모습 간의 괴리감이 그런 기분이 아닐까.

July 29

젊음의 그늘

"발 없는 새에 대해 들은 적이 있어. 발이 없으니
날고 또 날기만 하다가 지치면 바람 속에서 잠이 들지.
그 새는 평생 딱 한 번 땅에 내려앉아. 바로 죽을 때야."

_ 허버트 조지 웰스

장국영이 연기한 영화 속 주인공 유디는 '발 없는 새'의 고독한 운명을 타고났다. 친모에게 버림받아 사랑이라는 마음의 뿌리를 갖지 못한 그는 그 새처럼 어느 땅에도 내려앉아 편히 쉬거나 닻을 내리지 못한다. 부초처럼 떠돌 뿐이다. 그는 머물 곳 없이 방황하는 젊은 날의 초상 같은 존재이기도 하다. 흐르는 물살에 휩쓸려 있을 때는 물속의 정경을 볼 수 없다. 헤쳐 나가야 할 격류만 눈에 들어온다. 젊음의 한가운데 있을 때도 그 빛나는 아름다움을 알아차리긴 힘들다. 미래에 대한 불확실성과 해소될 수 없는 욕망으로 가득한 젊음의 그늘만 눈에 띄기 때문이다.

한 줄의 감성

만우절에 거짓말 같은 소식을 남기고 세상을 떠난 배우 장국영. 어린 시절 부모의 이혼으로 상처가 컸다는 그의 실제 삶과 어딘가 겹쳐 보이는 영화이다. 오랫동안 팬이었기에 아직도 그가 등장했던 영화의 한 장면을 보면 가슴이 먹먹하다.

July 30

왜 현재를 살지 않는가

그들은 밤의 기대로 하루를 버리고,
새벽에 대한 두려움으로 밤을 잃는다.

_ 루키우스 세네카, 〈인생의 짧음에 대하여〉

기대되는 저녁 약속을 앞둔 날은 온종일 일이 손에 잡히지 않는다. 몸은 현재에 머물고 있지만, 마음은 이미 약속 장소에 가 있다. 두세 시간의 즐거운 만남을 위해 마음이 실종된 하루를 보낸 셈이다. 부담스러운 행사를 치러야 하는 디데이가 다가오면 걱정 때문에 잠을 설친다. 미리 근심하느라 그날 하루만 해도 될 마음고생을 며칠 더 늘린 것이다. 우리 삶은 대략 그런 식의 기대와 다가올 일에 대한 염려로 점철된다. 기대와 근심에 사로잡혀 정작 살아내야 할 현재를 헛되이 보내는 경우가 많다.

한 줄의 깨달음

잡념을 버리고 내 앞의 현재에 집중해보자. 무언가에 열중하면 시간의 경과를 잊는다. 머리 복잡한 계산, 앞날에 대한 기대, 마음을 산란하게 만드는 근심 등이 비집고 들어올 틈이 사라진다. 바로 그 순간, 우리는 현재의 나를, 내 삶을 충실히 살고 있는 것이다.

July 31

생각과 행동

사상가처럼 행동하고, 행동가처럼 생각해야 한다.

_ 앙리 베르그송

행동 없는 생각은 실체화되지 못하는 관념이다. 생각 없는 행동 역시 무의미한 몸짓에 지나지 않는다. 아무리 좋은 생각이라 해도 글로 쓰거나 실행하는 등, 행동화되지 않으면 쉽게 잊힌다. 어떤 행동이든 아무 생각 없이 했다면 제 가치를 인정받지 못한다. 생각과 행동은 서로를 의미 있게 실재하도록 만든다.

한 줄의 깨달음

생각이 우세하면 탁상 위의 공론이 된다. 행동만 앞서면 방향을 잡지 못한 배처럼 정처 없이 움직이게 된다. 실천이 따르지 못하는 공허한 이론, 실현될 수 없는 공상을 걸러냄으로써 생각의 방종을 제어하고, 무계획한 실천, 지침 없는 방황, 신중하지 못한 처사를 방지함으로써 행동의 남용을 자제하는 절충이 필요하다.

달 뜨는 밤, 달 뜨는 마음

오늘 달이 참 밝다.
꽃아, 나랑 도망갈래?

_ 서덕준, 〈장미도둑〉

August 1

달빛 깃든 저녁 식사

여름에는 저녁을 마당에서 먹는다
밥그릇 안에까지 가득 차는 달빛

_ 오규원, 〈여름에는 저녁을〉

여름은 인위를 벗어버리는 계절이다. 온몸을 가리던 옷이 하나둘 가벼워지고, 맨팔과 맨발로 산을 숨 쉬고 바다를 만진다. 달빛이 온 세상을 점령한 여름 저녁, 달빛을 깔고 마당에서 저녁을 먹으면 밥 대신 밥그릇 안에 가득 찬 달빛을 먹게 된다. 여름이면 본래 자연의 일부였던 우리는 다시 돌아가 자연과 한 몸이 된다.

한 줄의 감성

시구에서 달빛 훤하던 어느 여름 피서지 숙소 마당의 늦은 저녁 식사를 떠올렸다. 산 정상에서 첫 번째 집, 가까운 능선 위에 걸려 있던 둥근 달. 그 저녁 내 식탁 위에 내려앉은 달빛은 숲 향기에 촉촉이 젖어 있었다.

August 2

인생의 시간은 상대적인 것

어떻게 살아야 하는지 그 방법을 안다면 인생은 길다.

_ 루키우스 세네카, 〈인생의 짧음에 대하여〉

온종일 아무 일도 하지 않고 누워 있으면 하루가 금세 간다. 시간 단위로 타이트한 스케줄에 맞춰 움직이면 아주 길다. 하루를 마감하는 밤, 잠자리에 누워 그날을 되돌아보면 똑같은 하루라 해도 한쪽은 더 많이 산 느낌이 든다. 인생 역시 마찬가지일 것이다. 동일하게 주어진 삶의 시간을 얼마만큼 깊이 있게, 또는 다채롭게 쓰느냐에 따라 인생의 길이가 명백히 달라질 수 있다.

한 줄의 공감 _____

한번은 사정이 생겨 계획해놓은 긴 휴가 일정을 이틀 안에 모두 소화해야 했다. 그런데 놀랍게도 가능했다. 안개 자욱한 산속의 바비큐, 바다, 드라이브, 맛집, 계곡의 탁족까지. 충분히 즐기고 여유로운 시간을 보냈음에도 밤 열두 시가 안 되어 다시 집에 돌아왔다. 나머지 휴가 기간이 마치 덤으로 얻은 시간 같았다.

August 3

쉬어야 할 때

쉬어야 할 때는 쉴 시간이 없을 때이다.

_ 시드니 해리스

바빠서 쉴 시간조차 없을 때가 있다. 마감 직전처럼 일시적인 상황이라면 어쩔 수 없다. 하지만 오랫동안 그 상태를 지속하고 있다면 일상의 패턴을 바꿔보아야 한다. 잘 들여다보면 시간이 없다기보다 스스로 정신적 여유를 차단하는 경우가 많다. 머릿속이 목표를 향한 일념으로만 가득 차서 차 한 잔 즐길 마음도, 산책하며 이완될 틈도 없는 것이다. 온종일 일만 한다 해도 그중엔 집중이 흐트러져 능률이 오르지 않는 시간이 있다. 그런 시간을 휴식시간으로 정해보자.

한 줄의 행 _____

목표지향적인 성격일수록 한길로만 매진한다. 그러나 그 누구도 건강을 장담할 수 없다. 쉬지 않으면 무리가 간다. 한정된 체력으로 원하는 일을 완수하기 위해서라도 일과 휴식의 좀 더 효율적인 시간 배분이 필요하다.

August 4

유사성과 이질성

비슷한 점은 우리를 공통의 화제로 이끈다.
다른 점은 서로에게 매료되게 해준다.

_ **톰 로빈스**

이성을 택할 때 무의식적으로 자신과 다른 성향의 사람에 마음이 간다는 연구 결과가 있었다. 그와 반대로 서로 동질감을 느껴야 가까워진다는 연구도 있다. 어느 쪽이 맞는 것일까. 생각해보면 둘 다 일리가 있다. 사랑은 생물학적이면서 동시에 심리적인 측면이 있다. 생물학적으로는 자신과 다른 유전자적 특성을 지닌 이가 끌릴 것이다. 심리적으로는 같은 성향의 사람에게서 안정감과 동질감을 느낀다.

한 줄의 공감 _____

사랑은 참 현명하다. 상대가 나와 너무 똑같은 사람이면 말이 통해서 좋지만, 이성관계보다는 친구가 될 가능성이 크다. 달라도 너무 다른 사람이라면 공통점을 찾지 못해 겉돈다. 두 가지 요소의 적절한 배합이 있어야 비로소 서로에게 빠져들 수 있다.

August 5

사랑받을 자격

사랑의 자격을 갖춰라.
그러면 사랑이 찾아올 것이다.

_ 루이자 메이 올콧, 《작은 아씨들》

사랑에 빠질 가능성이 큰 사람들의 조건을 살펴보자. 우선 상대에게 마음을 열 준비가 되어 있을 것. 자아의 벽이 너무 높아 상대가 들어갈 틈이 없으면 사랑하기 어렵다. 두 번째, 호감을 주는 사람일 것. 웃음기 없고 불친절하고 무례하다면 좋은 인상으로 다가가지 못한다. 세 번째, 진정성 있게 상대를 대할 것. 사랑은 진심과 진심의 만남이라는 사실을 기억해야 한다. 사람들은 누구나 사랑받을 자신만의 매력을 지니고 있다. 열거한 특징들은 상대가 마음의 경계를 허물고 다가와 그런 장점에 집중할 수 있게 만든다.

한 줄의 감성

고3 때 담임 선생님 생각이 난다. 그 시절이 다 지나고 어른이 된 후에도 가끔 떠오르는 선생님의 말씀.
"지금 누군가의 마음에 들려고 애쓸 필요 없어. 너희 자신이 스스로 내면을 가꾸고 괜찮은 사람이 되면 좋은 남자가 알아보고 찾아올 거야."

August 6

사랑은 타이밍이다

사랑은 모두 타이밍의 문제이다.
너무 빠르거나 너무 늦게 맞는 사람을 만나는 건 좋은 만남이 아니다.
다른 시대나 장소에 살았다면 내 이야기는
매우 다른 결말이 되었을지도 모른다.

_ 영화 〈2046〉

내 맘에 꼭 드는 좋은 사람이 내 앞에 나타났다 해도 다른 일에 정신이 없다면 사랑으로 발전하기 힘들다. 반대의 경우도 마찬가지이다. 서로 다른 성장 과정과 사연을 지닌 두 사람이 같은 시간, 같은 장소에서 눈빛이 통하고 사랑이라는 가장 친밀한 단계까지 이르는 건 기적 같은 일이다. 게다가 사랑이 시작된다 해도 그것이 이루어지는 건 또 다른 이야기이다. 너무 일러서 관계를 지속할 준비가 안 되어 있다든지, 더는 바꿀 수 없는 길에 접어들어 상대를 선택할 수 없다면 그 사랑은 이별을 맞게 된다.

한 줄의 감성 _____

어디 사랑뿐일까. 어떤 일을 하기 위한 적당한 시기를 만나는 것, 원하는 것을 이루는 일, 깨달음을 얻는 것조차도 모두 다 때가 있는 걸.

August 7

우연의 일치

이것이 사랑이었다. 우연의 일치가 겹치며
의미를 모으고 기적이 되었던 것.

_ 치마만다 은고지 아디치에, 《떠오르는 황금빛 태양》

사랑은 우연한 만남에서 시작된다. 몇 번의 우연이 겹치면서 서로의 가슴에 중요한 의미로 다가간다. 결국 개별로 존재하던 두 사람이 하나로 일치되는 기적이 일어난다. 사랑해본 사람이라면 자신들의 사랑도 대개 이런 과정을 거쳤다는 데 공감한다. 논리로 설명될 수 없는 이상한 우연과 한 번도 아닌 여러 번의 거듭된 우연의 일치. 그것이 두 사람을 사랑의 단계까지 이끌었다.

한 줄의 깨달음

사랑은 각자의 주파수와 기류가 맞아 '우연의 일치'라는 이름으로 만나지는 '숨은 필연'이 아닐까. 광활한 우주 어딘가에 떨어져 있다 해도 언젠가는 서로가 서로를 끌어당길 수밖에 없는. 한 번 가까이 다가가면 더 강한 끌림으로 이끌려 거듭된 우연의 일치를 이루게 되는.

August 8

이유 있는 사랑이 위험한 까닭

특정한 원인에 의존하는 사랑은
그 원인이 사라지면 사랑도 가버린다.

_《탈무드》

세속적인 조건, 순간적인 욕망의 충족, 혹은 옛사랑의 빈터를 메꾸기 위한 서두름처럼 자연스럽지 않은 동기에서 출발하는 사랑이 있다. 그런 사랑은 동기가 사라져버리면 사랑의 존재 가치 자체가 희미해진다. 사랑을 지탱해온 핵심적인 동인이 없어졌기 때문이다. 조건이 입혀진 사랑은 허위에 의한 헛것 같은 사랑이다.

한 줄의 깨달음 _____

사랑은 맹목적인 게 맞다. 좋아진 이유가 없으니 사라질 이유도 없다. 조건이라는 땔감이 없어도 불이 붙고 스스로 재가 될 때까지 타오르는 불가사의한 불꽃이다.

August 9

사랑의 눈으로 보면

우리는 완벽한 사람을 발견해서가 아니라,
불완전한 사람을 완벽하게 보는 법을 배우며 사랑하게 된다.

_ 샘 킨, 《사랑하고 사랑받기》

세상에 완벽한 사람은 없다. 외모나 세속적인 조건이 뛰어나다고 해서 이상적인 사람이 되는 건 아니다. 오히려 한두 가지씩은 결점이 있는 게 사람이다. 누구든 한 사람에 집중해보면, 스쳐 지나는 눈으로는 발견할 수 없던 그 사람만의 매력이 있다. 그런 장점이 그가 지닌 결점들을 사소한 것으로 만든다. 완벽하지 않은 한 사람에 집중하며 그가 지닌 무한한 가능성을 이끌어내고 세상에서 가장 빛나는 사람이 될 수 있도록 도와가는 일, 그것이 바로 사랑이다.

한 줄의 깨달음

사랑은 결점을 지닌 두 사람이 서로 도와가며 인간적인 완성을 이루는 가장 아름답고 이상적인 길이다.

August 10

시간의 바다

너를 만나기 위해 억겁의 시간을 건너온 거야.

_ 영화 〈드라큘라〉

이 넓디넓은 우주, 헤아릴 수 없는 억겁의 시간 속에서 사람 하나가 다른 사람 하나와 만나는 것은 '우연'이 가져다준 놀라운 기적이다. 그렇게 숱하게 스쳐 지나는 사람들 중에서도 단 두 사람이 서로 눈빛과 눈빛이 통하고 온몸의 세포와 세포가 완벽히 공명하게 되는 것은 더더욱 신비한 일이다. 그것을 우리는 '사랑'이라 부른다.

한 줄의 행 _____

권태라는 것도 어찌 보면 사치스러운 감정일지 모른다. 지금 내 곁에 '그'가 혹은 '그녀'가 있다면 새삼 우주가 가져다준 천재일우의 기회에 감사하며 상대의 소중함을 상기해보자.

August 11

세상 모든 것이
그대들의 사랑을 축복하리라

그들은 서로 사랑했다.
그들 주변의 모든 것이 그들의 사랑을 절실히 원했기 때문이다.
나무들과 구름, 머리 위 하늘, 그리고 그들 발밑의 대지까지도.

_ 보리스 파스테르나크, 《닥터 지바고》

사랑하는 이들의 눈에 비친 세상은 아름다움으로 가득하다. 객체로 존재할 뿐이던 나무도 풀도 꽃도, 하늘에 무심하게 떠가던 구름도 다 저마다의 사랑스런 의미를 부여받는다. 사랑의 정념이라는 것 자체가 자연의 부름에 대한 지극한 화답이기 때문일까. 비가 내려 대지를 적시듯, 공기 속을 흐르던 기운이 안개가 되어 숲속에 녹아들듯, 두 사람이 사랑으로 젖어들 때면 자연과 우주의 모든 것이 둘의 사랑과 하나가 된다.

한 줄의 깨달음

사랑은 자연의 순리이며 생명의 보존과 계승을 위한 의지이다. 두 사람이 사랑에 빠진다는 것은 자연의 이치에 충실한 한 존재와 존재로 돌아간다는 의미를 내포한다. 자연의 모든 것이 두 사람의 사랑을 축복할 수밖에 없는 이유이다.

August 12

사랑의 등불

사랑은 영원해. 양상은 바뀔지 몰라도 본질은 변하지 않아.
사람이 사랑에 빠지기 전과 후는
불이 켜지지 않은 등과 불타는 등의 차이와 같아.
등은 거기 있었고 좋은 등이었지. 하지만 지금은 빛도 발하고 있어.
그리고 그게 등의 진짜 기능이야.

_ 빈센트 반 고흐, 《고흐의 편지》

사랑에 빠지기 전의 사람들은 무심하고 평이하게 존재한다. 불빛이 꺼져 있는 등불처럼 생명의 활기가 일상 속에 잠들어 있다. 사랑에 빠지면 내면의 가장 깊숙한 곳에 웅크리고 있던 영혼이 제빛을 발하기 시작한다. 점화되어 불꽃이 일듯 사랑에 의해 일깨워진 영혼은 각각의 사람들이 애초에 지닌 특성들을 빛처럼 반짝이게 만든다. 불빛이 감돌게 된 영혼의 눈으로 바라보는 세상에도 따뜻한 생명이 깃든다. 사랑은 사람과 사물, 세상에 생생한 생명의 빛을 불어넣는 일이다.

한 줄의 공감

갓 서른의 빈센트가 동생 테오에게 보낸 편지의 한 구절. 고흐의 편지는 대부분 그에게 보낸 것이다. 그처럼 고흐가 평생 의지했던 유일한 사람은 테오였다. 청년기의 초입부터 죽음에 이르던 순간까지 그가 쓴 668편의 편지들은 삶과 그림에 대한 신실하고 치열한 구도와 정진을 담은, 글로 표현된 그의 또 다른 그림들이다. 그가 37세의 짧은 나이로 세상을 떠난 후 6개월 만에 테오 역시 33세로 생을 마감했다.

August 13

본의 아닌 사랑 고백

"저는 그 사람을 그리워하고, 그리워하고, 또 보고 싶어요.
온 세상이 텅 비고 아프게 느껴지는 것 같아요. 달빛이 싫어요.
아름답긴 하지만 그가 제 옆에 없어 함께 감상하지 못하니까요.
아저씨도 누군가 사랑해보셨을 거고, 그럼 제 맘을 아시겠죠."

_ 진 웹스터, 《키다리 아저씨》

한때 우리들의 사춘기를 들뜨게 했던 이 예쁜 소설, 키다리 아저씨. 주인공 주디는 후원자인 키다리 아저씨에게 보내는 편지에서 그가 바로 그녀가 사랑하는 저비스와 동일 인물인지 모르는 채, 저비스에 대한 사랑의 마음을 고백한다. 언제쯤 키다리 아저씨의 존재가 드러날 수 있을까 하고 아슬아슬한 기대감으로 지켜보던 독자의 마음을 제일 안타깝게 만든 클라이맥스 부분이다. 마치 마음을 고백하지 못한 이에게 말보다 먼저 일기 내용을 들킨 것 같은 독특한 사랑 고백이다.

한 줄의 감성

사람들은 어린 시절에 읽은 책들을 평생 마음에 간직한다. 내게도 이 이야기는 '사랑의 한 전형'이 되었다. 인생 연애소설 중 하나라고 할까. 사춘기적인 치기가 깃들어 있지만, 여성들의 마음속에 잠재한 이상적인 사랑의 모습을 잘 보여주는 작품이다.

August 14

얼굴이 기억나지 않는 이유

정말로 당신 얼굴을 정확하고 세세하게 기억할 수 없다는 생각이 들어.
아직 내 눈에 어른거리는, 카페에서 테이블 사이로 걸어가던
당신의 움직임, 모습, 드레스만.

_ 프란츠 카프카, 《밀레나에게 보내는 편지》

사랑하는 이의 얼굴만큼 보고 또 보고 싶은 게 있을까. 그런데 뒤돌면 어쩐 일인지 그 얼굴이 구체적으로 그려지지 않는다. 함께 있는 동안 눈앞에 보고는 있지만 실은 사랑의 꿈을 꾸고 있기 때문은 아닐까. 꿈속에서 본 얼굴이 잠에서 깨면 하나도 생각나지 않듯…….

한 줄의 공감

전혀 기억나지 않다가 거리를 지나는 타인의 얼굴과 표정, 몸짓에서 언뜻 상대와 닮은 부분을 만날 때의 반가움.

August 15

상대를 가장 잘 아는 사람

"나는 누군가에 대해 모든 것을 알 때
진정으로 사랑에 빠질 수 있다고 생각해.
그가 머리를 빗는 방식, 그날 어떤 셔츠를 입을지,
주어진 상황에서 그가 어떤 말로 대응할지 아는 것.
그게 내가 진짜 사랑에 빠졌다는 걸 알게 되는 때야."

_ 영화 〈비포 선라이즈〉

사랑한다는 것은 상대 그 자체의 존재에 대한 집중이다. 내 혼신의 에너지와 관심사가 온통 한 사람에게만 향한다. 그를 잘 알고 이해하는 세상의 단 한 사람이 되는 일이다. 그에게는 내가, 내게는 그가 가장 친밀한 친구가 되고, 각각의 두 개체가 심신의 합일을 이루는 일이다. 생명의 본능적 이기성에 비춘다면 불가능한 가능이 발생하는 것이다. 사랑은 그런 것이다. 무한한 애정의 눈으로 그의 편이 되어 그의 모든 장점을, 단점을, 취향을, 상황을, 상황에 대한 심경과 그만의 대처방식을 따뜻하게 바라보고 긍정해주는 일이다.

한 줄의 감성

몰두하면 발견하게 되는 것이 많다. 그에 관한 아무리 사소한 일일지라도 내게는 큰 의미이다. 내게로 와서야 비로소 제대로 피어나는 그의 생명의 꽃. 그 꽃의 성장과 배경, 그 꽃이 피어난 모든 과정의 세부, 진심을 다해 몰두하는 대상의 모든 것을 다 아는데 어떻게 그를 사랑하지 않고 배길 수 있을까.

August 16

불가항력

경고도 없이
참나무 위를 급습하는
회오리바람처럼
사랑이 내 마음을 온통 뒤흔드네

_ 사포, 〈경고도 없이〉

미처 정신을 차릴 틈도 없을 만큼 격렬한 사랑을 회오리바람에 빗댄다. 회오리바람처럼 급작스럽게 다가와 이성으로 판단하고 행동할 여지가 아예 없는 상태가 되는 것이다. B. C. 612년경에 태어났다고 추정되는 그리스 여류 시인 사포는 짧은 표현 속에 진솔한 감정이 담긴 시편들을 남겼다. 무려 이천육백여 년 전의 작품이지만, 살아 숨 쉬며 사랑을 통해 존재감을 확인하던 한 사람의 숨결이 시구 속에 고스란히 묻어난다.

한 줄의 감성

하이쿠처럼 짧지만, 표현이 참 강렬하기도 하다. 불가항력으로 빠져든 사랑을 해본 사람이라면 누구든 가슴으로 공감할 것이다.

August 17

사랑의 불꽃

"잠을 잘 수도, 먹을 수도 없어. 그 사람 생각밖에는 아무것도 할 수 없어.
밤이면 그의 꿈을 꾸고, 종일 그와 만나길 기다려."

_ 필리파 그레고리, 《천일의 스캔들》

사랑은 종종 불길에 비유된다. 한 번 시작되면 재가 될 때까지 다 태워버려야 멈춘다. 자기 안의 판단과 통제를 모두 상실하고 느낌과 욕망만 살아남아 상대를 갈구하는 이 불길 같은 소진의 의지는 우리 안 어디에 숨어 있던 것일까.

한 줄의 깨달음

열정과 광기의 끝까지 치닫다 보면 스산한 재만 남는다. 사랑이 채 성숙되기도 전에 욕망의 불길이 사랑하는 이들의 몸과 마음을 모두 태워버리기 때문이다. 파멸이 아닌 상생을 원한다면, 초기의 열정을 은은하게 지속되는 따뜻한 불씨로 연착륙시키는 것이 좀 더 현명한 사랑법이다. 열정 후에 비로소 찾아오는 변치 않는 사랑의 유대감이야말로 진정 성숙한 사랑이다. 사랑의 모든 이상적인 속성은 그 단계에 이르러야 알 수 있다.

August 18

슬픔과 사랑의 문

사랑은 눈물처럼 눈에서 시작해서 가슴으로 진다.

_ 푸블릴리우스 시루스

슬픔이 시작될 때면 제일 먼저 눈에 촉촉하게 물기가 번진다. 눈물은 가슴속 아픔으로 스며들어 온몸의 기운을 앗아간다. 사랑의 시작점은 눈빛이 마주치는 순간이다. 사랑해본 사람이라면 두 눈길이 통하던 순간, 가슴으로 파고 들어와 몸과 마음에 강렬한 떨림으로 전이되던 상대의 눈빛을 기억할 것이다. 눈은 슬픔과 사랑이 깃드는 문과 같다. 그러나 그 문은 퇴로가 없다. 한 번 시작된 슬픔과 사랑은 모든 게 끝나버린다 해도 가슴 어딘가로 숨어들어 좀처럼 사라지는 법이 없다.

한 줄의 감성

그러한 슬픔과 사랑은 세월과 함께 맑고 투명한 시혼, 혹은 영감의 뮤즈로 승화되어 때로 한 편의 시로, 때로는 아름다운 노래가 되어 되살아나곤 한다.

August 19

사랑에 취하다

와인은 입으로 들고
사랑은 눈으로 깃드네.
나이 들어 죽음을 맞기 전
우리가 알아야 할 진실은 그것뿐.
나는 술잔을 들어 입으로 가져가
그대를 바라보며 한숨짓네.

_ W. B. 예이츠, 〈권주가〉

지나고 나면 짧게 느끼지만, 손끝의 현실로 머물 때는 길고 긴 것이 인생이다. 몇 분 사이에도 수십 번 생각이 바뀌고 슬픔과 고통의 시간일수록 더디 흐른다. 그럼에도 그런 순간들을 견디며 살아갈 수 있는 것은 가끔 술에 취하고 사랑에 마음을 빼앗기는 '도취'의 시간이 있어서가 아닐까.

한 줄의 감성

하지만 술과 사랑의 취기에 빠지려는 시인의 한숨이 마음을 파고드는 건 왜일까. 술의 취기는 후회로 깨고, 사랑의 도취는 쓸쓸한 그림자를 남긴다는 걸 이미 아는 까닭일까.

August 20

아무리 먼 곳이라 해도

"당신의 두터운 정이 이와 같으니, 잠들어 꿈에서도
당신의 마음과 서로 맞닿아 있었죠."

_ 진현우, 《이혼기》

《이혼기》는 중국 당나라의 전기소설이다. 어릴 때부터 혼약이 오갔던 왕주와 천랑은 마음속으로 서로를 배필이라 여기며 성장한다. 그런 두 사람에게 시련이 닥친다. 천랑의 아버지가 딸을 다른 이와 맺어주기로 한 것이다. 왕주가 한을 품은 채 떠나려 하자 천랑은 집을 나와 그를 따라간다. 천랑과 부부로 살던 왕주는 5년 후 그녀와 함께 장인을 찾아간다. 그러나 천랑의 아버지는 허락 없는 혼인에 대해 용서를 비는 왕주를 보며 의아해한다. 그가 떠난 후 자신의 딸은 줄곧 병석에 누워 있었기 때문이다. 그 순간, 병든 천랑이 일어나 바깥에 와 있던 천랑 쪽으로 걸어간다. 그리고 놀랍게도 하나로 합해진다. 왕주를 따라갔던 건 사랑의 마음이 깊었던 천랑의 영혼이었던 것이다.

한 줄의 감성

반전이 놀라운 한 편의 애절한 연애담. 사랑의 마음이 얼마나 지극했으면 넋이 육신을 두고 사랑하는 이를 따라갔을까.

August 21

하늘과 땅이 다한다 해도

가없는 하늘과 땅도 다할 때가 있건만
이 애절한 이별의 한은 끊길 때가 없어라.

_ 백낙천, 〈장한가〉

〈장한가〉는 당 현종과 양귀비의 슬픈 사랑을 그린 장편시다. 아무리 지위가 높다 해도 사랑 앞에선 누구든 두 사람의 평범한 남녀일 뿐이다. 황제의 권한이 있었지만 남자는 반란이 일어나자 죽음으로 내몰린 여인을 지켜줄 수 없었다. 홀로 살아남아 회한의 나날을 보내던 그는 애타는 그리움 끝에 그녀의 혼백과 재회한다. 짧은 만남 후 다시 이별하게 된 두 사람의 심경이 시의 마지막 부분인 이 한 구절에 담겨 있다.

한 줄의 감성

역사 속에선 망국의 연정으로 평가되는 사랑이지만 한 편의 시 안에서는 죽음도 갈라놓지 못한 애절한 사연으로 묘사되고 있다. 지금 사랑 중인 사람이라면 일독을 권한다.

August 22

있는 그대로 사랑하기

바쇼가 원한 것은 그저 바라보는 일이다.
꽃을 볼 뿐 아니라 하나가 되기를, 그 자신과 합일되길 원한다.
그리고 꽃이 제 생명을 발하도록 놓아둔다.

_ 에리히 프롬, 《소유냐 존재냐》

사랑하는 이들이 겪는 갈등의 근원은 대부분 상대방을 소유하려는 데 있다. 상대의 특성을 존중하기보다 내 방식대로 길들이려 애쓴다. 하지만 거기에 딜레마가 있다. 내 것이 되어버리는 순간, 이미 자신이 사랑하던 상대의 아름다움은 빛을 잃게 된다. 그 사람만의 진정한 아름다움은 자기 자리에서 자신답게 빛날 때 제대로 발휘되는 법이다.

한 줄의 공감

좀 더 성숙한 사랑은 상대의 개성을 사랑스러운 눈으로 지켜보는 것이다. 그리고 그 아름다움이 자유롭게 꽃필 수 있도록 긍정하고 북돋아주어야 한다.

August 23

치자꽃 두 송이

치자꽃 두 송이를 그대에게 주었네.
사랑한다 말하고 싶어서, 내 생명 같은 사랑.
정성을 다해 지켜봐요.
그 꽃은 당신과 나의 마음이 될 거예요.

_ 영화 〈부에나 비스타 소셜 클럽〉

희고 정결한 치자꽃은 '당신은 사랑스럽다'라는 꽃말을 지녔다. 비밀스러운 사랑과 순결한 마음, 사랑의 기쁨을 상징하기도 한다. 한 남자가 사랑하는 이에게 꺾어준 두 송이 치자꽃은 사랑의 고백이며 사랑에 빠진 두 마음의 확인과 같은 의미이다. 음악에 대한 젊은 날의 열정을 되살린 노년의 뮤지션들을 다룬, 쓸쓸하지만 흡족한 이 영화에서 가장 마음을 끄는 부분이다.

한 줄의 감성

그런데 이 구절의 맨 끝에 이어지는 가사 내용은 어딘가 애달프다. 화사하게 피어 있던 꽃이 어느 날 황망히 시들어버리듯, 사랑의 열정도 덧없고 유한한 것임을 읊고 있기 때문일 것이다.
"어느 오후, 내 사랑의 치자꽃이 져버린다면, 그건 다른 사람이 생겨 나에 대한 당신의 사랑이 시들어버렸다고 의심해서일 거예요."

August 24

성숙한 사랑

진정한 사랑은 '사랑에 빠진' 체험이
제 경로를 마치기 전까지는 시작될 수 없다.

_ 개리 채프먼

성숙한 사랑은 오래도록 성실하게 노력해야 얻어진다. 그런 사랑을 나누는 이들에게 한순간의 감정적인 빠져듦은 사랑의 초입을 장식하는 통과의례일 뿐이다. 본능에 의한 끌림과 감정적인 도취에서 헤어났을 때 비로소 그들은 진짜 사랑을 시작한다. 상대를 있는 그대로 존중하고 바라봐주며 서로 인간적인 성장을 이룰 수 있도록 힘이 되어주는 동반. 그것이 진정한 사랑이다. 초기의 불안정한 사랑은 변하기 쉽지만 성숙하고 진정한 사랑은 서로에 대한 군건한 신뢰감이 바탕이 되어 은은한 지속성을 갖게 된다.

한 줄의 공감

도취되어 극도의 행복감을 느끼는 사랑이 본능에 이끌린 차원이라면, 성숙한 사랑은 평온해진 이성과 결합된 사랑이다. 불안하고 변화하는 사랑 외에 이처럼 편안하고 믿음직한 사랑이 있어 얼마나 다행인가.

August 25

한 과학자의 사랑

"물리학은 가장 중요한 게 아닙니다. 사랑이 제일 중요한 거죠."

_ 리처드 파인만

리처드 파인만은 노벨상을 수상한 물리학자이다. 과학을 쉽고 재미있게 알려주면서 대중화에 힘썼다. 삶의 본질을 진지하게 탐구했고 예술적 소양도 깊었다. 발상이 자유롭고 유머러스했으며 탈권위적인 영혼의 소유자였다. 그런데 그런 성향만큼이나 사람들을 끌었던 것은 그의 첫 번째 사랑에 대한 성실성이다. 사춘기 때 만난 여자 친구 알린은 임파선 결핵이 생기며 시한부 삶을 살게 된다. 그러나 그는 그녀를 보살피기 위해 주변의 반대를 무릅쓰고 결혼을 감행한다. 알린이 세상을 떠날 때까지 짧은 몇 년간 두 사람은 다른 이들이 평생 나눌 사랑을 모두 누렸다.

한 줄의 감성 _____

그에게 그녀는 첫 아내이자 필생의 연인이었다. 훗날 그는 정말 원 없이 그녀를 사랑했다고 밝혔다. 평생 그런 사랑 하나를 가졌다면 그의 삶은 헛되지 않다.

August 26

사랑의 속성

> "사랑은 믿음의 행위이며 그 얼굴은 늘 신비에 가려 있어야 하죠.
> 매 순간을 느낌과 감정으로 살아야 합니다.
> 사랑을 해독하고 이해하려 하면, 마법이 사라지기 때문이죠."
>
> _ 파울로 코엘료, 《스파이》

사랑은 확실히 마음의 것이다. 머리로 이해하려 하고, 당위를 개입시키는 순간 복잡한 감정의 사슬에 엮여버린다. 사랑의 시작과 지속은 상대에 대한 믿음이 전제가 된 행위이다. 하지만 우리는 끝없이 의심하고, 그 정체를 손안에 잡기 위해 애쓴다. 수많은 친구나 선배의 조언은 저마다의 논리로는 그럴듯하다. 하지만 내 앞의 사랑에는 해당하지 않는 일반론일 경우가 대부분이다. 그들이 세운 또 하나의 사랑에 관한 가설이나 이상적 형태일 수도 있다. 그럼에도 그중 어느 하나와 내 사랑의 양상이 어긋나면 우리는 가슴이 철렁해지며 자기 앞의 사랑에 불안해진다.

한 줄의 행

의심하고 따지지 말자. 설명되지 않는 비논리로 시작했으니, 논리에 들어맞지 않는다고 상대를 다그치지 말자. 사랑할 때는 사랑의 느낌에 충실하자. 머리가 아닌 마음의 행로를 따르는 게 최선의 길이다. 인간인 만큼 흔들릴 때가 있겠지만 사랑은 결국 서로를 좀 더 굳건한 신뢰의 영역으로 이끈다.

August 27

사랑의 두 얼굴

사랑은 그대들의 높은 곳에 올라 햇살에 떨고 있는 가장 연약한 가지들을
어루만져주지만, 그대들의 뿌리로 내려가 대지를 붙잡고 있는
그것들을 흔들어놓기도 하니까.

_ 칼릴 지브란, 《예언자》

사랑은 지극한 기쁨이다. 사랑만큼 마음의 위안이 되는 것도 없다. 사랑에 빠지면 창의가 샘솟는다. 사랑하고 있는 시인의 시는 생명력이 넘치고, 뮤지션의 음악엔 마음을 울리는 감성이 배어 있다. 사랑해본 이와 해보지 않은 이가 삶을 보는 시선은 흑백과 컬러 사진의 차이만큼이나 극명하게 다르다. 반면 사랑은 마음의 고통이다. 사랑만큼 외롭고 슬픈 게 없다. 사랑으로 상처 입은 영혼은 그 무엇으로도 치유되기 어렵다. 사랑은 이기를 뛰어넘는 초월적 경험이지만 동시에 철저히 고독해진 스스로를 절감하게 만드는 두 얼굴을 지녔다.

한 줄의 깨달음 _____

대부분의 사람은 사랑의 양면성에 괴로워하며 감정의 소용돌이 속에서 헤맨다. 그러나 성숙한 사람이라면 존재의 뿌리를 뒤흔드는 사랑의 시련 속에서도 그 본질을 꿰뚫고 자아를 굳건하게 세운다. 그로써 어떤 바람에도 흔들리지 않는 상태로 한 뼘 더 성장할 수 있다.

August 28

사랑은 성장을 향한 노력이다

사랑은 우리가 사랑하는 이의
삶과 성장에 대한 적극적인 관심이다.

_ 에리히 프롬, 《사랑의 기술》

성숙한 사랑은 서로의 독립적인 삶을 인정하고 관심 어린 눈으로 그 삶을 지켜봐주며 성장해나갈 수 있도록 적극적으로 돕는 것이다. 그런 이유에서 진정한 사랑은 소모가 아닌 생산이다. 상대와 더불어 성장하고 인간적인 완성을 이루어가는 과정이다.

한 줄의 공감

한 사람이 다른 사람을 알아가고 자신과 다른 그의 삶을 있는 그대로 인정해주기까지는 숱한 감정상의 대립과 화해, 이해와 수용의 과정이 필요하다. 그런 과정을 통해 인간적 성숙이 이루어진다.

August 29

사랑의 숙성

"누군가를 사랑하는 건 집에 이사 가는 것과 같아요.
(중략) 하지만 세월이 지나면서 벽은 빛바래고 나무는 여기저기 금이 가죠.
그러면 집이 완벽해서가 아니라 그렇지 못해서 사랑하기 시작해요.
모든 구석과 갈라진 틈들에 익숙해지는 거죠."

_ 프레드릭 배크만, 《오베라는 남자》

오래도록 사랑하게 되면 열정이 녹여버렸던 둘 사이의 거리가 좀 더 은근한 접속으로 자리 잡는다. 서로의 장단점을 알게 되고 거기 맞춰 함께 유순히 살아가는 방법을 터득하게 된다. 순간의 합일을 넘어 일평생 서로가 서로에게 가장 익숙하고 편안한 짝이 되는 것을 '사랑의 숙성'이라 부를 수 있다.

한 줄의 공감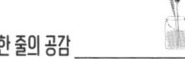

우리가 세월과 함께 성장하듯 사랑도 변화하고 성숙해간다. 짧은 기간 지속되는 열정의 단계에서 사랑을 마무리한다면 결코 알 수 없는 성숙의 경지. 열정적인 초기의 사랑을 보졸레 누보 같은 단기숙성 와인이라고 한다면, 오래된 사랑은 잘 숙성된 빈티지 와인에 비유할 수 있을까.

August 30

붉은 실의 인연

"이것은 부부의 발을 묶는 데 쓰는 붉은 끈인데,
태어나면 몰래 서로 묶어놓는다오. 비록 원수 집안 간이거나
귀천의 차이가 심하고, 하늘 끝처럼 먼 변방에서 벼슬살이를 하거나
오와 초나라 같은 머나먼 타향에 있다 해도,
이 끈을 한 번 묶으면 평생 벗어날 수 없지요."

_《태평광기》속유괴록 출전, 정혼점

결혼이라는 건 흔하고 평범한 일이다. 하지만 하나하나의 경우를 놓고 보면 그렇게 특별한 일도 드물다. 서로 다른 출생과 성장, 살아온 날들이 겹치지 않는 낯선 남자와 여자의 만남, 그리고 일평생의 공존. 불가사의에 가까운 일이다. 그저 우연이라기엔 너무도 운명 같은.

한 줄의 감성

옛날 사람들은 참 예쁜 상상력을 지녔다. '만나기 어려우니 헤어지긴 더욱 어려워라'라는 시구가 떠오른다. 쉽지 않게 만나 서로 사랑에 의해 맺어진 부부라면 성실과 배려로 인연의 붉은 실을 평생토록 이어가기를. 아직 인연이 내게 오지 않았다면 세상 어딘가에 반드시 있을 붉은 실의 한끝을 잡은 이가 하루라도 빨리 나타나기를.

August 31

8월의 끝자락

8월 끝 무렵이 되자, 아오쿠리 마을의 여름은 서둘러
돌아갈 채비를 시작한 것 같았다. 낮에는 한여름 기온에 가까워도,
저녁나절에는 바람이 숲을 지나가면서 햇살의 흔적을 빠짐없이 지워간다.

_ 마쓰이에 마사시, 《여름은 오래 그곳에 남아》

인간이 자연의 한 부분임을 깨닫는 순간은 계절의 미세한 변화를 몸과 마음으로 느낄 때이다. 8월 말이면 한낮의 햇살이 강하게 내리쬐는 순간에도 그 속에 이미 쇠락의 기운이 묻어남을 감지한다. 더위를 견디며 숨죽이고 있었을 풀벌레도 수풀 속에서, 혹은 가까운 건물의 어느 틈새에선가 조심스레 속삭이기 시작한다. 계절은 언제나 우리 마음보다 반걸음쯤 먼저 서둘러 가버리고 또 다가온다.

한 줄의 감성 _____

덥다 덥다 해도 지나고 보면 계절은 참 짧다. 우리 삶이 그러하듯.

September 1

유한한 것들의 소중함

아무것도 지속되지 않는다.
그것이 모든 걸 아주 소중하게 만든다.

_ **윌리엄 샤트너**

지극한 사랑, 편안하고 근심 없는 일상, 성취의 기쁨에 들뜨는 순간처럼 행복한 일들은 모두 시한이 있다. 변해가고 잃어진다. 모든 슬픔의 근원에는 그런 변화와 상실이 자리한다. 그러나 영생을 살고 있는 사람을 상상해보자. 끝없이 반복되는 일상 속에서 새로울 것도 아쉬울 것도 없는 삶이란 얼마나 무미건조할까. 같은 상태가 영구히 계속된다는 건 헤어날 수 없는 고통일 것이다. 언젠가 다가올 이별은 지금 누리고 있는 것들을 한층 고맙고 귀한 것으로 만든다.

한 줄의 행

하지만 그 순간에는 왜 그런 소중함을 느끼지 못할까. 시한의 짧음에 대해, 자각하지 못했던 슬픔의 예감에 대해 확연히 윤곽을 그릴 수 있는 건 언제나 모든 게 지난 다음이다. 의식을 가다듬고 나의 지금을 알아채보자. 무엇이 소중한 것인지 깨닫는다면 거기 집중하고 성의를 다하자.

september 2

사랑의 끝

우리 사이에 있을 수 있는 일은 더 이상 아무것도 없었다.
그런 상황에서 떠나는 것은 영원한 이별을 의미했다.

_ 장 자끄 상뻬, 《속 깊은 이성 친구》

인정하기 싫고, 입에 올리고 싶지 않을 수도 있다. 하지만 감정의 불꽃이 사그라지고 회색 재만 남는 때가 온다. 변화를 위한 노력도 관계의 재정립을 위한 시도도, 심지어 말을 섞을 수 있는 공통의 기반조차 완전히 무화된 상태. 둘 사이에 아무것도 남지 않은 진공의 허무. 그것이야말로 진짜 '사랑의 끝'이 아닐까.

한 줄의 감성 _____

먼 훗날 그 시절 일들을 떠올릴 때 희미한 미소와 그리움, 아련함이 떠오를 수 있는 여지 정도는 남기는 편이 운치 있었을 텐데……

September 3

모든 일은 제때 발생한다

아무것도 제때보다 앞서 오지 않는다. 필요 없이 일어난 적도 없다.

_ 바이런 케이티

실이 느슨해진 단추나 나사가 헐거워진 문손잡이를 보면서도 다른 일에 신경 쓰느라 지나치는 때가 있다. 그러다 약속 시간에 늦은 날 단추가 없어져 당황한다. 손님이 방문하기 5분 전, 청소에 요리 준비로 정신없을 때 문손잡이가 뚝 떨어져 내린다. 그러면 우리는 머피의 법칙을 떠올리며 투덜거린다. 하지만 단추나 문손잡이의 측면에서 본다면 언젠가 일어날 일이 일어났을 따름이다. 더 이상 지탱할 수 있는 한계를 지났으니 떨어질 수밖에 없었다.

한 줄의 행

곰곰이 돌이켜보면 우리 앞에 발생한 대부분의 일은 사전 조짐이 있었다. 이미 일어난 일이라면 불만이나 불평보다는 그 필연성을 수긍하고 묵묵히 대처하는 편이 낫다. 일어나지 않기를 바라는 일이 있다면 미리 대비해야 할 것이다.

September 4

사랑을 저버린 이

사랑했지만 사랑을 저버린 이는 과거의 이미지뿐 아니라
과거 그 자체도 손상시킨다.

_ 테오도르 아도르노

과거는 흘러간 기억으로만 남는 게 아니다. 현재와 뗄 수 없는 끈으로 이어져 어떤 식으로든 영향을 미치며 살아 있다. 자신이 사랑하고 사랑받았던 사람의 기대와 신의를 저버리면 그로 말미암아 사랑하던 순간들도 진실성을 잃어버린다. 불성실한 끝마무리로 변색되어버린 과거의 한 부분은 두고두고 의식에 남아 현재의 삶에도 그림자를 드리울 수 있다.

한 줄의 행 _____

사랑한다는 것은 한 남자와 여자 사이의 만남 이전에 인격적으로 성숙된 한 인간과 인간의 만남이기도 하다. 마음이 식는 일이야 어쩔 수 없다 해도 진심으로 사랑했다면, 헤어짐에도 인간적인 신의와 예의는 갖추는 편이 좋다.

september 5

사랑이라는 꿈

깊은 밤 찾아온 낯선 꿈이 가듯이
그렇게 당신은 떠나가셨습니다.

_ 이성복, 〈비단길 1〉

우리보다 앞서 살았던 이들은 한결같이 인생 자체가 한순간의 꿈이라 했다. 지나고 나면 손안에 남아 있지 않은 모든 것은 꿈으로 느껴진다. 사랑 역시 뜬금없고 낯선 꿈이었다. 꿈속의 사람처럼 곁에 머물던 당신은 꿈이 사라지듯 황망히 떠나버렸다. 문득 깨어보니 이제는 손에 잡히지 않는 당신. 기억을 더듬는 나만 홀로 남아 있다. 깊은 밤 밑도 끝도 없이 시작된 꿈에 휘말려 울고 웃고 쫓기다 깨고 나면, 어둑한 방 안의 적막 속에서 소스라쳐 일어난 스스로를 발견하듯…….

한 줄의 감성

그 어떤 사람으로도 대체될 수 없는 이 세상 단 한 사람을 잃은 고통을 무엇으로 위로할 수 있을까. 시간이 가면 잊힐 거라고들 하지만 그건 너무 추상적이고 먼 얘기이다. 최근 누군가와 결별했다면 굳이 슬픔을 억제할 필요는 없다. 어쩌면 한동안은 일상의 일을 팽개친 채 상실을 슬퍼하고 떠오를 때마다 추억을 되살리는 게 정답일 수도 있다. 실컷 울고 나야 마음이 차분해지듯!

September 6

끝없이 변해가는 세상

흘러가는 강물의 흐름은 끊길 새가 없지만, 그럼에도 이전의 물이 아니다.
멈춰 있는 물 위에 떠오른 거품은 없어졌다 생기고,
오래도록 머물러 있는 예가 없다.

_ 가모노 쵸메이, 《방장기》

바로 지금의 내 몸과 마음조차 끝없이 변모해가는데 우리는 이 순간을 '지속'이라 여긴다. 사랑이 영속하며, 사랑하는 이가 내내 곁에 있을 것처럼 믿는다. 우리의 의식은 왜 시시각각의 변화를 따라잡지 못하는 것일까. 변화하는 외계의 모습과 정지해 있는 의식의 격차에서 오는 괴리감과 상실감은 허무와 슬픔을 낳는다.

한 줄의 행

존재하는 모든 것의 덧없음과 무상함을 인정하자. 머무는 것도, 사라지는 것도 없다. 단지 다른 형태로 변해갈 뿐이다. 상실감의 원인은 상대가 떠나서가 아니라 내 자신이 그러한 변화의 순리에 적응하지 못했기 때문일 수 있다. 쉽지 않지만 스스로를 타이르다 보면 조금은 무뎌지며 잔잔한 마음의 평온이 깃든다.

September 7

그대는 남고 나는 떠나니

이별의 거울 속에 우리는 서로를 바꾸었습니다.
당신이 나를 떠나면 떠나는 것은 당신이 아니라 나입니다.
그리고 내게는 당신이 남습니다.

_ 이성복, 〈이별 1〉

살아 있지만 살아 있는 것이 아닌 시간. 이별한 후의 나날들. 일상은 온통 당신에 대한 기억뿐이다. 세수를 하고 거울을 볼 때도, 전철을 타고 커피를 마시고 사람들과 웃고 떠들 때도 나는 거기 없다. 떠난 것은 분명 당신인데 어쩐 일인지 그 모든 것들 속에 내가 아닌 당신이 있다.

한 줄의 감성

차라리 상대에 대한 기억이 거기 있는 게 더 나은 건지 모른다. 그렇지 않다면 사랑이 빠져나간 공허로 아마 쓰러져버릴지도 모르니까.

september 8

부재의 그림자

며칠간 난 내 사랑의, 네 개의 벽으로 이루어진 침묵 속에 살고 있죠.
당신이 떠난 뒤 당신의 부재의 그림자가 밤마다 날 따라다니고,
낮이면 날 멀리해요.

_ 영화 〈쉘부르의 우산〉

사랑은 잃었을 때 더 절박한 것이다. 사람은 떠나갔어도 남겨진 이는 그 부재의 그림자에서 벗어날 수 없다. 낮엔 사람을 만나고 일을 하며 애써 잊어보지만, 밤이 되면 다시 제자리로 돌아간다. 마치 세상과 연결되는 문을 잃고 사방이 막혀버린 막막한 사랑의 벽에 홀로 갇힌 듯하다.

한 줄의 감성

한동안 마음을 사로잡았던 사람이 사라졌다고 해서 그 존재감마저 한순간에 없어지는 건 아니다. 부재의 그림자가 곁에 머무는 동안은 조바심을 내며 벗어나려 애쓰지 말자. 지금 당신은 충분히 슬프다. 마음이 실컷 울 수 있도록 자신에게 애도의 시간을 주어보자.

September 9

상실을 보는 또 다른 시각

죽음은 삶의 반대편에 존재하는 게 아니라
우리 삶 속에 잠재하고 있다.

_ 무라카미 하루키, 《노르웨이의 숲》

살아가는 것은 또 다른 시각으로 보면 죽음에 가까워지는 과정이다. 삶과 죽음은 사실상 공존하고 있다. 소설 속에서 삶은 치열하게 사랑하는 순간들로 이루어져 있다. 죽음이란 사랑하는 이의 상실을 의미한다. 삶과 죽음이 그렇듯 모든 상실 역시 만남의 순간부터 예견되어 있던 일이다. 단지 함께하는 기간의 길고 짧음에 차이가 있을 뿐!

한 줄의 행

합일되었던 순간의 기쁨이 있었다면 헤어진 후의 슬픔도 우리가 겪어내야 할 사랑의 과정이다. 마음을 점령한 상실감의 한끝을 들고 물끄러미 응시해보자. 슬퍼하는 자신이 보인다. 힘든 시간을 거치고 있는 자신을 가만히 다독여보자.

September 10

시간의 창

그는 그 사라진 세월을 기억한다.
마치 먼지 쌓인 유리창 너머로 바라보는 것처럼,
과거는 그가 볼 수는 있지만 만질 수는 없는 것이다.
그리고 그가 보는 모든 것은 희미하고 또렷하지 않다.

_ 영화 〈화양연화〉

'먼지 쌓인 유리창 너머'라는 비유가 마음을 끈다. 과거의 일들은 이제 낡고 희미해진 창 저편의 풍경이 되어버렸다. 가물가물해진 기억 속에 이름도 사연도 점차 잊혀간다. 바라다보이기는 하지만 시간의 창으로 가로막혀 손에 잡히지 않는다. 시일이 흐를수록 창은 두께를 더하고 곱게 내려앉는 세월의 분진으로 점점 더 흐려진다. 그래도 아직 창의 저편에 살고 있는 그리운 사람들…….

한 줄의 감성 _____

과거의 일들은 분명 그것이 발생하던 당시는 갓 태어난 해맑은 순간이었음에도, 어쩐 일인지 지금 떠올려보면 먼지가 가득하다. 한 번 흘러간 과거의 추억은 기억 속에 간직되지만 그 안에서도 여전히 세월의 풍화와 침윤을 받고 있는 것일까.

September 11

고독과 고립

고독과 고립은 차이가 있다.
하나는 연결되어 있고 또 하나는 그렇지 않다.
고독은 내면을 다시 채워주지만, 고립은 약화시킨다.

_ 헨리 클라우드

고독은 독립된 개체이기에 느끼는 쓸쓸함이다. 옆에 수많은 사람이 있다 해도 누군가 자신의 심경을 알아주지 못한다면 어쩔 수 없는 고독감이 느껴진다. 하지만 사람은 고독 속에서 존재와 관계에 대한 깊은 성찰이 가능하다. 그런 과정을 통해 새로운 나로 건강하게 거듭난다. 그에 비해 고립은 주변과 소통이 단절된 상태이다. 사회적 관계 속에 존재하는 인간의 기본적 특성이 발휘될 수 없다. 오랜 고립이 계속되면 정신적, 심리적으로 위축이 온다. 생존 자체에도 위협이 될 수 있다.

한 줄의 공감 _____

고독은 스스로를 돌아보고 내면을 성장시키기 위해 필요한 측면이 있다. 그러나 고립은 건강한 삶을 위해 반드시 벗어나야만 하는 위기 상황이다.

September 12

사랑이라는 특별함

나는 상식적인 생각을 지닌 평범한 남자이고 보통의 삶을 살아왔다.
내게 바쳐진 기념비도 없고 내 이름은 곧 잊힐 것이다.
하지만 나는 내 온 마음과 영혼을 다해 다른 이를 사랑했고,
내겐 늘 이것만으로도 충분했다.

_ 니콜라스 스파크스, 《노트북》

사랑은 평범했던 한 사람의 삶을 특별하게 만들어주는 기적 같은 일이다. 공허하게 떠돌던 지난 삶의 날들이 의미를 부여받고, 애정 어린 관심사로 새롭게 부각된다. 무채색이던 현재와 미래가 유채색으로 선명하게 빛난다. 필부필부의 일상에서 벗어나 세상 단 하나뿐이라는 특별한 존재감을 인정받는다. 사랑하고 사랑받음으로써 존재의 실현과 완성을 이루고, 세상에서 가장 아름다운 한 사람으로 거듭나게 된다. 한 번 사랑했던 기억을 일평생 잊을 수 없는 이유이다.

한 줄의 감성

따로 살아가던 두 존재가 물리적인 개별의 삶을 넘어 하나로 일치되었던 신비한 초월. 드넓은 우주에서 단 두 개의 별이 부딪혀 만든 아름다운 불꽃의 기억. 온 세상 모든 것이 사라지고 두 사람의 눈빛만 존재하던 도취의 시간들. 사랑이 변하고 사라진다 해도 혼신을 다해 사랑했다는 그 황홀한 기억만으로 충분한 게 아닐까.

September 13

사랑의 관조

이제 사랑은 나를 울리지 않는다.
조용히 우러르는
눈이 있을 뿐이다.

_ 이형기, 〈호수〉

격정의 비바람 속에서는 한 치 앞도 분간하지 못한다. 바람이 불면 바람처럼 흩날리고 비가 내리면 빗줄기에 패이며 벗어날 수 없는 마음의 소용돌이 속에서 맴돈다. 사랑이 지나고 난 후의 마음은 바람이 잦아든 아침 호수처럼 잔잔하다. 그제야 비로소 우리는 사랑이라는 폭풍우가 어떤 모습이었는지 찬찬히 가늠해볼 수 있다.

한 줄의 행 _____

사랑의 격랑이 사라졌다. 아직도 비바람의 여진을 붙잡고 있다면 맑고 고요한 호수 하나를 자기 안에 들여보자. 잠잠해진 수면과 같은 눈으로 사랑의 역사를 관조하자.

September 14

세부를 감춘 편안함

밤은 쉬고 있는 세부를 감추고 있기에 우리를 기분 좋게 만든다.
우리의 기억이 꼭 그런 것처럼.

_ 호르헤 루이스 보르헤스, 《미로》

밤의 어둠은 낮에 일어난 잡다한 일을 지배한다. 모든 세부는 어둠 하나로 통일된 채 평안한 휴식을 취하고 있다. 우리가 경험했던 과거의 세세한 일들이 기억이라는 한마디로 일컬어지며 머릿속 어딘가에서 숨죽이고 있는 것처럼. 그래서 밤은 무념의 검은 적막을 기분 좋게 즐길 수 있는 시간이다.

한 줄의 행 _____

어둠이 내렸는데도 복잡한 상념에 잠겨 있다면 불을 끄고 창밖에 퍼진 밤을 응시해보자. 세상을 감싼 밤의 어둠이 모두 거둬들여 무화無化해줄 것이다. 밤은 낮의 피로에 지친 모든 생명이 자신이 드리운 어둠 속에서 편히 잠들길 원한다.

september 15

한 번 시작된 것은 결코 끝나지 않는다

"세상에 끝나는 것은 거의 없어.
한 번 일어난 것은 언제까지라도 계속되는 거야.
단지 여러 형태로 변하기 때문에 다른 이도 자신도 알 수 없을 뿐이지."

_ 나츠메 소세키, 《미치쿠사》

물기가 마르면 없어지는 것처럼 보인다. 하지만 구름으로 모이고 다시 비가 되어 내린다. 사람과 사람이 서로 멀어진다고 상대와 나누었던 마음과 사연이 없어지진 않는다. 기억이라는 형태로 전환되어 다시 소환되길 기다린다. 그러다 훗날 사는 일이 무료할 때 홀로 웃음 짓게 하는 애틋한 추억으로 되살아난다. 후회되는 지점이 있었다면 다시 같은 길을 가지 않게 하는 이정표가 되어주기도 한다. 매사에 끝이란 건 없는지 모른다. 끝났다고 보이는 것뿐이다.

한 줄의 행

주소록 속 번호를 삭제하고 얼굴을 보지 않으면 그걸로 끝인 걸까. 사람이란 저마다 내면의 소우주를 지닌 소중한 존재이다. 새로운 인연을 만드는 것도, 그 끈을 놔버리는 것도 조심스러운 일이다. 사람을 맺고 끊음에 좀 더 신중을 기해보자.

September 16

몸을 움직이면 마음이 바뀐다

"호기심을 잃어버린 사람이 그 기분을 돌려보기 위해선
우선 행동을 해봐야 합니다. 일단 현장에 나가보면,
반드시 그곳에서 마음을 움직이는 무엇과 만날 수 있습니다."

_ 안도 타다오

매사 시들해질 때가 있다. 규칙적인 방식에 익숙해진 뇌가 내 주변 상황의 소소한 변화를 새롭게 인식하지 않는다. 아무것도 눈길과 주의를 끌지 못하니 일상이 창의적이지 않다. 그럴 때 가장 좋은 해결 방법은 굳은 일상의 패턴을 깨보는 것이다. 어디가 되었든 일의 열기가 가득한 현장을 겪으면 분명 예상치 못한 것들을 느끼게 된다.

한 줄의 행 _____

끝없이 정지해 있으려는 의식을 일으켜 생생한 바깥 것들로 내 안을 채워보자. 푸른 숲의 싱그러움, 좁아졌던 인식의 틀을 깨는 잡다한 책 읽기, 새로운 사람과의 정담, 치열하게 열중하는 모습들이 엿보이는 삶의 현장……. 몸을 움직이면 마음과 의식이 달라진다.

september 17

마음의 빗장을 열면

기억하라. 용서의 목적은 자신을 사건에 대한
감정적 집착에서 놓아주는 것이다.
용서는 감옥에서 빠져나오는 것과 같다.

_ 제임스 H. 브라운

자신에게 피해를 준 상대가 있다고 생각해보자. 상대를 용서하지 못하는 한, 마음속에 계속 미움과 원망을 담고 있어야 한다. 끊임없이 억울한 심경을 떠올리고 되새기며 상대를 성토하게 된다. 하지만 그럴수록 마음은 나아지는 게 아니라 더 괴롭다. 사건을 잊고 싶어도 빠져나오기 힘들다. 집착의 감옥에 갇혀버린 것이다. 용서는 마음의 감옥에 가로지른 빗장을 여는 행위이다. 자신을 풀어줄 수 있는 건 상대가 아닌, 나 자신이다.

한 줄의 행 _____

잊는 것도 어렵지만 용서는 더욱 쉽지 않다. 그러나 거기 머물러 있으면서 남아 있는 귀중한 삶을 그늘의 나날로 만들 수는 없다. 누군가를 용서하는 건 마음 편하고 따뜻한 일임을 우리는 이미 경험으로 알고 있다. 과감하게 손을 내밀어보자.

September 18

수심에 지배된 날

당신을 걱정하게 하는 것이 당신을 지배한다.

_ 존 로크

온종일 걱정에 휩싸이는 날이 있다. 밥을 먹어도 음악을 들어도 그 안에 내가 들어 있지 않다. 마치 좀비처럼 영혼 없는 객체가 전화를 받고 일을 하고 길을 걷고 있다. 어느새 모든 행동의 중심에 걱정이 들어서 있다. 하지만 그 대부분은 일어날지 안 일어날지 알 수 없는 일에 관한 것일 때가 많다. 추측에 의한 근심이 자신을 지배하고 있는 것이다.

한 줄의 행 _____

걱정이란 상황에 대한 마음의 움직임일 뿐이다. 걱정하든 하지 않든 상황은 동일하다. 차분히 앉아 걱정의 실체를 들여다보자. 복식호흡을 하거나 명상을 하는 게 도움 된다. 단지 바라보기만 해도 걱정에 내주었던 의식의 주인 자리를 되찾게 된다.

September 19

실체를 알면 극복할 수 있다

내 공포감을 없애기 위한 유일한 방법은
그에 관한 영화를 만드는 것이다.

_ 알프레드 히치콕

두려움과 공포감은 스스로를 지키기 위한 본능적인 방어 감정이다. 대부분 유발 요인으로부터 도망가는 방법을 택하지만 어떤 이는 그 실체에 맞섬으로써 이겨낸다. 히치콕 감독은 영화를 만드는 방식으로 그것을 극복하려 했다. 공포감을 영화 예술로 승화시키려면 먼저 공포를 손에 넣고 그 본질을 꿰뚫어야만 한다. 실체를 알면 적을 이길 수 있는 법이다. 두려움과 공포가 무엇인지 아는 것만으로도 그는 이미 공포감을 극복할 수 있었으리라.

한 줄의 행

집중을 방해하는 잡념이 들 때 키보드 앞에 앉아 그 상황을 차분하게 글로 옮겨본 적이 있다. 다 쓰고 나니 신기하게도 마음이 평온해졌다. 다시 읽어볼 만큼의 가치마저 사라진 일시적 번뇌는 딜리트 키의 클릭과 함께 우주 어딘가로 영영 사라졌다. 감정의 혼돈을 전지적 시점으로 바라보며 그 실체를 객관화한 것이 주효했다.

September 20

모든 것이 눈과 귀에 거슬릴 때

귀에는 늘 거슬리는 말을 듣고 마음에 항상 어긋나는 일을 둔다면,
그것은 모두 덕을 쌓는 데 힘쓰고 행실을 닦는 숫돌과 같다.

_ 홍자성, 《채근담》

가까운 친구나 같이 일하는 사람, 사랑하는 이의 비판이나 충고가 마음을 어지럽힐 때가 있다. 그들이 들려주는 말 중엔 새겨들어야 할 것도 있고 감정적인 비난도 있다. 자신에 대한 부정적인 말에 기분 좋을 사람은 없다. 하지만 어떤 경우든 내 행동에 대해 한 번쯤 살펴볼 필요는 있다. 그런 말들이 듣기 싫다고 그들을 멀리하거나 좋은 말만 취한다면 자신의 마음과 행동을 되돌아볼 객관적인 장치가 없어지게 된다.

한 줄의 행 _____

상대의 비난을 들으면 화를 내거나 관계를 단절해야겠다고 쉽게 마음먹는다. 매사 그런 식이면 주변에 한 사람도 남지 않게 된다. 불쾌감을 가라앉히고 한 걸음 물러서서 균형감 있는 시각으로 자기 자신을 바라보자. 인간관계에 대해 한층 진중하고 성숙한 자세를 갖는 계기가 될 것이다.

September 21

심해의 정적처럼

바다 깊은 중심에서는 파도가 일지 않고 고요하듯이,
가만히 멈추어 평온을 유지하라.

_《수타니파타》

바람이 세차게 불고 비가 내리면 바다 표면엔 거친 물결이 넘실거리며 파도가 인다. 그러나 바다의 깊은 중심은 동요가 없다. 다른 사람과 말로 부딪히거나 현실 속의 고난이 닥치면 감정의 격한 파도가 생기며 소용돌이 속으로 말려든다. 마음의 중심을 굳건히 하여 바다 깊은 곳처럼 고요해진다면 모든 갈등과 고난이 수면에 이는 파도처럼 스쳐 지나가게 된다.

한 줄의 행

자연의 모습은 늘 좋은 귀감이 된다. 어쩔 수 없이 감정의 파도가 일 때면 흔들리지 않는 바다 깊은 곳의 평온한 정경을 떠올려보자. 심해의 정적 같은 고요함을 마음속에 유지하며 일시적인 감정들이 잠시 머물다 떠나가도록 가만히 지켜보자.

September 22

달 밝은 밤의 기원

달님, 높이 높이 돋아서 멀리 멀리 환하게 비춰주소서.

_ 백제가요 〈정읍사〉

한 여인의 간절한 기원이 담긴 노래의 한 구절. 소중한 이가 집을 떠나 있는 밤, 그가 무사히 집에 돌아오기만을 바라는 그녀의 눈에 둥근 달이 들어온다. 달은 따스하고 환한 빛으로 세상을 고루 비추고 있다. 세상의 모든 근심과 걱정을 포용하고 치유해줄 것만 같다. 아마도 여인은 달빛에 감화되어 자신도 모르게 두 손을 모으고 소원을 빌었을 것이다. 혹시 그가 어둠 속에서 험한 길을 만났다면 밤을 밝혀 거기서 벗어날 수 있게 도와주시기를. 고단한 내 삶의 앞길도 밝게 열어주시기를.

한 줄의 감성 _____

잃어버린 왕국, 백제. 그 시대를 살았을 숱한 가인의 노래며 시인 묵객의 흔적 하나 제대로 전하는 게 없다. 그럼에도 한 평범한 남자의 아내였을 저 여인의 마음이 얼마나 지극했으면, 그 소원이 얼마나 간절했으면 무려 천오백 년의 세월을 홀로 살아남았을까.

September 23

같은 책이라 해도

어린 시절 책 읽기는 틈 사이로 달을 엿보는 것과 같고,
중년의 책 읽기는 뜰 안에서 달을 바라보는 것과 같으며,
노년의 책 읽기는 누각에 올라 달을 감상하는 것과 같다.

_ 장조, 《유몽영》

똑같은 책이라 해도 읽는 시기에 따라 보이는 게 다른 법이다. 삶의 경험이 풍부하지 못한 어린 시절에는 전체를 파악하기가 쉽지 않다. 좁은 틈 사이로 달을 보듯 책의 즉물적이고 단편적인 내용만을 본다. 중년이 되면 시야가 넓어지고 자신만의 시각도 생긴다. 책의 본질을 파악하되 자기 생각의 뜰 안에서 이해하려 한다. 그에 비해 노년은 인생에 대한 깨달음과 함께 자기 자신이라는 틀마저 깨뜨릴 줄 아는 나이이다. 얽매임에서 벗어난 관조의 시각으로 각각의 책에 담긴 내용 그 자체의 아름다움을 인정하며 즐길 줄 알게 된다.

한 줄의 공감 _____

나이대에 따른 독서의 특징을 이야기하고 있지만, 책을 본다는 행위를 '세상과 사물을 보는 방식'으로 바꾸어도 큰 차이가 없을 것이다.

September 24

탐구의 방식

내 예전에 온종일 먹지 않고, 밤이 새도록 잠들지 않으며
생각에 잠겨본 적이 있었다. 얻는 게 없었으니 학문을 갈고닦는 것만 못하다.

_《논어》 위령공편

진리를 향한 탐구에는 여러 방식이 있다. 그중 침식을 거른 채 화두의 꼬리를 잡아가는 직관의 방법이 있다. 학문을 배우고 익히는 방법도 있다. 전자는 진리의 핵심을 바로 꿰뚫을 수 있다. 하지만 길 없는 길을 홀로 헤치고 나아가야 하는 막막함이 단점이다. 후자는 진리를 향해 순차적으로 발을 내딛는 안정감과 점차 쌓아가는 성취감이 있다. 그 대신 지식의 과잉이 오히려 본질 파악을 어렵게 하는 위험성을 내포한다. 어느 쪽이 더 낫다고 단정할 수는 없지만, 공자는 후자에 더 중점을 둔 듯하다.

한 줄의 감성

공자를 캐릭터 측면에서 본다면, 언제나 정도를 걷고 매사 삼가며 균형 잡힌 사고와 예법을 지키는 이성적인 사람이다. 그런데 이 문장에서는 왠지 그런 전형성에서 벗어난 인간적 파격이 엿보인다. 마치 친근한 이웃 사람 같다고 할까.

September 25

현명한 사람의 말하기

현명한 사람은 다른 사람의 말을 중간에 끊지 않는다.

_《탈무드》

《탈무드》에서는 현명한 사람의 말하기 방법에 대해 가르친다. 자신보다 현명한 사람 앞에서는 침묵하고, 다른 이의 말 중간에 뛰어들지 않으며, 답을 서두르지 말고 침착하게 해야 한다. 또한 주제에 맞게 질문하고 일반적으로 납득 가능한 답변을 하며 앞뒤 순서를 지켜 조리 있게 말하라 했다. 모르는 것은 솔직히 인정하고, 진실을 받아들일 줄 알아야 한다고도 강조한다. 그 요체는 상대의 의견을 존중하고 경청하는 배려, 신중하고 논리적으로 말하기, 모르는 것과 진실에 대한 겸허한 자세이다.

한 줄의 행

유독 눈길을 끄는 게 있다. 바로 '다른 사람의 말을 중간에 끊지 말라'이다. 생각보다 많은 사람이 무심코 남의 말을 자르고 본인의 이야기를 한다. 빨리 말해야겠다는 마음이 들수록 한 박자 쉬며 상대가 충분히 의견을 말할 수 있도록 배려해보자.

September 26

종이책의 감성

"전자책의 페이지 안으로 어떻게 야생화를 끼워서 말릴까요?"

_ 루이스 버즈비

시대 변화에 맞춰 액정화면 속 글자를 읽는 것도 나름의 유용함이 있다. 하지만 종이책과는 다른 정서인 것은 사실이다. 책 속에 끼워 말린 꽃은 종이책이 지닌 여러 감성을 대표한다. 보고 싶던 책을 손에 들었을 때의 기분 좋은 묵직함, 묵은 책에서 풍기는 달큰한 종이 향과 인쇄 잉크의 낯선 듯 익숙한 냄새, 책을 선물할 때 맨 앞장에 고심하며 써 내리던 글귀, 어느 비 내리고 적적한 날 문득 눈에 들어와 먼지 털고 펼쳐보는 책장 한구석의 작고 오래된 문고본, 그리고 종이책이 아니고는 느낄 수 없는 그 외의 수많은 정서…….

한 줄의 감성 _____

오랜 시간이 흘러 펼쳐 든 낡은 책 속에서 발견한 클로버나 단풍잎, 색 바랜 작은 야생화는 마치 과거의 어느 평범한 한 가을날로부터 내게 보내온 편지 같다.

September 27

아는 만큼 읽힌다

"책은 거울이에요. 당신은 그 안에서
이미 자신 안에 가진 것을 볼 뿐이죠."

_ 카를로스 루이스 사폰, 《바람의 그림자》

같은 내용이라 해도 보는 이에 따라 다르게 본다. 사물을 인식하는 각자의 방식이나 통찰력에 차이가 있기 때문이다. 무어든 마음에 맞는 쪽으로만 해석하는 습성 탓일 때도 있다. 처음 보는 새로운 지식들 역시 그것을 받아들일 준비가 되어 있는지 아닌지에 따라 스쳐 지나갈 수도, 유의미하게 다가올 수도 있다.

한 줄의 깨달음

사실 이 말에는 책의 효용과 확장성에 대한 약간의 부정적 시각이 깃들어 있다. 그러나 공감 가는 측면이 있다. 책을 읽는 자세를 한 번쯤 되돌아볼 수 있게 해주기도 한다. '이해하고 해석하며 평가 내리는 나'를 내려놓고 책의 거울 속에 투영되는 내 모습을 직시해보자. 그 순간, 움직일 수 없는 거울 속의 상이 깨지며 깊은 깨달음과 함께 내 안의 성장이 이루어질지도 모른다.

September 28

생존 정보의 외장하드, 도서관

우리가 아는 한 인간은 유전자도 뇌도 아닌 곳에
공동의 기억을 저장하겠다고 생각한 지구상에서 유일한 종이다.
그 기억의 창고를 도서관이라 부른다.

_ 칼 세이건, 《코스모스》

진화 초기의 생물은 삶에 필요한 기본 정보를 유전자에 담았다. 이후 세상에 더 잘 대처하며 살아남기 위해 좀 더 많은 정보를 저장해야 했다. 그래서 생긴 게 뇌라는 기관이다. 하지만 인간은 문명을 만들어내면서 이전까지와는 비교도 안 될 정도로 폭발적인 양의 정보를 보관할 필요성이 생겼다. 뇌의 용량만 가지고는 한계가 있었다. 그러자 이번엔 파격적인 발상을 해냈다. 몸 안이 아닌 몸 밖의 저장소를 떠올린 것이다. 그게 바로 도서관이다.

한 줄의 공감 _____

진화의 관점에서 보는 도서관의 의미가 재미있다. 도서관의 본질이 생존을 위한 정보 저장 본능에서 비롯되었다는 의견에서 마치 까맣게 잊고 있던 초심을 되살려낸 기분이다. 새삼스럽지만 지식이란 결국 생존과 관계된 것인 게 맞다. 우리는 세상을 좀 더 잘 살아내기 위해 책 속에서 지식과 지혜를 얻는다. 책을 읽자.

September 29

마음으로 대하기

대부분의 사람은 마음으로 읽는 게 아니라,
감정과 편견으로 읽는다.

_ 시드니 해리스

심기가 불편할 때는 무슨 글귀를 봐도 곱게 읽히지 않는다. 마음이 평온할 때 읽었더라면 이해하고 넘어갈 말도 모난 면만 눈에 띈다. 처음 보는 책이라 해도 저자에 대한 세간의 평가를 먼저 보면 그 틀 안에서 글을 이해하게 된다. 우리는 상대가 무슨 이야기를 들려줄까 하는 기대감과 열린 마음이 아니라 감정과 편견이라는 필터를 장착하고 글을 읽는 경우가 많다.

한 줄의 깨달음

사람을 대할 때도 자신의 감정 상태와 그 사람에 대해 이미 형성된 프레임 속에서 파악하는 경향이 있다. 감정은 쉽게 변한다. 또한 인간이란 다른 한 사람의 한정된 생각의 틀 속에 가두기엔 무한한 가능성의 존재이다. 감정과 편견이 없는 마음으로 대해야 마음을 읽을 수 있다.

september 30

다시 읽는 책의 묘미

5년, 10년 혹은 20년 전에 처음 읽었던 좋아하는 소설을
다시 읽는 것은 우리가 얼마나 멀리 왔나 가늠해볼 수 있는 여정의 척도이다.
더 이른 날의 자신을 찾아가볼 수 있는 길이다.

_ 루이스 버즈비

오래전 읽었던 책을 세월이 지나 다시 읽으면 예상치 못한 경험을 한다. 옛날에는 이해할 수 없던 내용이 무슨 뜻인지 알게 되는 경우가 있다. 관심이 없어 잘 보이지 않던 부분을 새로 발견하기도 한다. 분명 같은 책임에도 연륜에 따라 혹은 관심사의 변화에 따라 다른 내용이 보인다. 처음 읽고 썼던 독후감이라도 발견하게 되면 세월과 함께 스스로가 정신적으로 얼마나 성숙했는지, 생각이 어떻게 변화했는지도 가늠해볼 수 있다.

한 줄의 감성 _____

탐미적, 유미주의적 주제를 좋아하는 내게 미시마 유키오의 《금각사》는 사춘기 때 읽은 이후 오래도록 이상적인 소설의 한 전형으로 남아 있다. 10년 전쯤 다시 책을 정독할 기회가 있었다. 처음 읽었을 때는 한 소년의 성장과 함께 내면에서 자라난 금각의 아름다움이 결국 그가 지른 불에 의해 불꽃으로 승화되며 영원한 미를 완성한다는 내용이었다. 그런데 다시 읽은 책 속에는 흠집 내고 소멸시켜 아름다운 것을 영원히 소유하려는 한 인간의 일그러진 탐미가 담겨 있다. 분명 같은 작품임에도 다르게 다가왔다. 삶을 아름답게만 보다가 세월과 함께 그 뒤안길을 이해하게 되어서일까.

October 1

10월의 인사

"시월이 있는 세상에 살고 있다니 너무 기뻐."

_ 루시 모드 몽고메리, 《빨강머리 앤》

어느 시기든 각자의 아름다움이 있지만 10월은 좀 특별하다. 알맞게 선선한 날, 세상은 가을 잎들이 발하는 온갖 색채로 물들 것이다. 가을의 정점에 선 모든 것은 결실 후의 안도감과 함께 비로소 자신과 주변을 돌아볼 여유가 생긴다. 화사한 봄 벚꽃이나 녹음 짙은 여름의 풍경은 만지면 손에 묻어날 듯 그 자체에 몰입되는 감이 있다. 하지만 단풍잎 선연한 가을 풍경은 절정을 이룬 지극한 아름다움을 한 걸음 물러서서 바라보는 차분한 완상과 어울린다.

한 줄의 감성

한 사람이 일생 겪어볼 수 있는 계절이 몇 번이나 될까. 계절은 늘 제대로 음미해볼 새도 없이 스쳐 지난다. 한 번 한 번의 가을에 감사하며 짧은 날들을 숨 깊이 느끼고 만끽해보자. 인생이 그렇듯 계절의 아름다움도 누리는 이의 것이다.

October 2

여행, 그리고 살아 있다는 것

'있다'는 존재하는 것이지만, '여행하다'는 사는 것이다.

_ 귀스타브 나도

핏줄 어딘가에 유목민의 유전자가 잠재되어 있어서일까. 우리에겐 여행에 대한 본능적인 끌림이 있다. 여행을 좋아하는 이들에게 반복되는 일상은 그저 그 자리에서 숨만 쉴 뿐인 수동적인 삶이다. 그에 비해 여행은 맨몸으로 세상에 뛰어들어 헤쳐나가는 적극적인 삶이다. 살아 있음을 실감하는 최적의 시간이기도 하다.

한 줄의 행

너무 오랫동안 똑같은 일을 해왔다면 하던 일 멈추고 훌쩍 떠나보자. 제자리에서 벗어난 것만으로도 정체된 일상이 환기되며 자신이 살고 있는 현재의 본모습이 한눈에 보일 것이다.

October 3

진정한 여행이란

그 길의 방향을 정해놓고 싶지 않았다.
가능성의 폭을 최대한 넓히려 했다. 그중 오직 하나의 길을 택함으로써
한정되는 뻔한 여정의 예측으로
내 기대감을 지루하게 만들지 않기 위해서였다.

_ 호르헤 루이스 보르헤스, 《영원성의 역사》

새로운 길을 갈 때, 머물 곳, 들를 곳을 미리 정하는 방식은 안정감이 있다. 위험에 처할 일도 없고, 시간을 헛되이 쓸 일도 없다. 하지만 마치 예행연습을 마친 공연처럼 과정도 결말도 예견되어 있다. 돌발 사고가 발생하지 않는 한 순조롭게 예정된 길을 둘러보게 될 것이다. 그 길 위에 어떤 예상치 못한 일이 펼쳐지고, 그에 의해 어느 길로 경로가 바뀔까 하는 생생한 기대감이나 호기심은 그만큼 축소될 수밖에 없다.

한 줄의 감성

여행할 때 큰 목적지를 제외하고는 일부러 행선지를 정하지 않는다. 밤늦도록 숙소를 찾아 헤맬 수도 있고, 차를 놓쳐 낭패를 볼 때도 있지만 그 자체로 좋다. 여행이란 이미 확정된 내 일상과 삶이 아닌 또 하나의 인생을 살아보는 일이기 때문이다. 무한한 가변성. 그것이 바로 여행의 진짜 매력이 아닐까.

October 4

좀 더 중요한 것

우리는 바로 앞에 있는 것에 신경 쓰느라 바빠서
정작 우리가 처해 있는 순간을 즐기지 못한다.

_ 빌 워터슨

사람들은 세부에 집착하는 경향이 있다. 그래서 더 중요한 것을 놓치곤 한다. 맛있는 음식을 먹으러 갔다면 그 맛을 느끼는 게 핵심이다. 숲을 거닐 땐 나무와 풀들의 생생한 기운을 호흡하며 편안함을 즐기는 게 제격이다. 하지만 페이스북과 인스타그램 포스팅에 더 열중하고, 거슬리는 일들에 신경 쓰고, 하지 않아도 될 걱정을 미리 하며 정작 그 순간을 누리지 못한다. 시간을 어떤 식으로 보내든 그것이 다른 하나의 잣대로 평가될 이유는 없다. 가진 시간을 내 맘대로 쓰는 건 각자의 자유이다. 그러나 지금 이 순간, 내 몸과 마음이 행하고 있는 일의 본질에 몰두하고 즐기는 것. 그것이 아니라면 우리는 무엇을 진정한 삶이라 부를 수 있을까.

한 줄의 공감

특히 여행할 때마다 깨닫게 되는 것. 사진과 동영상을 찍는 데 급급해서 그 짧은 여행지에서의 시간을 만끽하지 못하는 건 아닐까. 현재의 순간은 충분히 누리지 못한 채, '과거의 행복한 기억'이 될 것들을 간직하기 위해 더 애를 쓰고 있는 게 아닐까.

October 5

여행의 묘미

"여행이란 좋은 것입니다. 자신에게서 떨어져 자신을 바라보고
자신을 내던지며 자신에게 돌아온다. 무언가 묘한 것입니다."

_ 가쿠타 미쓰요, 《이제부터는 걷는 거다》

여행의 묘미는 어느 사이엔가 하나로 정해져버린 자신의 삶을 떠나 잠시나마 다른 세상을 살다 오는 일에 있다. 반대로 벗어남 때문에 자기 삶을 객관적으로 볼 눈이 생긴다. 평소에는 잊고 있던 자기 자신의 정체성을 더욱 확실히 자리매김하는 기회가 되기도 한다. 그런 면에서 여행은 떠남으로써 돌아오는 독특한 측면이 있긴 하다. 마냥 떠돌기만 하는 것을 우리는 '방랑'이라 한다. 여행이란 표현은 떠나긴 하되 '돌아옴'을 전제로 할 때만 사용된다. 그것이 자신의 집으로든, 자기 자신에게로든.

한 줄의 깨달음

평소 우리는 일상과 자신을 하나로 혼동하며 산다. 몸에 잘 맞는 옷을 벗고 새 옷을 갈아입듯, 여행은 일상의 옷을 벗고 새로운 환경의 옷을 입어보는 일이다. 그런 경험을 통해 옷이 내가 아님을 알게 되고, 비로소 옷을 통해 존재했던 내가 아닌 본래의 나를 발견할 수 있다. 새 옷도 좋지만, 몸에 익은 내 옷이 얼마나 편안했는지 자각하는 계기가 될 때도 있다.

October 6

새벽의 라디오

"라디오를 들을 때면 그게 한 사람이라는 기분이 들죠.
그들이 당신에게 말을 하면 당신은 정말로
그들의 존재를 한 사람으로 느낍니다."

_ 아이러 글래스

사춘기 시절의 라디오는 새벽 공부의 힘겨움을 달래주는 가까운 친구였다. 좋아하는 음악과 함께 가만히 말을 걸어오던 디제이의 다정다감한 음성은 모두가 잠든 그 적막한 밤의 세상에 또 다른 누군가도 잠들지 않고 깨어 있다는 안도감을 주곤 했다. 그 당시 라디오는 소리를 들려주는 기계라기보다 따뜻한 정서를 지닌 하나의 인격처럼 느껴졌다.

한 줄의 감성 _____

그로부터 오랜 세월이 흘러 밤새 도로 위를 달리던 이국의 어느 여행길. 졸음을 쫓으려 자동차의 라디오를 켰다. 정신이 번쩍 들 만큼 빠른 디제이의 영어 멘트와 함께 흘러나온 즐겨 듣던 팝 음악 한 곡. 까마득히 먼 사춘기의 밤들이 세월을 건너뛰어 거기 그 차 안에 함께 머물고 있었다.

Ocotber 7

길을 잃는 것

어떤 아름다운 오솔길은
길을 잃지 않으면 발견될 수 없다.

_ 에롤 오잔

처음 가는 곳에서는 길을 잃기 쉽다. 그러나 길을 찾아 헤매다 의외의 풍경이 발견되기도 한다. 들꽃 가득한 산길과 나무 냄새 향긋한 숲길도 만날 수 있다. 어릴 때 살던 동네 길과 닮은 정겨운 소로에 들어서는 경우도 있다. 우리 앞에 펼쳐지는 삶 역시 한 번도 살아보지 않은 길이다. 길을 찾기 힘든 게 당연하다. 하지만 목적했던 길로 가지 못한다 해도 그 나름의 의미가 있다. 인생에서는 가고 싶은 길은 있어도 옳은 길은 없기 때문이다.

한 줄의 공감

내비게이션도 없던 시절, 렌트한 차를 타고 프랑스 남부 아를에서 칸으로 향하던 중이다. 첩첩산중에서 길을 잃었다. 날은 어둑해지고, 길은 인적 하나 없는 산 위로 이어졌다. 이대로 길이 사라지면 어쩌나 하는 두려움에 돌아갈까도 싶었지만, 호젓하고 예쁜 산간의 길이 마음을 끌어 주춤주춤 올라갔다. 길 끝에 이르자 펼쳐진 놀라운 정경. 산골짜기 전체가 수백 개의 호사스런 별장들로 가득했다. 심심산중을 지나 나타났다는 무릉도원처럼. 아마도 평생 다시는 가보기 힘든 곳, 길을 잃지 않았다면 발길이 닿지 못했을 것이다.

October 8

소중한 것들은 소유되지 않는다

무엇 하나, 내 것은 없다.
공기 맑은 날의, 오후의 정적.
강물의 반짝거림. 잎의 우거짐. 나무 그림자.
저녁의 구름. 새의 자취. 저녁별의 깜빡임 특별한 것 따윈 없다.
소중히 하고 싶은 (어디에나 있는) 것이 있을 뿐이다.

_ 나가타 히로시, 〈없어서는 안 되는 것〉

시인은 기쁨을 주는 것, 세상을 이루는 아름다운 모든 것이 소유되지 않는다고 했다. 평범한 일상이야말로 소중하게 지켜야 할 가치가 있다고도 했다. 하지만 우리는 필요 이상을 소유하기 위해 인생의 대부분을 보내며, 특별한 게 있을 거라는 믿음으로 일상을 무성의하게 살고 있는 건 아닌지.

한 줄의 감성

세상의 아름다운 것들은 소유되지 않기에 더 생생하게 오래도록 빛난다. 소유되는 순간 덧없는 유한성을 지니게 된다. 우리에게 허락된 건 소유가 아니라 그저 누리는 일뿐이다. 주어진 시간 동안 주변 어디에든 존재하는 평범하고도 아름다운 것들을 마음껏 사랑하고 느껴보자.

October 9

무소유의 홀가분함

난초처럼 말이 없는 친구가 놀러 왔기에 선뜻 그의 품에 분을 안겨주었다.
비로소 나는 얽매임에서 벗어난 것이다. 날 듯 홀가분한 해방감.

_ 법정스님, 《무소유》

물질의 무소유보다 더 힘든 건 마음을 끊는 일이다. 특히나 살아 있는 생명에 대한 애착은 그것이 다른 어딘가에 살아 있거나 혹은 사멸한다 해도 쉽게 단절되지 않는다. 한 번 마음을 두면 그 마음이 스스로 잦아들어 놓아버리기 전까지는 그 대상의 안위가 내내 궁금하다. 그래서 세속의 우리는 스님처럼 벗어나지 못한 채, 얽매임조차 기쁨으로 받아들이며 살아가고 있다. 무소유의 홀가분함을 이루기 힘든 꿈처럼 간직하면서.

한 줄의 감성

사춘기의 어느 날 손에 와 닿은 '무소유'라는 이름의 작은 책 한 권으로 시작된 법정스님과의 인연. 많은 이가 그랬던 것처럼 내게도 그 담박한 글귀들은 일상의 삶에 스며들어 초탈한 삶에 대한 고즈넉한 꿈으로 자리했었다.

October 10

가진 것이 나라면

내가 가진 것이 나라면,
내가 가진 것을 잃었을 때, 난 누구인가?

_ 에리히 프롬, 《소유냐 존재냐》

소유는 인간을 곧잘 착각하게 만든다. 내가 가진 재산, 인맥과 네트워크, 지위와 권력 같은 걸 나 자신이라고 믿는 것이다. 지식도 마찬가지이다. 머릿속에 저장한 정보가 많을수록 내 지적 수준이 높다고 여긴다. 그러나 진정한 '나'는 가진 걸 모두 버린 채 저 먼 사하라 사막의 한가운데 던져지더라도 끈기 있게 살아남을 수 있는 알몸의 나일 것이다. 또한 지식을 소유하기보다 그를 통해 통찰력을 얻고 스스로 성찰하며, 내면의 깨달음을 얻는, 끝없이 성장 중인 나이다.

한 줄의 공감

20대 초반을 사로잡았던, 에리히 프롬의 명쾌한 이론들. 소유에 집착하기보다 순간을 누리며 존재해야 한다는 그의 통찰은, 세월이 많이 흘렀어도 좀 더 인간답고 당당한 삶을 살기 위한 지향점으로서 여전히 의미와 가치가 있다.

October 11

치열한 삶의 빛

잎들은 태어나서 땅에 떨어질 때까지
잠시도 쉬지 않고 바람에 흔들리면서 반짝인다.

_ 김훈,《자전거 여행》

봄볕에 돋아난 여린 잎들은 여름의 무성한 시절을 지나 가을 단풍으로 물든다. 찬 서리와 함께 땅에 떨어지면 비로소 제 할 일을 마치고 평온하게 흙으로 돌아간다. 그 어떤 잎도 순리에 어긋나는 법이 없다. 한결같이 계절의 변화에 순응한다. 살아 있는 동안이 결코 순탄한 건 아니다. 어린잎의 시절부터 숙명인 듯 바람의 저항을 받는다. 하지만 바람에 이리저리 움직이면서도 반짝이는 걸 잊지 않는다. 그것이 제 존재감의 발현이라도 되는 것처럼.

한 줄의 깨달음 _____

산다는 것의 주체는 바람이 아니라 바람에 대처하는 잎의 움직임이다. 그 치열한 움직임들이 만드는 삶의 궤적이 반짝임이다. 만약 바람이 부는 대로 온몸을 내맡기고만 있다면 이리저리 움직이며 발하는 반짝임의 빛은 영영 발견하기 어려울 것이다. 반짝이는 나뭇잎처럼 존재를 실현하려면 우리도 쉼 없이 모색하고 움직이며 살아가지 않으면 안 된다.

October 12

삶의 거친 물살을 잘 건너려면

이제야 도를 알았구나. 마음을 고요히 다스린 자는
귀와 눈이 사물을 제대로 보는 데 방해가 되지 않는다.
그러나 귀와 눈의 감각만을 믿는 자는 보고 듣는 게
더욱 상세해져 병이 되는 것이다.

_ 박지원, 《열하일기》

눈과 귀로 보고 듣는 것, 손으로 만져서 얻는 느낌은 상상이나 생각보다 직접적이다. 그것이 실체적 진실이라고 믿기 쉽다. 그러나 똑같은 사물이라 해도 마음이 좋지 않으면 불쾌감으로 다가오고, 편안할 땐 유순하게 느껴진다. 밤의 어둠과 화사한 햇살 아래서도 각기 달리 보인다. 감각이란 이처럼 내면과 외부의 상태에 따라 달라지는 것이다. 가변적이고 상대적이다. 감각의 느낌에만 의존한다면 실체를 보지 못해 잘못된 판단을 내리기 쉽다. 보고 듣고 느끼는 외부의 자극을 균형 잡힌 시각으로 인식할 수 있게 하는 내면의 중심이 필요하다.

한 줄의 행

감각의 접촉에 의해 일어나는 감정대로 결정하고 움직이지 말자. 마음의 중심을 잡자. 그리고 한 발짝 멈춰 서서 보이는 것, 들리는 것보다 좀 더 깊은 내막을 들여다보려 노력하자. 사물과 사안의 표면보다 이면에 집중해보자.

October 13

깊이를 더하는 것

어떤 것이든 의미 있는 예술 작품을 바라볼 때면,
아마도 희생되어야만 했던 더 의미 있는 것을 기억해야 한다.

_ 파울 클레

하나의 작품이나 일이 완성되어 유형의 결과물로 나타난 것에는 보이지 않는 사연들이 숨어 있다. '희생'이라는 표현이 극단적이긴 하지만, 그 결과물을 내기 위해 사라져야 했을 다른 아까운 아이디어들이 있을 것이다. 또한 작품을 위해 잠 못 들었을 숱한 불면의 밤들, 포기해야 했던 또 다른 인생의 길, 약속, 인간관계 등등 겉으로 드러나지 못한 많은 요소를 헤아려볼 수 있다. 그들에게도 애도를 표하는 것이 작품에 대한 진정한 예의일 것이다.

한 줄의 깨달음

하지만 그런 희생으로 결과물은 단선이 아닌 복선의 깊이를 지니는 게 아닐까. 마치 여러 재료가 어우러져 육수 맛이 깊은 요리처럼. 표면적인 의식은 그런 것들을 잡아내지 못할지라도 우리 내면에서는 한 가지로 단언할 수 없는 미묘하고 복합적인 느낌을 포착하게 된다.

October 14

산문 앞의 겸허

이 문으로 들어오면 모든 알음알이를 버려라.

_ 중봉명본 선사

산문山門 앞에 서면 보이는 글귀이다. 산문은 속세를 떠난 산에만 있는 게 아니다. 일상 속에도 존재한다. 일상의 산문은 삶의 본질에 대한 깨달음으로 가는 마음 자세의 문이다. 잡다한 지식을 머릿속에 많이 담을수록 지엽에 매달릴 위험성이 있다. 그로 말미암아 사물의 본질과 참모습을 제대로 못 볼 수 있다. 그 문 앞에선 헛된 지식에 의한 선입견과 아집에 의한 편견을 버려야 한다. 모든 걸 훌훌 벗어버린 맑은 마음의 눈과 열린 겸허만 남겨야 비로소 진실이 보인다.

한 줄의 행 _____

지식의 잡다함이 자신을 지탱하는 가장 큰 자부심이라면 얼마나 공허한가. 세월과 함께 그것들은 하나둘 잊혀간다. 전체와 세부를 관통하는 한 줄기 통찰력과 직관만 살아남을 뿐이다. 지식에 의해 세워진 헛된 자만을 버리고 늘 겸허하게 열려 있어야 한다.

October 15

사실보다 그럴듯한

사실은 허구보다 더 낯설다.

_ 마크 트웨인, 《적도를 따라 세계 여행》

소설 속 사건은 작가의 상상력이 만들어냈으니 좀 더 작위적이고 낯설 것이라 여긴다. 그러나 실제 일어나는 일이 오히려 믿기 어려운 경우가 적지 않다. 소설은 개연성에 얽매인 이야기이다. 개연성이란 실제로 일어날 법한 일이나 상황을 뜻한다. 사람들이 잘 쓴 소설을 보며 가짜라고 여기지 않는 건 그것이 현실 속에서도 통용되는 개연성을 따르고 있어서이다. 그에 비해 실제 일어나는 일은 어디로 튈지 모르는 공처럼 우연성에 의존한다. 상식적인 이해의 범위를 훌쩍 넘는 때도 있다.

한 줄의 공감

한 예로 자연에서 발생하는 기묘한 현상들을 보며 눈을 의심할 때가 있다. 생경하게 느껴질 정도로 붉은 노을, 먹구름 사이로 비치는 신화 속 기적 같은 한 줄기 서광, 둘로 갈라진 바다의 모습 등. 실제 자연의 모습은 우리의 상식과 달리 낯설고 자연스럽지 못한 경우가 비일비재하다.

October 16

진리의 상대성

위대한 진리라는 건 그 반대편에 있는 것도 역시 진리인 걸 말한다.

_ 토마스 만

진리란 시대와 장소를 초월하여 누구에게나 통용되는 보편적인 이치나 사실을 말한다. 그러나 그것을 맹목적으로 추종해야 할 단 하나의 절대적 원리로 삼는 순간, 포용력을 잃고 배타성을 띠게 된다. 실재하는 세상은 하나의 진리로 포괄될 수 없다. 상대적인 입장을 인정하고 수용하며 그와 함께 병립하는 열린 정의를 지녀야 좀 더 위대한 진리일 것이다.

한 줄의 행

일상 속에서 최대한 실체적 진리에 근접하는 방법은 진리의 상대성과 이면을 인정하고 균형을 잡는 합리적 태도를 유지하는 것이다. 스스로 진리라고 믿는 게 있다면 그 반대를 주장하는 상대의 논리도 진리일 수 있음을 감안하자.

October 17

삶을 제대로 보려면

가장 치명적인 착각은 굳어진 관점이다.
삶이란 성장하고 움직이는 것이기 때문에, 고정된 관점은
누구든 그걸 지닌 사람을 망친다.

_ 저스틴 브룩스 앳킨슨

누구나 자신의 생각이나 입장, 경험 등에 의해 다른 시각을 가질 수 있다. 모든 개인의 관점은 다양성 인정 차원에서 존중되어야 한다. 하지만 버려야 할 것도 있다. 바로 굳어버린 관점이다. 변하지 않는 관점의 문제는 정지된 시각으로 움직이는 세상을 파악하려는 데 있다. 세상도 삶도 항상 변화하는데 본인의 시각만 한자리에 머물고 있다면 사물을 왜곡되게 바라볼 수 있다. 실체와 본질에서 점점 멀어지게 된다. 그로 말미암아 세상으로부터 고립될 위험성에 빠진다.

한 줄의 행

스스로를 돌아보자. 시대가 바뀌었어도 고집처럼 고수하고 있는 오래된 고정관념은 없는지, 이제는 예전의 그 사람이 아님에도 누군가에 대해 한 번 내린 평가를 그대로 유지하고 있는 건 아닌지!

October 18

꽃빛 나뭇잎

가을은 나뭇잎마다 꽃인 두 번째 봄이다.

_ 알베르 카뮈

'서리 물든 나뭇잎 봄꽃보다 더 붉네'라고 읊은 당나라 시인 두목의 한시 〈산행〉이 떠오르는 구절이다. 봄의 꽃 빛은 자라나는 아이처럼 여리고 해맑다. 가을 단풍은 시린 쇠락을 앞둔 절박한 색채이다. 선홍의 밝은 빛 속에도 슬픔의 기운이 묻어있다. 마치 아침 햇살과 저녁노을의 차이처럼. 봄꽃이 아름다움의 정수가 깃든 도취의 빛깔이라면 가을 단풍은 혼신의 에너지를 모아 태우는 마지막 불꽃 같다.

한 줄의 감성 _____

거리가 온통 꽃빛 나뭇잎으로 뒤덮였다. 떨어진 나뭇잎에 시구라도 한 줄 적어 누군가에게 보내야 할 것 같은, 그냥 지나 보내기 아까운 날들…….

October 19

평정심 유지하기

대나무 그림자 섬돌 쓸어도 티끌 하나 일지 않고
달빛이 연못을 뚫어도 물 위엔 흔적이 없네.

_《금강경오가해》

섬돌 위에 비치는 대나무 그림자와 연못 밑까지 훤히 비추는 달빛은 사물을 움직이거나 외형에 영향을 주지 않는다. 분명 있지만 없는 것도 같다. 있는 게 없는 것이고, 없는 게 있는 것이다. 하지만 자취와 흔적 없이도 사물의 근본에 고요히 깃들어 본질을 관통한다. 마음이 그런 경지에 들면 맑고 평온한 평정이 있을 뿐이다. 실체 없이 일시적으로 오가는 뜬 것들에 구애됨 없이 늘 일정한 모습 그대로이다.

한 줄의 행

일상에서도 마음을 평온하게 지니면 심경을 거스르는 말에 감정이 흔들리지 않는다. 크고 작은 주변 일들에도 침착하게 대처할 수 있다. 그 같은 평정심을 유지하려면 생각과 감정의 근원인 마음이 탐욕과 분노로 물들지 않도록 끊임없이 경계해야 한다. 또한 사물과 현상의 본질을 꿰뚫는 지혜의 눈을 갖기 위해 늘 깨어 있어야 한다.

October 20

남이 나를 알아주지 않는다 해도

나를 알아주지 않아도 그 또한 그만이네.
진정 내 마음 참되고 향기롭다면.

_ 굴원, 〈이소〉

가볍고 얄팍한 것은 빨리 눈에 띈다. 진중하고 깊은 것은 쉽게 밖으로 내보여지지 않는다. 세상의 겉모습은 시류에 밝은 이, 치장을 잘하는 이들로 채워진다. 하지만 실속 있게 일을 이루는 건 뒤에서 묵묵히 집중하는 사람들이다. 그들이 세상의 큰 물줄기를 흐르게 한다. 스스로 열과 성을 다하는 그들의 몰두에는 참되고 성실한 힘이 있다. 사람의 마음을 움직이는 것, 세상을 변화시키는 것은 그들의 중심에서 우러나오는 우직한 진정성의 숨은 향기이다.

한 줄의 깨달음 _____

사람은 겪어봐야 깨닫는다. 시행착오를 위한 시간이 필요하다. 그렇게 얻어진 깨달음에 의한 판단과 믿음은 훨씬 견고하다. 지금 당장 누군가가 나를 몰라준다 해도 내 안의 맑은 중심이 있다면 시간이 그걸 천천히 드러나게 할 것이다.

October 21

스쳐 지나가는 것들

오 아르주나여, 감각과 감각 대상의 접촉은 차가움과 뜨거움,
기쁨과 고통을 가져온다. 이것은 일시적이며, 나타났다가 사라진다.
그것을 참고 견디도록 노력하라.

_ 힌두교 경전 《바가바드기타》

우리는 끊임없이 만지고 보고 듣고 향기를 맡고 맛본다. 온몸의 감각세포가 몸에 와 닿는 형체와 소리, 냄새 같은 자극에 의해 차고 덥고, 감미롭고 아픈 느낌을 얻게 된다. 그러나 그렇게 얻어지는 느낌들은 스쳐 지나가는 외부의 대상에 의해 생겨난 뜬구름 같은 것일 뿐이다. 우리 몸의 본성과 의식 자체의 움직임이 아니다. 표피적이고 일시적인 몸과 마음의 감각과 느낌에 나 자신을 완전히 맡기지 말자. 맑은 내면의 눈으로 그 덧없는 실체를 보며 크게 연연하지 않는 것이 현명하다.

한 줄의 행

살다 보면 화, 슬픔, 괴로움, 상실감 같은 것으로 말미암아 기분이 한없이 가라앉거나 평정을 잃을 때가 있다. 하지만 그 모든 것이 시간이나 상황에 의해 언제든 변할 수 있는 감정임을 인식해보자. 감정에 빠진 나를 물끄러미 바라보며 그런 상태가 본래의 내가 잠시 입고 있다가 벗어버릴 옷처럼 일시적이라는 사실을 깨닫자.

October 22

격랑에 대처하는 법

당신은 파도를 멈출 수 없다.
그러나 파도 타는 법을 배울 수는 있다.

_ 존 카밧진

세상이라는 큰 바다에서 살다 보면 시련의 파도를 만난다. 복잡한 관계 속의 갈등, 이해관계가 얽혀 원하는 대로 진행되지 못하는 일들이 모두 넘어야 할 파도이다. 파도 자체는 혼자의 힘으로 없애지 못한다. 하지만 파도를 만날 때마다 그 위에 올라타서 적절히 헤쳐 나아갈 수는 있다. 세상살이 속 현명함이란 시시때때로 마주치는 역경의 파도를 요령 있게 다루며 거칠고 드넓은 삶의 바다에 얼마나 잘 적응하고 사는가 하는 것이다.

한 줄의 깨달음

외부의 파도만 존재하는 게 아니다. 우리 내부에도 파도가 인다. 내 안에 이는 감정의 파도를 잘 이겨내는 것도 중요하다.

October 23

내 안의 중심

내면을 바로잡으면, 외부의 것들이 제자리를 찾게 된다.
중요한 실재는 내부에 있다.

_ 에크하르트 톨레, 《지금 이 순간의 힘》

몸이 아파 모든 일에서 손을 놓은 경험이 있을 것이다. 단지 며칠 동안의 부재인데도 회사 책상에는 일거리가 쌓이고 읽지 못한 메시지가 수십 통에 달한다. 싱크대 가득한 설거지 그릇이며 세탁기 안의 옷가지들, 말라가는 화초가 주인의 손이 닿기만을 기다린다. 일상의 일을 주관하는 중심점이 사라지니 나타나는 결과이다. 마찬가지로 자기 안의 중심이 없다면 자신을 둘러싼 외부의 상황들이 혼돈에 빠진다. 주변이 혼란스럽게 여겨진다면 먼저 자기 내면을 바로잡자.

한 줄의 깨달음

끊임없이 변화하는 생각과 감정에 자기를 맡기면 그에 따라 자신과 주변의 모든 일도 부초처럼 떠다니게 된다. 매 순간 깨어 있는 의식으로 내 머리와 마음속에서 무슨 일이 일어나고 있는지 알아차리는 것, 그것이 바로 내면의 중심을 잡는 일이다.

October 24

홀로 있을 때 삼가라

홀로 있을 때도 마음가짐을 바로 하고
도리에 어긋나는 일을 필히 삼가야 한다.

_《대학》 전 제6장

'군자'라는 의미를 오늘날로 치환한다면 굳은 심지가 있고 치우치지 않는 삶을 살며 언행의 일치를 이루는 사람일 것이다. 그런 이가 매사에 성誠을 다하기 위해 자기 자신을 경계하는 자세가 '신독愼獨'이다. 누가 보든 보지 않든, 스스로가 거울이요 잣대가 되어 삼가고 지키려 노력하는 것이다.

한 줄의 행 _____

가장 다스리기 쉬우면서도 실은 어려운 것이 자기 자신이다. 그러나 평소의 생각과 언행이 곧 그 사람의 내면을 형성하고 외형으로 드러나는 법이다. 안과 밖이 같고 무슨 일에든 정성을 기울이는 사람이 되고 싶다면 늘 경계하고 삼가는 삶을 살아야 한다.

October 25

가을의 미덕

가을의 금빛 풍성함은 봄의 순진함이나 여름의 힘이 아닌,
연륜이 배어가는 원숙함과 온화한 현명함을 말해준다.
가을은 삶의 한계를 알고 자족한다.

_ 린위탕, 《나의 조국 나의 국민》

확실히 가을은 풋풋함이나 싱그러움과는 거리가 있다. 갓 피어난 여린 잎들의 순정한 기운이나 한창때의 생명이 발하는 강렬한 기운과도 관계가 없다. 가을의 아름다움 속에는 스러져가는 것, 시한을 앞둔 것들이 주는 어쩔 수 없는 슬픔의 그늘이 드리워 있다. 하지만 살아온 연륜만큼의 다채롭고 풍부한 색채와 깊이가 있다. 삶이 유한한 것임을 아는 데서 오는 무욕의 기쁨, 남아 있는 생명의 시간을 즐길 줄 아는 여유로움도 느껴진다.

한 줄의 감성 _____

풍성하되 난하지 않고, 쓸쓸하되 초라하지 않으며, 완숙하되 적절한 선까지만 탐닉하는 은은하고 고즈넉하고 절제된 아름다움, 그것이 가을의 미덕이다.

October 26

완벽하지 않은 완벽

자연에서는 아무것도 완벽하지 않고 모든 게 완벽하다.
나무들은 뒤틀어지거나 기묘한 방향으로 휠 수 있지만
그래도 여전히 아름답다.

_ 앨리스 워커

숲을 산책할 때면 어느 하나도 똑같은 나무가 없다. 우리가 흔히 완벽한 모습이라고 생각하는 반듯한 선, 완전한 대칭 같은 건 찾아보기 힘들다. 하지만 자세히 들여다보면 저마다 한 미적 존재로의 완결성을 지니고 있다. 기울어졌으되 결코 쓰러지지 않는 절박한 균형미, 골고루 햇살을 받기 위해 배려하듯 서로 어긋난 나뭇잎들 사이의 적절한 공간 배분, 제가 차지한 자리의 풀 나무들과 조화롭게 어우러진 모습 등은 나무의 생명 의지가 만들어낸 완벽하고 절묘한 아름다움이다.

한 줄의 깨달음

사람도 마찬가지이다. 그 누구도 완벽하지는 않다. 하지만 저마다 한 사람 한 사람으로 세상 속에서 의연히 살아나가는 그 모습들에서, 우리는 하나의 소우주가 지닌 완결된 아름다움을 발견한다.

October 27

가을엔 모든 게 바람이다

가을의 바람은 세상을 스쳐서 소리를 끌어낼 뿐 아니라,
사람의 몸을 스쳐서 몸속에 감추어진 소리를 끌어낸다.
그 소리 또한 바람이다.

_ 김훈, 〈가을 바람소리〉

가을바람은 가슴의 빈 공간으로 스민다. 스며들어서 자신만의 쓸쓸한 소리를 전파한다. 바람을 맞은 모든 것은 바람을 닮은 소리로 적적함을 읊는다. 가을은 바람소리에 홀린 것들이 사는 바람의 제국이다.

한 줄의 감성 _____

가을이면 왜 그렇게 가슴이 서늘할까. 한껏 밝게 쓴 글에서조차 왜 알 수 없는 쓸쓸함이 묻어날까. 세월을 타지 않는 영원한 젊음을 의식 속에 또렷이 지닌, 우리 시대의 한 뛰어난 작가의 글에서 그 이유를 발견한다.

October 28

속도 늦추기

무엇이든 하는 일의 속도를 극적으로 늦춰서,
당신의 주의를 회복시키거나 새로운 수준으로 이끌라.

_ 샤론 잘츠버그

오랫동안 시간에 쫓기며 갖가지 일을 하다 보면 집중력이 떨어진다. 막상 시간이 나도 무얼 해야 할지 몰라 멍하다. 한두 가지 일만 해도 괜찮은 건지 불안감마저 생긴다. 그럴 땐 일정 기간만이라도 마음을 편하게 갖고 시간제한에 관한 생각을 완전히 내려놓자. 단지 그것만으로도 무언가에 집중할 수 있는 여유가 생길 거다.

한 줄의 공감 _____

좋아하는 일에 몰두했던 기억을 떠올려보면 쉽게 공감이 간다. 가령 시간에 대한 강박 없이 맛있는 요리를 만들 때처럼. 누군가 옆에 다가와 말을 걸면 소스라치게 놀랄 정도로 우리는 거기 쏙 빠져 집중하게 된다.

October 29

사람이 그리워지는 날

가을은 깊고 옆방에 든 이는 무엇을 하는 사람일까.

_ 마츠오 바쇼의 하이쿠

날이 점차 서늘해진다. 정점을 지난 가을 잎은 사그라져가고 풀벌레 울음소리가 쓸쓸함을 더한다. 온기가 절실해지는 시절, 아무리 옷을 겹쳐 입어도 마음 한구석의 텅 빈 느낌은 사라지지 않는다. 홀로 떠나온 가을 여행길, 문득 사람이 그립다. 옆방에선 두런두런 말소리가 들린다. 며칠 동안이나마 같은 지붕 아래 잠들게 된 이웃은 무슨 일을 하며 사는 사람들일까. 내가 알 수 없는 그들의 삶에는 어떤 사연이 얽혀 있을까.

한 줄의 행

잊고 지냈던 사람들을 떠올려보자. 그동안 소원했다면 안부라도 전해보자. 충동처럼 약속을 정하고 함께 만나 따뜻한 차를 마시며 정담을 나눠보자. 가을의 쓸쓸함이야 다른 이가 해결해줄 수 있는 성질의 것은 아니지만, 서로 외로운 심경을 나누다 보면 좀 덜 외롭지 않을까.

October 30

차 한 모금의 여유

추울 때 차는 당신을 따뜻하게 해준다.
너무 열이 오른다면 차게 식혀줄 것이다.
침울해진다면 북돋아줄 것이다.
흥분될 때는 차분하게 가라앉혀준다.

_ 윌리엄 글래드스턴

차茶를 마시는 것은 여유를 음미하는 일이다. 자신이 누리는 평범한 삶에 대한 만족감을 가져다준다. 세상과 사람을 향한 온기와 그리움을 북돋는다. 번잡한 일상에서 벗어난 한적함을 맛보게 한다. 창밖의 청명한 가을 하늘이 서럽게 느껴질 때면 푸근한 위안으로 가슴에 스민다. 을씨년스러운 눈보라를 뚫고 집에 돌아와 물을 끓이면 흐뭇한 기대감으로 옆에 다가와 있다. 봄비 내리는 날에도, 나무 냄새 가득한 산간의 여름 새벽에도, 차는 어떤 계절, 어느 순간이든 절묘하게 어우러져 녹아드는 운치 있는 취향이다.

한 줄의 공감

차를 음미하는 것은 좀 더 정신적인 일이다. 고요함 속에서 탈속의 여유를 향유하거나 깨달음을 위해 수행하는 높은 차원의 지향이 물을 끓이고 덖은 꽃이나 잎을 우려 마시는 소박한 행위에 깃들어 있다. 차와 선禪을 하나로 보는 다선일미茶禪一味가 일리 있는 이유이다.

October 31

가을을 보내기 싫은 마음

사람들은 앞뜰을 쓸어내긴 하지만 단풍잎을 모두
치워버리고 싶은 마음은 아니어서, 낙엽 몇 개를 계단 위에 남겨놓는다.

_ 린위탕, 《제국의 베이징》

자연을 이루는 모든 것은 서서히 드러나고 천천히 잦아든다. 어느 날 갑자기 찾아오거나 변화하는 건 드물다. 사람의 마음도 자연의 일부이니, 그러한 속성을 따를 수밖에 없다. 뜨락에 진 낙엽을 한둘쯤 남겨두는 것은 계절에 대한 마음이 아직 끝나지 않았다는 의미이다. 그리고 무엇보다 한순간에 깨끗이 잊고 정리해버리는 건, 온갖 채색으로 아름다운 모습을 보여주었던 가을에 대한 예의가 아니다.

한 줄의 감성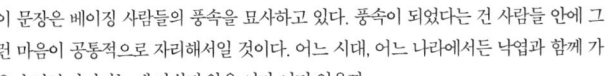

이 문장은 베이징 사람들의 풍속을 묘사하고 있다. 풍속이 되었다는 건 사람들 안에 그런 마음이 공통적으로 자리해서일 것이다. 어느 시대, 어느 나라에서든 낙엽과 함께 가을이 영영 가버리는 게 아쉽지 않은 이가 어디 있을까.

November 1

지루함이 없는 인생은 없다

모든 위대한 책은 지루한 부분들을 포함하고 있고,
모든 위대한 생애는 재미없는 기간들이 있었다.

_ 버트런드 러셀

장편소설과 단편소설의 차이처럼 책 한 권이라는 것은 짧은 글 한 편과는 다르다. 아무리 재미있는 작품이라도 처음부터 끝까지 똑같은 기조를 유지하긴 힘들다. 지루한 부분도 있고 흥미로운 부분도 있다. 책을 읽는 이도 긴장감이 풀리는 곳이 있어야 주요 부분에서 집중할 에너지가 축적된다. 인생 역시 길고 긴 책 한 권 같은 것이다. 부침이 있고 완급이 있다. 매사 뜻대로 되지 않고 사는 게 재미없다 해도 그것은 앞으로 다가올 반짝이는 순간을 내포한 기다림일 수 있다.

한 줄의 공감

한 인물의 생애를 기록한 연보를 보면 숙연한 마음으로 한참을 공들여 읽곤 한다. 대개 한 줄씩으로 요약된 일생의 주요 사건들과 그 행간의 기쁨, 슬픔, 고통의 흔적에서 그의 인간적 소회를 헤아려볼 수 있기 때문이다. 그들 중 그 누구도 시종일관 잘나가진 사람은 없었다.

November 2

오래된 구절

낙엽 타는 냄새같이 좋은 것이 있을까. 갓 볶아낸 커피의 냄새가 난다.
잘 익은 개암 냄새가 난다. 갈퀴를 손에 들고는 어느 때까지든지
연기 속에 우뚝 서서, 타서 흩어지는 낙엽의 산더미를 바라보며
향기로운 냄새를 맡고 있노라면, 별안간 맹렬한 생활의 의욕을 느끼게 된다.

_ 이효석, 〈낙엽을 태우면서〉

향수의 발향은 세 단계로 나뉜다. 첫 향은 탑노트, 중간 향은 미들노트, 은은하게 남는 잔향은 베이스노트이다. 시골 들녘에 번지는 저녁 무렵의 밥 짓는 연기 냄새나 늦가을에 떨어진 잎을 끌어모아 태우는 냄새에는 이상하게도 편안한 안도감이 깔려 있다. 그의 표현처럼 커피 냄새가 낙엽 타는 향의 탑노트라면 햇살의 열기와 바람, 가을비의 습기로 발효된 홍차 잎 같은 달큰한 잎사귀 자체의 향은 미들노트, 마음의 밑바닥에 평온한 정서로 내려와 앉는 그 안도감의 향기는 바로 베이스노트 아닐까.

한 줄의 감성

아주 오래도록 가을이 오면 읊조려지던 이 구절은 요즘 가을의 감성을 담은 더 감각적이고 더 도발적인 문구들에 가려 잊히고 있다. 할리우드 여배우와 축음기, 커피를 좋아하고 정장 슈트를 애용한 가산 이효석은 1930년대의 진정한 스타일리스트였다. 그는 어떤 품종의 커피를 즐겼을까.

November 3

몸에 귀 기울이기

귀 기울여 잘 들어보면,
우리 몸은 우리에게 명확하고 구체적으로 알려준다.

_ 삭티 거웨인

두통이나 복통 같은 통증을 느끼면 우리는 증상을 없애기 위해 약을 먹는다. 그리고 그 약의 효과로 아픔이 사라지면 병이 나았다고 생각한다. 가벼운 이상이거나 원인이 확실한 증상이었다면 그런 방식이 통할 수 있다. 하지만 많은 경우 표면적인 증상들은 또 다른 병의 사전 징후일 수 있다. 몸은 내부에서 벌어진 좀 더 심각한 이상을 알려주려 하는데, 그 신호를 우리가 제대로 알아채지 못하는 것이다.

한 줄의 행

평소 몸은 자기 치유 메커니즘에 의해 작은 이상들을 고치고 나쁜 병원균을 물리친다. 그러다 그러한 면역 시스템에 과부하가 걸리면 신호를 보내기 시작한다. 유난히 염증이 잦아졌다든지, 조금이라도 달라진 곳이 있다면 몸의 상태를 좀 더 주의 깊게 살펴보자.

November 4

꽃은 피어남을 다투지 않는다

꽃은 옆의 꽃보다 먼저 피려고 경쟁하지 않는다.
그저 피어날 뿐이다.

_ 젠신

사람들은 같은 출발선상에 있었지만 먼저 성공한 다른 이와 자신을 비교하는 습성이 있다. 학교 동창이나 입사 동기, 심지어 자신과 아무런 관계가 없는 동년배도 경쟁 대상이 된다. 하지만 각각의 사람들은 생각과 개성, 의욕, 성향, 환경이 모두 다른 존재이다. 다른 종류, 다른 속도의 삶을 살 수밖에 없다.

한 줄의 행

자신에겐 자신만의 속도와 방식이 있다는 사실을 명심하자. 좀 더 의연하게 자기 길을 갈 수 있을 것이다. 자책감 없이 타인의 성공을 진심으로 축하하고 기뻐해줄 마음의 여유도 생기게 된다.

November 5

말과 행동의 결과

세상은 행위에 의해 존재하고 사람도 행위에 의해 있다.

_《수타니파타》

우리는 매 순간 선택하고 실행한다. 그리고 그에 의해 일정한 결과를 얻는다. 수많은 결과가 쌓이면 삶의 방향이 정해지고 운세가 형성된다. 개개인이 선택하고 행한 행동의 결과가 얽히며 만들어낸 것이 세상이다. 그럼에도 우리는 자신에게 벌어진 특정한 상황이나 세상의 모습이 스스로의 행위로부터 비롯된 것임을 미처 깨닫지 못하고 있다.

한 줄의 행

가장 대표적인 행동 중 하나가 '말'이다. 상대에게 말로 준 상처는 원망을 부른다. 상대 역시 이쪽에 대해 좋은 말이 나올 수 없다. 내가 행한 말이 결국 내게로 돌아온다. 반면 어려운 상황에 빠진 사람에게 건넨 따뜻한 한마디는 큰 용기를 준다. 그로 말미암아 선한 기운이 내게도 기분 좋은 느낌으로 반사되어 온다.

November 6

멈추지만 않는다면

느리게 성장한다고 걱정하지 마라.
오직 두려워해야 할 것은 멈춰 서 있는 것이다.

_ 중국 속담

대나무는 세상에서 성장이 가장 빠른 식물로 꼽힌다. 하루에 5~60센티미터가 자라기도 한다. 하지만 처음부터 그런 건 아니다. 죽순 자체가 몇 년은 기다려야 돋고, 그 후에도 몹시 더디게 자란다. 그런 상태로 5년이 지나면 놀라운 변화가 일어난다. 마디마다 자리한 생장점이 활성화되며 엄청난 속도로 자란다. 멈춰 있는 듯 보였지만 대나무 안에선 급성장을 위한 치열한 준비 작업이 진행되고 있었던 것이다. 결과가 쉽게 보이지 않고 느리게 성장한다 해도 움직이고 있는 한, 언젠가 밖으로 분출되게 마련이다.

한 줄의 행

대나무의 성장은 퀀텀 리프Quantum leap에 흔히 비유된다. 퀀텀 리프는 본래 물리학 용어이다. 양자는 에너지 투입량이 일정 수준에 이르면 도약하듯 단번에 변화한다. 이를 양자도약, 즉 퀀텀리프라 부른다. 이에 착안하여 비약적인 성장을 이루는 경우를 일컫는 대중적 용어가 되었다.

November 7

마음이 흔들릴 때

가끔 나는 안개 속에서 헤매고, 수도 없이 마음이 움직이고 당황하며,
혼자 비참하게 남겨진 것처럼 느낀 적도 자주 있습니다.
하지만 헤쳐 나아가는 것은 멋진 일이라 생각합니다.
기쁨과 즐거움은 자부심을 가질 게 못 됩니다.
영혼의 밑바닥에서 자부심과 희열을 느끼게 하는 건
용감하게 이겨낸 어려움과 끈기 있게 견뎌낸 고통뿐입니다.

_ 로베르트 발저, 《산책》

내 앞에 놓인 절망의 안개와 비바람 속을 헤쳐 나아가는 일도 산다는 것의 일부이다. 포기하지 않고, 쓰러지지 않기 위해 애쓰며 노력하는 건 진정 아름다운 일이다. 자기 삶 속에서 우뚝 서고, 앞으로 나아가기 위해 최선을 다하는 존재에 대한 성실성이 깃들어 있다. 혼자 힘으로 고통과 절망을 이겨냈다면, 그 경험이야말로 무엇보다 뿌듯한 성취감과 삶에 대한 자신감을 줄 것이다.

한 줄의 공감 _____

누구나 마음이 흔들릴 때가 있다. 더 이상 내려갈 바닥이 없다는 생각이 들기도 한다. 그래도 앞서간 이들이 한결같이 말해주는, 절망을 이겨낸 후의 희열을 꿈꾸며 쓰러지지 말자. 용기를 갖자.

November 8

사람의 진면목

추위가 몰아친 후에야 소나무와 잣나무가 늦게 시든다는 것을 안다.

_《논어》 자한편

추사 김정희의 세한도歲寒圖로 익숙해진 구절. 이 그림에는 그리게 된 경위가 실려 있다. 세상의 인심이란 게 권력이 있을 때는 친하게 지내려 애쓰지만, 영락한 신세가 되면 연락을 끊게 마련이다. 제자인 이상적은 추사가 유배를 당했어도 한결같이 정성을 다했다. 그로써 그의 신의와 절조를 알게 되고 그 정리가 고마워 세한도를 그려준 것이다. 사람의 진면목은 상황이 어려울 때 드러나는 법이다.

한 줄의 행

어려움에 빠져 있을 때는 지푸라기라도 잡고 싶다. 주변 누군가가 그런 상황에 처해 있다면 손 내밀어 마음을 전해보자. 인간이 인간을 의지하며 푸근한 마음으로 살아갈 수 있는 건 바로 그런 인정과 의리가 있기 때문이다.

November 9

고독한 밤

이럭저럭하여 낮은 지내왔지만,
올 사람도 갈 사람도 없는 밤은 또 어찌할까.

_ 고려가요 〈청산별곡〉

살다 보면 학교 다닐 때 배운 이 시가의 여러 구절 중 하나가 생각날 때가 있다. 또 다른 구절을 기억해내는 이도 있을 것이다. 산다는 것은 내가 의도하는 대로만 되어가지 않는다. 저마다의 의견과 이해관계가 부딪히고 얽힌다. 아무리 쉬워 보이는 일도 손을 대면 그 나름의 어려움과 고충이 있다. 그럴 때 우리는 몸과 마음의 고통을 훌훌 털고 떠날 수 있는 청산을 꿈꾼다. 떠올리는 것만으로도 맑고 여유로워지는 우리식 이상향.

한 줄의 감성

천 년 전의 옛사람들도 오늘날의 우리와 다르지 않은 일상을 살았다는 사실에 애잔해진다. 예나 지금이나, 누구를 가리지 않고 산다는 것은 고해苦海였다. 그런 생각을 해보면 이상하게 마음이 편안해진다.

November 10

영혼의 무지개

눈물이 없다면 영혼에 무지개가 새겨지지 않는다.

_ 북아메리카 인디언 격언

영혼은 우리 안 가장 깊숙한 곳에 자리한다. 그곳으로 들어가는 관문은 작고 미세한 틈새일 것이다. 일상의 가벼운 감정들은 영혼까지 가닿지 못한다. 밀도 있게 응축된 마음의 평온, 지극한 열락의 기쁨, 고통 끝의 깊은 슬픔 같은 것들만 그 틈을 파고든다. 그렇게 스민 것들은 물빛 영혼의 바탕에 잉크처럼 번져 색색의 무늬로 새겨진다. 그로써 영혼은 한층 성숙하고 그윽한 색채를 띠게 된다.

한 줄의 감성 _____

개인적인 상상일 뿐이지만 영혼은 깨어 있는 상태의 의식보다는 밤의 꿈을 관장하는 무의식과 좀 더 연관이 있을 법하다. 외부의 것에 쉽사리 영향받지 않는, 시류의 탁함 속에서도 얼음처럼 투명한 순수의 빛으로 남아 있는……. 그 절대 순수 속에 새겨지는 일곱 색깔 무지개라니, 얼마나 맑고 찬연할까.

November 11

지극한 아름다움이 눈물겨운 이유

삶이 어렵고 힘들수록 꽃에 대한 우아한 묘사는
우리를 더욱 감동하게 만들 수 있다. 눈물이 난다면
그것은 그 그림이 얼마나 슬픈지가 아니라
얼마나 아름다운지에 반응해서이다.

_ 알랭 드 보통, 《치유로서의 예술》

절박한 필요는 사람을 원하는 것에 집중하게 만든다. 아름다운 예술 작품에 빠져 감동을 느끼는 이유 중 하나는 내면 깊은 곳에서 그걸 갈구하기 때문일 것이다. 현실의 고단함에 치여 누리고 있지 못한 아름다움이 거기 실현되어 있어서이다. 자기 삶이 힘겨울수록, 꽃이 더 아름다울수록 그 작품에 대한 감동의 물결은 상대적으로 진폭이 커진다.

한 줄의 공감

삶에서 겪는 슬픔과 고뇌는 영혼에 그림자를 드리운다. 하지만 그 그림자는 사람과 사물의 깊숙한 내면과 보이는 것의 이면까지 들여다볼 수 있는 깊이 있는 시선을 갖게 한다. 고통과 괴로움을 아는 영혼의 눈으로 바라볼 때, 우리는 비로소 인생과 예술의 참맛을 느낄 수 있다.

November 12

가을은 깊고

오 계절이여, 오 성城이여,
상처 없는 영혼이 어디 있으랴.

_ 아르튀르 랭보, 〈오 계절이여, 오 성이여〉

서늘한 기운이 아침저녁으로 깊어진다. 계절의 화사한 풍경이 주던 위안도 더 이상 위력이 없다. 저마다 웃고 있지만, 그 가슴속에는 말할 수 없는 사연이 한둘쯤 있다. 그로 말미암아 새겨진 영혼의 상처는 쉽게 치유되지 않는다. 계절이 오고 또 갈 때마다 피어오르는 알 수 없는 쓸쓸한 느낌의 진원은 바로 그 지점일까.

한 줄의 감성

바람이 휭 스쳐 지나가는 늦가을 저녁, 잎 진 가로수 아래를 걸어 집으로 돌아가는 웅크린 사람들의 뒷모습. 보고 있는 눈길도 시리다. 그래선지 11월이면 사춘기 때부터 읊어온 랭보의 이 오래된 구절이 한숨처럼 절로 나온다.

November 13

세상의 끝이라 여겨져도

**파산한다 해도 당신은 아직 괜찮다.
일과 연인, 집을 잃어도 여전히 괜찮다. 노래할 때 음정이 틀리고,
경쟁자에게 얻어맞고, 마음이 부서지고, 직장에서 해고당한다 해도
당신은 죽지 않는다. 누구든 겪어본 사람에게 물어보라.**

_ 다니엘 라 포르테

사람들에게는 스스로 그어놓은 마지노선이 있다. 그 선을 넘으면 세상이 끝장날 거라 여긴다. 그러나 삶과 죽음이라는 좀 더 원초적 측면에서 본다면, 살면서 겪는 모든 일에 대한 의식의 한계점은 문화적 관습에 의해 만들어진 경계일 뿐이다. 겪지 않는 편이 편안한 건 사실이지만, 선을 넘었다 해도 세상이 무너지진 않는다. 인간은 생각보다 강인한 존재이다. 살아 있는 한은 삶을 끈질기게 이어가는 것이 생명을 지닌 이의 도리일 것이다.

한 줄의 행

어려운 상황에 빠져 있다면 인식 속의 모든 한계선을 '아직 죽지 않고 살아 있다'는 선까지 뒤로 물려보자. 우리가 흔히 말하는 낙관은 그런 상황에서 유효한 단어이다.

November 14

모든 길의 끝에는 희망을 여는 문이 있다

죽을 것이 다 죽고 나면 거기서 새 생명이 시작하는 것.

_ 이철수, 《밥 한 그릇의 행복, 물 한 그릇의 기쁨》

성공을 이룬 이들은 대부분 처절한 실패를 겪었다. '끝'이라는 밑바닥에 내팽개쳐졌어도 아직 살아 있다는 사실에 놀랐다. 자신을 옭아매던 한계가 결국 학습된 관념이 지은 허상이었음을 알게 된다. 바닥을 경험한 이는 두려울 게 없다. 거칠 것도 없어진다. 관념 속의 내가 죽고 한계의 틀을 깬 절대 자유의 내가 새로운 생명을 얻었기 때문이다.

한 줄의 행

절망의 끝이라 생각될 때, 이젠 정말 도저히 안 되겠다 싶을 때, 애써 고수하던 마지막 허위를 속 편하게 내려놓자. 그리고 솔직히 인정해보자. 떠날 사람은 떠나게 하고 버려야 할 것은 버리자. 밀도가 높은 것은 낮은 곳으로, 압력이 강한 것은 약한 곳을 향해 움직이는 게 자연의 이치이다. 가득 차 넘쳐흐르는 손보다는 철저히 무無가 되어버린 내 빈손 안에 새로운 운과 희망이 깃들 것이다.

November 15

마음과 마음이 만나는 날

눈 오는 날엔
사람과 사람끼리 만나는 게 아니라
마음과 마음끼리 만난다.

_ 이정하, 〈눈 오는 날〉

아마도 절대적인 흰빛이라 그런지 모르겠다. 눈은 세상의 외건을 희게 덮고도 모자라 그 내면까지 깨끗한 흰색으로 물들인다. 우리는 저항해볼 엄두조차 내지 못한 채, 불가항력처럼 눈에 모든 걸 내준다. 우리에게 남은 건 애초에 생명의 시작점이었으며, 눈의 세상을 기꺼워할 수 있는 한 조각 따스한 마음들뿐이다. 머리와 계산과 입장과 상황의 장애물이 사라진 마음은 다른 마음과 쉽게 맞닿는다. 그 모든 게 눈의 조화이다.

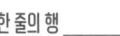

한 줄의 행

이맘때쯤이면 첫눈이 온다. 창밖에 정말로 눈이 내리고 있다면 사이가 서먹해진 누군가에게 이쪽에서 먼저 마음을 전해보자. 그의 마음 역시 이런 마음을 받아들일 준비가 되어 있을 것이다. 이렇게 눈 내리는 날에는.

November 16

적으로 규정하면 적이 된다

어둠과 싸우기보다 빛을 더 밝게 만들어야 한다.

_ 유대인 격언

흐르는 물을 모두 막아버리면 수압이 더 강해진다. 필요한 만큼 흙을 쌓아 둔덕을 만들면 물길이 그 부분을 돌아서 흘러 내려간다. 매사를 싸워서 이겨내야 할 것으로 규정하면 상대는 더욱 강한 적이 되어 부딪혀온다. 그 대신 자세를 굳건히 하고 실력을 키우면 이쪽을 함부로 넘보지 못하거나 피해가게 된다. 싸우지 않고도 내 앞을 가로막는 요소들이 사라지게 만드는 현명함이 필요하다.

한 줄의 공감 _____

정면 대결을 피하고 숙이는 것처럼 보여도 실은 좀 더 본질적인 면을 간파한 난관 퇴치법이다. 어둠을 향해 아무리 무기를 휘둘러도 결국은 어둠에 묻히지만, 빛을 밝게 하면 어둠이 절로 스러지듯.

November 17

같은 상황에 처해 있어도

두 사람이 같은 창살 틈으로 창밖을 내다본다.
한 사람은 진창을 보고, 한 사람은 별들을 본다.

_ 프레드릭 랭브리지, 〈불멸의 시〉

쇠창살에 갇힌 두 사람. 절망적인 상황에 놓여 있다. 그러나 분명 똑같이 바깥세상을 바라보는데도 한 사람은 지금 처한 현실의 진흙탕을 보고 있다. 다른 한 사람은 하늘에 맑고 밝게 빛나는 별들을 바라본다. 무엇을 보느냐에 따라 현재는 벗어나기 힘든 암울한 진창도 되고, 별빛의 아름다움을 얻기 위해 감내하는 잠시의 고통이 될 수도 있다.

한 줄의 공감

차이를 가져오는 건 현실 그 자체보다 그를 보는 각각의 시각과 자세에 있다. 어떤 쪽을 택할지는 본인 의지에 달려 있다.

November 18

내일은 내일의 태양이

지금 생각하지 말자. 견뎌낼 수 없어.
나중에 생각해보는 거야.

_ 마거릿 미첼, 《바람과 함께 사라지다》

인생은 생각보다 반경이 넓다. 좁은 시야에서 바라다보이는 측면만 있는 게 아니다. 막다른 벽에 부딪힐수록 한 걸음 물러서서 지켜볼 필요가 있다. 오늘은 꽉 막혀 보이지 않는 해결책이 내일 아침 한숨 푹 자고 나면 실마리를 드러낼 수 있다. 지금 당장 해결해야 한다고 다그치지 말자. 자신에게 절망의 나락에서 벗어날 수 있는 틈을 주자.

한 줄의 깨달음

복잡하게 얽혀 풀리지 않던 일이 해결되기 위한 핵심은 '어떻게든 되겠지', '늘 방법이 있어왔잖아'라는 막연한 낙관이었음을 깨닫는다. 그렇게 생각하는 한, 또 다른 길이 없나 하고 주변을 한 번이라도 더 살펴봤고, 백방으로 몸을 움직여 방법을 찾기 위해 노력했다. 지나고 보면 그런 마음가짐이 신기하게도 늘 해결의 문을 열어줬다.

November 19

우주의 균형

우주는 균형이 아주 잘 잡혀 있어서
단지 당신이 문제가 생겼다는 사실만으로도
한편으로는 해결책이 존재한다는 신호가 된다.

_ 스티브 마라볼리

정말 막막할 때가 있다. 사방을 둘러봐도 벗어날 돌파구가 전혀 보이지 않는다. 누구 하나 도와줄 사람도 없다. 그럴 때도 희망을 가질 수 있을까. 당연히 그렇다. 넓게 보면 우리는 우주 속의 한 존재이다. 우주가 평온하게 유지될 수 있는 이유는 조화와 균형의 속성 덕분이다. 크고 작은 사건이 생긴다 해도 결국 큰 틀 안에서 적절한 균형을 이룬다. 우리 주변에서 벌어지는 문제들은 우주의 속성에 대한 역행이다. 문제가 발생하면 그것을 원래 상태로 되돌리려는 반작용이 생겨난다.

한 줄의 공감

가끔은 이렇게 낙관적인 생각이 도움 된다. 그러나 근거 없는 낙관이 아니라 우주의 기운이 균형을 추구하며 움직인다는 주역의 사상과도 통하는, 일리 있는 생각이다. 어떤 식이든 희망의 끈 하나만 있어도 사람들은 문제에서 벗어날 실마리를 쥐게 된다.

November 20

고지가 바로 저긴데

아주 조금 더 노력하면, 조금만 더 참으면 성공을 이룰 수 있을 때,
얼마나 많은 사람이 손을 들어버렸는가.

_ 엘버트 허버드

성공의 지점은 눈에 보이지 않는다. 하고 있는 일이 영영 끝나지 않을 것처럼 느껴질 수 있다. 꾸준히 잘 참고 노력하다가도 문득 가망이 없어 보이면 손을 놓아버리는 경우도 많다. 하지만 산을 오를 때도 정상을 앞에 둔 9부 능선이 가장 힘든 법이다. 그전까지 감내해온 인내심이 최고조에 이르기 때문이다. 참아내기 어려운 그 마지막 위기를 넘어선 사람들은 모두 성공이라는 정상에 올랐다.

한 줄의 행

해 뜨기 전이 제일 어둡다는 말이 있다. 어둠의 극에 이르러야 빛으로 전환되는 지점이 다가온다. 오랫동안 열심히 해온 일을 포기하려는 순간이라면 다시 한 번 마음을 다잡아보자. 바라고 바라던 성공의 결말이 바로 눈앞에 와 있는지도 모른다.

November 21

패배한 후가 더 중요하다

패배는 종종 일시적인 상태이다.
포기해버리면 그 상태가 영구적인 것이 된다.

_ 마릴린 보스 사번트

패배는 적이나 경쟁자를 염두에 둔 단어이다. 그러나 인생에서 더 많이 부딪히고, 더 의미 있는 싸움은 상대와 경쟁하는 것이 아니다. 목표로 삼은 일을 이룰 때이다. 목표점을 향해 홀로 나아가는 싸움에서는 쉽게 포기하려는 약한 마음이 최대의 난적이다. 실패는 몇 번을 하건 상관없다. 또다시 일어서면 된다. 하지만 포기해버리면 재기의 기회를 잃고 영영 실패한 기억으로 남게 된다.

한 줄의 깨달음

포기하지 않는다는 건 내가 택한 방식이 실패할 리 없다고 우기는 게 아니다. 실패를 가져온 방식을 버리고 새로운 길을 모색하는 유연성과 함께 목표를 향해 끈기 있게 정진하는 것을 의미한다.

November 22

상황이 바뀌기만을 바란다면

삶이 문제없다고 느끼기 위해 우리는 상황이 달라지기를 기다린다.
우리의 행복을 변화하는 외부의 사건들과 연결 짓는 한,
우리는 늘 그걸 기다리며 살 것이다.

_ 타라 브랙

우리는 일을 시작할 때 어떻게 해나갈 것인가를 생각하기보다 먼저 운이 좋기를 바란다. 주변에 감정이 부딪히는 사람이 있다면 그의 태도가 변하기를 기다린다. 마주치는 사람이나 사건에 따라 그날 하루가 기분 좋거나 언짢아진다. 그래서 늘 조마조마하다. 행복한 일을 겪는다 해도 상황이 언제 변할지 몰라 불안하긴 마찬가지이다. 변화하는 속성을 지닌 바깥 것에만 기대다 보니 초조한 대기 상태로 살 수밖에 없다.

한 줄의 행

상황 변화에만 의존하는 건 외부에서 벌어지는 사건, 타인의 행동에 내 삶의 운전대를 맡긴 셈이다. 마음의 중심을 잡고 내 삶의 주인이 되어보자. 외부에서 오는 행복을 기다리기보다 내면의 평온 속에서 스스로 찾을 수 있다면 더 이상 바깥의 상황에 휘둘리지 않는 삶을 살 것이다.

November 23

어떤 환경에서든 살아남기

인간은 그가 처한 환경을 장악하지 않으면
그 환경에 의해 예속된다.

_ 에이모 토울스, 《모스크바의 신사》

사람은 언제나 일정한 상황에 놓인다. 어려운 상황에 빠져 그것이 좀처럼 움직이기 힘든 삶의 환경으로 자리 잡기도 한다. 힘겨운 환경은 눈앞에 놓인 거대한 물살에 비유할 수 있다. 넋을 놓고 물의 흐름에 자신을 전적으로 내맡긴다면 거센 물결에 휩쓸려버리고 말 것이다. 그러나 정신을 집중하여 물의 속성을 간파하고 물결 타는 방법을 터득한다면 잘 헤쳐 나아갈 수 있다.

한 줄의 깨달음

'장악'한다는 것은 주어진 환경을 스스로 제어하고 거기 휘둘리지 않는다는 의미이다. 가장 호전적인 방법은 나쁜 환경을 제거하는 것이겠지만, 모든 역경이 그리 만만할 리가 없다. 자신을 변화시켜 주어진 환경에 적응하고 그 안에서 어떡하든 살아남아 자신이 뜻하던 바를 성취해낼 때, 우리는 그 환경을 진정 장악했다고 말할 수 있을 것이다.

November 24

사람은 가도 흔적은 남아

밤은 길고 자리에 누워 천 년의 후를 생각하네.

_ 마사오카 시키의 하이쿠

천 년 전의 역사를 읽을 때면 그 행간에 숨은 사람들의 애환을 떠올린다. 남아 있는 유물의 흔적을 통해 그들이 후대에 전하고 싶던 진실의 단초를 잡아보려 애쓰기도 한다. 그러면서 그들의 생각과 마음이 무려 천 년의 시간을 건너뛰어 오늘의 내게 닿아 있음에 경이로움을 느낀다. 사람의 한평생은 짧지만 후일의 누군가가 그를 떠올릴 때 그는 그 상상 속에서 되살아난다. 천 년 후, 그렇게 이어질 후대 사람과의 따뜻한 접점을 어렴풋이나마 상상해보는 기나긴 밤.

한 줄의 감성

그로부터 백 년이 지난 어느 날, 시인은 갔지만, 하이쿠 한 구절에 담긴 그의 애잔한 상념만은 살아남아 후인의 마음을 파고든다.

November 25

누구에게나 자신의 때가 있다

오래 엎드렸던 새는 반드시 높게 날고
먼저 피어난 꽃은 홀로 일찍 시든다.

_ 홍자성, 《채근담》

일찍 발탁되어 성공을 거둔 이는 그 상태를 오래 지속하기 힘들다. 밖으로 나오기 전, 안에서 성숙되어야 할 과정을 성공한 후에 거치기 때문이다. 성공을 유지하려면 내공이 필요한 법이다. 오랜 시간 준비하고 연습한 이는 그만큼의 공력이 쌓인다. 초년에 성공한 이들이 빠질 수 있는 위험이나 유혹에도 잘 흔들리지 않는다. 축적해온 실력이 에너지가 되어 더 높이 날고 더 오래 필 수 있다.

한 줄의 깨달음 _____

사물에는 모두 때가 있다. 같이 배운 친구는 벌써 저만치 가고 있는데 나는 아직 공부조차 다 끝내지 못했다고 자책할 필요가 없다. 뜻을 버리지 않고 노력한다면 언제고 때가 온다.

November 26

어려움 속에서 취해야 할 것

우리가 세상의 괴로움을 겪는 것은 안타까워하면서도,
오직 그 괴로움만이 스스로의 참모습을 볼 수 있게 한다는 걸 알지 못한다.

_ 육소형, 《취고당검소》

세상을 살다 보면 곤란한 지경에 빠질 때가 있다. 발만 동동 구르며 돌파구를 찾지 못하는 건 미리 어려움에 대비하지 못해서일 것이다. 주변을 둘러봐도 도와줄 이 하나 없다면 사람 사귐에 진정성이 부족했을 수 있다. 절망의 바닥까지 내려가 보면 자신의 참모습이 보인다. 다시 똑같은 고통을 겪지 않기 위해서는 스스로를 성찰하고 고난의 원인과 실체를 꿰뚫어 보며 그 속에서 내가 취해야 할 바를 깨달아야 한다.

한 줄의 행 _____

어려운 시절에 처해 있다면 벗어나기 위해 노력하는 게 급선무이다. 한숨 돌렸다고 여겨지면, 그간 살아온 삶을 반성하고 개선하는 계기로 삼아보자.

November 27

시시포스의 신화

그녀가 그린 그림은 소멸될 것이다. 그러나 그게 무슨 상관인가.
(중략) 갑자기 격렬하게, 한순간 확실하게 보기라도 한 것처럼,
그녀는 화폭 한가운데 선을 하나 그었다. 완성됐다. 끝이 난 것이다.

_ 버지니아 울프, 《등대로》

인간이란 종착점을 알면서도 성의를 다해 살아가는 존재이다. 그 끝이 비록 소멸로 정해져 있다 해도 지금 이 순간 무언가를 시도한다는 데 삶의 의미가 있다. 산다는 건 현재를 누리며 살아 움직이는 것 그 자체일 수 있기 때문이다. 매 순간 깨어 그 순간을 느끼고 주관과 판단에 따라 주어진 상황을 살아내는 것, 그것이야말로 한 생명으로서 자기 존재를 세상에 실현하는 최선의 길이다.

한 줄의 깨달음 _____

또다시 떨어져 내릴지라도 이 순간 다시 돌을 굴려 올리는 신화 속 시시포스처럼!

November 28

끝까지 살아남는 일

언젠가 내가 조 헌트 노인에게 그럴듯하게 단언했던 것처럼,
역사가 '승자들의 거짓말'은 아니다. 이제 나는 그걸 안다.
역사는 오히려 생존자들의 기억에 더 가깝다.
그들 대부분은 승자도 패자도 아니다.

_ 줄리언 반스, 《예감은 틀리지 않는다》

살아남은 이들의 뇌리에 남은 기억이 전해져 역사의 얼개가 되긴 한다. 남아 있는 기와 파편이나 땅속에 묻혀 있다 발굴된 집터에 담긴 정황이 그 뼈대와 살을 이룬다. 입에서 입으로 습속에서 습속으로 전승된 문화에서 역사의 얼을 발견한다. 굳이 승패를 가리자면 역사 속에서의 진정한 승자는 싸움에 이긴 자도 패한 자도 아니다. 끝까지 살아남은 사람들이다. 소멸하지 않고 남아 있는 유물과 유적, 문화 같은 것들이다.

한 줄의 공감 _____

살아남는 것의 끈질긴 생명력은 그래서 늘 내 마음을 끄는 주제이다.

November 29

자연의 치유력

우리의 자잘한 불안과 의심을 잠재우는 자연의 침착한 평온 속에는
확실히 무언가가 있다. 깊고 푸른 하늘과 은하수의 정경은
마음에 고요함을 전해주는 것 같다.

_ 조나단 에드워즈

자연은 무언의 교감으로 우리를 평안하게 한다. 드넓은 하늘과 수를 헤아릴 수 없는 별들을 보면 잡념과 번뇌 속에서 헤어나지 못하고 있는 자신의 모습이 상대적으로 잘 보인다. 마음속에 들끓고 있는 감정들과 머릿속을 어지럽히는 잡다한 생각이 얼마나 하찮고 무용한 일인지에 생각이 미친다. 거대한 자연 앞에서 절로 마음이 평온해지는 이유는 우리가 본래 있어야 할 공간으로 돌아왔기 때문일 것이다. 마치 외지를 떠돌다가 편하고 익숙한 내 집에 온 것처럼.

한 줄의 행 _____

절망의 끝에 놓여 있다고 느껴진다면 대자연 앞에 서보자. 광대무변한 자연의 묵시를 보며 아무것도 속박할 수 없는 순정하고 자유로운 영혼의 존재감을 일깨워보자. 자신 앞에 놓인 모든 문제는 절대적인 것이 아니다. 인위에 의해 얽힌 외형일 뿐이다. 본연의 자신과 스쳐 지나가야 할 문제들을 동일시하여 주저앉지는 말자.

November 30

빈 들처럼 허허롭게

국화꽃 져버린 겨울 뜨락에
창 열면 하얗게 무서리 내리고
나래 푸른 기러기는 북녘을 날아간다.
아, 이제는 한적한 빈 들에 서 보라.

_ 김재호, 〈고향의 노래〉

가슴에 애잔하게 젖어 들던 가을꽃들이 졌다. 풍성한 수확의 날들도 끝났다. 화사한 봄과 무성한 여름, 듬직했던 가을이 지나고 다시 무無의 허허로움으로 돌아간 빈 들. 장식 없는 마음으로 스스로를 돌아볼 시간이 왔다. 차분해진 마음의 눈으로 내 안의 성숙을 바라보자.

한 줄의 행

그 들판 위에 자욱이 깔리는 초겨울 기운. 온몸 가득 서리 맞으며 재생을 위한 소멸을 감내하는 풀잎들과 바깥세상에 닿아 있던 잎들을 떨구고 침잠하여 영양을 갈무리하는 초목처럼, 우리도 안으로 수렴하여 정신의 뿌리를 살찌우는 겨울나기를 준비해보자.

December 1

진솔한 삶의 울림

숨이 막힐 것처럼 고통스러운 이야기를 들었던 나는
그날 밤 오히려 오래간만에 인간적인 훈훈한 기분을 느꼈다.
그리고 그것이 격조 있는 문학 작품을 읽은 후의
기분과 같은 거라는 사실을 깨달았다.

_ 나츠메 소세키, 《유리문 안에서》

이 세상의 그 어떤 작품도 한 사람의 진정성과 성의가 묻어 있는 삶의 이야기보다 감동적일 순 없다. 그가 훌륭한 사람이건 평범한 사람이건, 온몸으로 부딪치며 최선을 다해 살아온 삶은 그 자체로 다른 이에게 깊은 감화를 준다. 한 인간의 꾸밈 없는 삶의 진실이 그 안에 담겨 있기 때문이다.

한 줄의 공감 _____

때로 잘 만든 휴먼 다큐 한 편이 오래도록 가슴에 남는다. 사서史書 한 귀퉁이에서 역사의 큰 물줄기에 가려 잘 보이지도 않는, 작은 지류 같은 어느 무명의 사람이 살아낸 삶의 흔적을 우연히 발견할 때도. 단 한 줄로 남았지만, 그의 일생은 얼마나 지난했을까.

December 2

눈 오는 저녁

바람 자는 이 저녁
흰 눈은 퍼붓는데
무엇하고 계시노
같은 저녁 금년今年은……

_ 김소월, 〈눈 오는 저녁〉

눈 내리는 저녁의 느낌은 독특하다. 아직 한밤이 아님에도 적적한 밤의 적막이 일찌감치 찾아든다. 바깥세상과 고립되어 버린 몸과 마음에도 어둠에 스며든 눈발 같은 정적이 차분하게 내려앉는다. 귓전에 들려오는 먼 경적과 귀가를 서두르는 사람들의 움직임이 애잔한 그리움을 일깨운다. 아직 잠들기엔 이른 시각, 이런저런 추억과 상념만 떠오르고…….

한 줄의 감성 _____

문득 생각나는 오래된 이름 하나. 이런 저녁, 그 사람은 무얼 하고 있을까.

December 3

숨은 사랑의 발견

와타나베 히로코 상께 드립니다.
역시 부끄러워서 이 편지는 보내지 못하겠어요.

_ 영화 〈러브레터〉

지나간 세월이 모두 내 의식 속에 있다면 인생이 얼마나 단조로울까. 혹시 내가 모르는 새에 스쳐 지나간 숨은 인연이 있었던 건 아닐까. 그것도 안타깝게 한마디 말도 못 한 채 사라져 간 사랑이었다면. 아니 그는 충분히 자신의 마음을 밝혔는데 내가 미처 알아채지 못했다면. 그랬던 그가 이제는 세상에 없고, 나와 꼭 닮은 그의 연인이 내게 편지를 보내왔다면……. 모든 이의 가슴 깊이 잠재한 흘러간 시절에 대한 아쉬움의 틈새를 파고든, 겨울이면 생각나는 풋풋한 사랑 영화, 러브레터.

한 줄의 감성 _____

차를 빌려 홋카이도를 여행하며 영화 속 배경인 오타루의 한 중학교를 찾아갔었다. 키 낮은 후문 안 주차장 옆으로 조촐한 텃밭이 있는 시골 마을의 작은 학교였다. 영화에 등장하는 신발장 풍경을 현관 창 너머로 몰래 엿보았다. 마치 추억이 얽힌 옛 장소를 떠올리듯. 허구의 내용이라 해도 한 번 마음에 들어온 인물들은 우리 안에서 영영 실존한다. 우리 자신의 옛 추억과 동일한 위상을 부여받으며…….

December 4

감각의 기억

그리고 갑자기 기억의 전모가 드러났다.
그것은 콩브레의 일요일 아침, 레오니 이모가
홍차나 보리수 꽃차가 들어 있던 자신의 잔에
먼저 담갔다가 내게 주던 작은 마들렌의 조각의 맛이었다.

_ 마르셀 프루스트, 《잃어버린 시간을 찾아서》

일상의 일들은 종종 예상치 못하게, 머릿속 저편으로 사라져 한 번도 일깨워지지 않은 옛 기억을 떠올리게 한다. 그런 기억을 촉발시키는 것은 주로 그와 연관된 소리와 빛, 혹은 맛이나 향기 같은 섬세한 요인들이다. 이전과 똑같은 감각을 마주하는 순간, 까맣게 잊었던 그날 그 순간 온몸을 지배하던 강렬한 느낌이 고스란히 되살아난다. 우리 몸은 감각으로 겪었던 하나하나의 느낌과 배경의 양상들을 어느 하나도 잊어버린 게 아니다. 감각에 새겨진 느낌을 단서로 남겨놓고 머릿속 어딘가에 잠복해 있을 뿐이다.

한 줄의 공감

사실 오래전 프루스트의 이 구절을 발견했을 때, 경이가 일었다. 어린 날부터 천착했던 주제인데, 그 옛날 누군가가 그에게 관심을 갖고 묘사했다니. 세상엔 비슷한 사고의 궤적을 지닌 이들이 있다.

December 5

마지막 순번의 사람

동생들에게 우선 은하의 소식을 듣고 싶었지만
다른 사내애들의 소식을 물은 다음 이름도 모르는 척 알아보았다.

_ 서정범, 〈미리내〉

아마도 누구에게나 그런 경험이 있을 것이다. 마음에 드는 이와 여러 사람이 함께 어울리는 모임이 있을 때, 그 사람 바로 옆자리에 앉기는 쉽지 않다. 다른 이에게 그런 사람의 소식을 물을 때도 비슷하다. 우선은 그와 관계없는 이야기로 시간을 다 보낸 후 맨 끝에서야 궁금했던 그 이름을 입에 올리게 된다. 마치 아무런 관심도 없던 것처럼. 알아도 그만 몰라도 그만인 사람의 근황을 지나가는 말로 묻는 것처럼. 혹시나 마음을 들키지는 않았을까 노심초사하며.

한 줄의 감성 _____

마음 깊이 새겨진 이름은 쉽게 내보이기 싫은 법이다. 정말 그리운 이의 소식은 맨 나중에 묻게 된다. 오랜 세월 동안 가슴 깊숙이 묻어두었던 나만의 맑고 총총한 별 하나가 바깥으로 발설되는 순간 세속의 탁함에 빛을 잃을까 두려워서일까.

December 6

긍정의 에너지

자기 자신에게 유감스러워하거나 후회하는 감정에 낭비하는
에너지를 빼앗아 다른 누군가를 돕는 데 사용하라.

_ 레스 브라운

후회는 한 번으로 족하다. 잘못한 일이 있었다면 다음에 똑같은 일을 반복하지 않기 위한 반성의 기회로 삼으면 된다. 하지만 대부분의 사람은 그 일이 떠오를 때마다 자책감에 빠진다. 다시 돌아오지 못하는 그 순간을 몇 번이고 아쉬워한다. 후회의 반복은 시간 낭비가 확실하다. 같은 감정을 되살리려 애쓰는 것도 거기 쏟을 에너지가 남아 있기 때문이다. 그런 시간과 기력을 좀 더 유용한 일에 쓴다면 어떨까.

한 줄의 행

때로 동쪽에서 울리고 서쪽을 치는 성동격서의 방식이 도움 된다. 후회되는 일과 서로 관계는 없지만, 긍정적인 다른 일에 몰두함으로써 의식 속에서 맴돌며 떠나가지 않는 울적함을 잊는 것이다. 몸이 지닌 에너지의 총량을 더 밝은 일에 써버리니 후회의 여력조차 남지 않게 된다. 세나기 더 보람된 시간을 보낼 수 있다.

December 7

계획이 어긋났다면

"아무리 성실해도 인생에서 한 번도 무기력해본 적 없는 이가 어디 있을까요.
세월이 흐르는 동안 희망과 계획과 꿈이 전혀 무너지지 않고
그대로인 사람이 누가 있을까요."

_ 로베르트 발저, 《산책》

정말이지 그런 사람은 없다. 모든 걸 다 갖고 태어난 사람이라 해도, 세상이 내 맘대로 되는 건 아니다. 그런데 우리는 소소한 계획 하나만 틀어져도 깊디깊은 좌절을 맛본다. 자신만 절망에 빠진 것 같은 고독감을 느낀다. 모두가 똑같이 겪는 좌절과 절망이라면 그러고 있을 일이 아니다. 되도록 빨리 몸과 마음을 추스르고 어떻게 벗어날 것인가에 집중하는 게 관건이다.

한 줄의 행 _____

'내 맘대로 다 되지는 않는다'는 사실을 담담하게 받아들이자. 계획을 위해 노력해왔던 지난날들의 성실성을 대견하게 여기며 자신에게 용기를 주자. 1안이 안되면 그 문제점을 차분히 살피고 개선하여 2안을 준비하면 된다.

December 8

미움 대신 빛을

당신의 증오심을 전기로 바꿀 수 있다면,
온 세계를 밝혀줄 것이다.

_ 니콜라 테슬라

사랑의 에너지는 사람과 주변을 선하고 아름답게 변화시킨다. 미움의 에너지는 마음과 세상을 암울하게 만든다. 그런데도 많은 사람이 사랑만 하는 것도 벅찬 삶의 에너지를 증오의 어둠을 깊게 하는 데 쓴다. 세상엔 아직도 전기 사정이 여의치 않아 적정기술을 이용한 간이 전구로 빛을 밝히는 지역이 있다. 그의 말처럼 세상에 떠다니는 숱한 증오를 전기로 바꿀 수 있다면 온 세상 구석구석이 환해질 수 있지 않을까. 마음속 증오를 끄고 사랑을 밝히자.

한 줄의 깨달음

증오를 전기로 바꾸는 건 불가능에 가깝다. 그러나 용서와 양보, 이해로 서로의 마음에 따뜻한 빛을 밝히는 것은 마음먹기에 달렸다.

December 9

용서의 효용

용서는 과거를 바꿀 수 없지만, 미래를 확장시킨다.

_ 폴 루이스 보에즈

과거는 지나갔고 한 번 받은 피해는 무엇으로도 되돌릴 수 없다. 보상이 있다 해도 피해로 생긴 상처 자체가 없어지는 건 아니다. 그럼에도 용서는 피해받은 사람의 몫이다. 자신에게 피해를 준 사람을 용서하기 위해서는 두 가지 과정을 거쳐야 한다. 피해의 상처를 받아들이는 일, 그리고 피해를 준 사람에 대한 원망을 호의로 바꾸는 일이다. 누구에게든 쉽지 않은 과정이다. 경우에 따라 피해를 입은 사람의 초인간적인 결단이 필요하다.

한 줄의 행 _____

그래도 용서가 필요한 이유는 살아나가야 할 앞날을 위해서이다. 용서는 이미 벌어진 일을 바꿀 수 없지만, 피해의 기억으로 말미암아 미래가 제한되는 것을 막아준다. 다가올 미래는 용서받는 이는 물론 용서하는 이 자신을 위해서라도 밝게 열려 있어야 한다.

December 10

말 들어주기

사랑하는 사람들에게 우리가 줄 수 있는 가장 중요한 관심의 형태는 단연 귀 기울여 들어주는 일이다. 진정한 듣기는 행동화된 사랑이다.

_ 모건 스콧 펙

사랑의 핵심적인 요소는 애정 어린 시각을 갖고 상대를 있는 그대로 바라봐주는 일이다. 그렇게 하기 위해서는 상대에 대한 이해가 선행되어야 한다. 이해의 첫걸음은 경청이다. 상대의 말에 담긴 의도와 마음을 완벽히 이해하려면 자기 자신을 내려놓아야 한다. 말을 듣는 그 순간만이라도 온전히 그의 입장에 서보아야 한다. 그것은 마치 사랑이 지닌 이타적인 특성과도 같다. 상대의 말을 잘 들어주는 것만으로도 우리는 그에 대한 사랑을 실천하게 된다.

한 줄의 깨달음

말 듣기와 관련한 평소의 습관으로도 시야를 넓혀보자. 누군가와 만난 후, 흡족했다고 느낄 때가 있다. 자신이 한 말이 상대의 공감을 얻었다고 생각되는 경우이다. 이쪽은 만족스럽지만, 상대도 그랬을까. 어쩌면 그쪽은 묵묵히 들어주기만 하며 하고 싶은 말을 참고 있었던 건 아닐까.

December 11

지음 知音

그의 연주를 들었을 때, 나는 나 자신이 연주한다는 느낌을 받았다.
음악을 만들어내는 그의 방식이 내 음악적 감성에
정확히 들어맞았기 때문이다.

_ 헤르베르트 폰 카라얀

카라얀이 글렌 굴드의 피아노 연주를 들었을 때의 느낌을 적은 글이다. 글렌 굴드는 숱한 기행으로 유명하다. 보통 클래식 연주자들과는 달리 피아노 연주 중 허밍을 곁들인다든지, 손을 상할까 봐 악수조차 하지 않았다. 한창 연주할 나이인 32세에 전격 은퇴를 선언하고, 이후는 음반으로만 활동했다. 만만치 않은 이력과 성향의 카라얀과 글렌 굴드는 베토벤 피아노협주곡 3번을 통해 처음 호흡을 맞췄다. 그들은 온전히 지음知音했다. 첫 협연에서 상대의 음악적 감성을 알아본 두 사람은 평생 서로 존경을 보내며 음악적 감화를 이어갔다.

한 줄의 공감 _____

감성은 지극히 개인적인 영역이다. 일치되기 쉽지 않다. 그럼에도 나의 음을 알아주는 이, 내 감성과 통하는 이가 주변에 존재한다면 그건 정말 하늘이 준 귀하고 감사한 인연이다.

December 12

가난한 날의 우정

"만년필 가졌나?"
불쑥 묻는 내 말에, 무슨 뜻인지도 모르고 청마는 제 주머니에서
흰 촉이 달린 싸구려 만년필을 끄집어내어 나를 준다.
그것을 받아서 내 주머니에 꽂고 콩크링Conklin을 청마 손에 쥐어주었다.
만년필은 외투도 방한구도 아니련만, 그때 내 심정으로는,
내가 입은 외투 한 벌을 청마에게 입혀 보낸다는 그런 기분이었다.

_ 김소운, 〈외투〉

눈이 펑펑 내리고 있다. 서울에서 필요한 자금을 구하지 못한 채 돌아가는 친구, 청마를 배웅하는 기차역. 영하 40도가 넘는 북만주의 추위 속으로 향하는 친구는 홑 양복 차림이다. 본인 역시 벗어줄 외투조차 없다. 가난한 수필가는 뜬금없이 콩클린 만년필을 떠올린다. 스승에게 받은 귀한 선물로 일본에서도 열 자루가 없다는, 가장 소중하고 값나가는 재산이다. 게다가 당시 만년필은 원고 쓰는 이에게 마치 이발사의 가위 같은 의미이다. 그럼에도 그는 선뜻 그것을 친구에게 내민다. 만년필이 추위를 가려줄 순 없지만, 거기 담긴 마음만은 푸근한 모직 외투보다 몇 배 더 따뜻했을 것이다.

한 줄의 감성

가난이 일상적이던 시절, 그러나 사람과 사람 사이의 마음이 살아 있던 시절……. 살아보지 않은 시절임에도 가슴 뭉클하게 그리워진다.

December 13

소박한 집

집은 살기 위한 기계이다.

_ 르 코르뷔지에

자금성이나 베르사이유 궁전처럼 화려한 궁궐을 보면 거기 살던 이의 재위 기간에 생각이 미치곤 한다. 대부분의 왕이나 황제는 길어야 10년 혹은 20년쯤 그곳에 기거했다. 지나고 보면 십 년은 얼마나 훌쩍 흘러가는 시간인가. 많은 인력이 동원돼 지은 그림 같은 공간을 채 누릴 새도 없었을 것이다. 그에 비해 건축 거장 르 코르뷔지에가 만년에 칩거한 집은 4평 정도 되는 작은 오두막이다. 주거에 필요한 공간은 딱 그만큼인지 모른다. 하지만 우리는 좀 더 넓고 아름다운 집에 집착한다. 막상 살아보면 그 집 전체에서 실제 사용하는 부분은 지극히 일부뿐이란 걸 깨달으면서도.

한 줄의 공감

아름다운 환경에서 사는 것은 삶의 질 측면에서 장점이 있다고 생각하는 편이다. 그렇다 해도 외형이나 크기보다는 어떻게 누릴 것인지에 집중하는 삶이 바람직하다.

December 14

가장 따뜻한 위안

저녁 때
돌아갈 집이 있다는 것.

_ 나태주, 〈행복〉

저녁 어스름이 깔리면 세상 모든 것이 집으로 돌아간다. 우리도 알 수 없는 부름에 이끌리듯 하던 일을 접고 집으로 향한다. 한시라도 빨리 집에 도착하려는 사람들과 부대끼면서도 무겁고 지친 발걸음을 재촉한다. 요릿집 같은 강렬한 미각도 네온 찬란한 술집의 흥겨운 환담도 없는 소박한 곳이지만 그런 것들을 다 마다해도 좋을 만큼 매일 저녁 집이 그립다.

한 줄의 공감

현관에 신발을 벗어놓고 맨발로 거실 바닥을 밟는 순간, 온몸에 새로운 기운이 감돈다. 단지 집이라는 공간에 들어왔을 뿐인데도 충전기에 꽂은 배터리처럼 든든한 에너지가 충전된다. 돌아와 편히 쉴 집이 있다는 건 새삼 행복하고 뿌듯한 일이다.

December 15

늦은 귀가를 걱정해주는 사람

가장 오래된 인간의 욕구 중 하나는 당신이 밤에 집에 돌아오지 않을 때
당신이 어디 있는지 걱정해주는 사람을 갖는 것이다.

_ 마거릿 미드

밤의 어둠이 깔린 세상은 낮보다 위험 요소가 많다. 원시 시대라면 사나운 짐승과 필연적으로 만났을 것이다. 돌아오지 않는 가족에 대한 걱정은 생사가 달린 절박함이 담겨 있을 수밖에 없었다. 걱정의 대상이 된 사람 역시 기다리고 있을 가족을 떠올리며 반드시 살아 돌아가야겠다고 마음먹었을 것이다. 그러면서 가족이라는 끈끈한 유대감도 생겨났을 것이다. 시대와 양상이 달라지고 야생의 위험은 사라졌지만, 문명의 밤에는 또 그 나름의 위험요소들이 있다. 밤의 늦은 귀가에 대한 가족의 걱정도 여전히 존재한다.

한 줄의 행 _____

일상의 흔한 풍경이어서 별 감흥 없이 지나가지만, 실은 감사한 일들이 얼마나 많은가.
오늘 저녁 늦은 귀가를 걱정하는 가족의 메시지를 받는다면 답장 끝에 '고맙다'는 말을
덧붙여보자.

December 16

세상에서 가장 값진 보물

우리 가족의 가장 소중한 가보는 가족만의 달콤한 추억이다.
과거는 결코 죽지 않았고, 심지어 과거도 아니다.

_ 윌리엄 포크너

휴가지에서 다 같이 바라보던 검은 밤하늘의 은하수와 유성, 환호성을 올리며 풀어보던 크리스마스 선물, 어려운 시험을 앞둔 아이를 위한 조심스럽고도 따뜻한 응원 등 부모와 아이들이 애정의 바탕 위에 함께 겪었던 일들은 가족의 역사이며 성장의 토대였다. 가족의 추억이 담긴 과거는 단절된 시간이 아니다. 떠올릴 때마다 따스한 서정과 사랑을 일깨우며 유대감을 더욱 돈독하게 만들어준다. 힘겨운 상황을 이겨내게 해주는, 현재 속에 영원히 살아 있는 소중한 마음의 보물이다.

한 줄의 감성

존재 그 자체만으로도 감사한 이름, 가족

December 17

함께 살아간다는 것

같이 노래하고 춤추며 즐거워해도 그대들 각자는 혼자이게 하라.
같은 음악을 올리지만 홀로 있는 현악기의 줄들처럼.

_ 칼릴 지브란, 《예언자》

결혼이란 두 사람이 함께 떠나는 삶으로의 긴 여행이다. 처음엔 몸에 맞지 않는 옷을 입고, 다른 이의 표정을 지을 수도 있다. 길을 가다 보면 결국은 자기 옷과 표정을 지닌 본래의 나가 되어 걷게 된다. 힘들 때 서로 기대며 위로하고 공동의 위험에 같이 대처할 수는 있다. 하지만 두 사람이 틈 하나 없이 밀착해서는 오래도록 함께하기 어렵다. 서로가 각기 다른 존재임을 인정하고 그 생명의 불꽃이 아름답게 타오르도록 도우며, 동시에 화합된 여정을 이룩하는 일, 그것이 현명한 결혼이다.

한 줄의 공감 _____

결혼뿐 아니라 관계 속에서의 모든 '따로 또 같이'는 서로 간의 일정한 거리와 상대의 다름에 대한 존중이 필요하다. 갈등은 그러한 기본 원칙이 무너질 때 발생한다.

December 18

'나만의 나'가 아니다

> 온 세상에 대해 당신은 단지 한 사람에 지나지 않을지라도,
> 한 사람에게는 당신이 세상 전체인지도 모른다.
>
> _ 파블로 카잘스

'내 한 몸인데 어때?'가 아닐 수 있다. 연로한 부모님에게 나는 세상으로 향한 남아 있는 꿈과 기대감의 통로이다. 반대로 자신이 부모라면 아이가 처음 대하는 세계의 관문 같은 존재일 것이다. 세상을 보는 아이의 시각에 평생 영향을 주게 된다. 아내나 남편, 연인에게도 나는 중요한 의미를 지닌 사람이다. 나를 사랑하고 염려해주는 사람들을 생각해보면 나는 함부로 살아서는 안 되는 존재이다.

한 줄의 행 _____

사람은 자기 자신만을 위해 사는 존재가 아니다. 내가 사랑하고 나를 아끼는 이들의 믿음과 기대감은 편안함과 타협하려는 나를 깨워 일으키는 가장 강력한 동인動因이다. 세상의 정도를 걷게 만드는 경계의 지침이다. 그들에게 실망감을 줄 수는 없다.

December 19

쉽게 버리지 못하는 이유

어찌 보면 두 남녀가 이루어가는 '우리'라는 단위의 인생은
단순한 연출의 누적에 의해서 결산되는 것인지 모른다.
약간의 용기와 성의만 있으면 가능한 연출을 우리들은 못하든지 안 한다.
구닥다리 세간에 대한 아내의 애착심은 그것들이
우리의 인생을 연출한 소도구이기 때문이다.

— 목성균, 《누비처네》

삶의 애환과 서정, 깊은 통찰과 마음을 파고드는 자잘한 묘사가 담긴 한 편의 명수필에 대한 스포일러가 될 수 있어 조심스럽다. 그래서 대략의 얼개만 적자면, 《누비처네》는 아이를 등에 업는 데 쓰는 낡은 누비처네에 얽힌 부부의 따스한 사연을 적은 글이다. 남편은 늘 낡은 세간을 못 버리는 아내를 핀잔한다. 그러나 무려 40년 된 누비처네만큼은 그도 쉽게 버리라는 말을 못 한다. 누비처네로 말미암아 '달빛을 듬뿍 받고 방긋방긋 웃는 제 새끼를 업은 여자와의 동행, 행복이 무엇인지 그때 처음 구체적으로 알았'기 때문이다.

한 줄의 감성

애착과 사연이 담긴 물건이나 장소는 다른 일에 바빠 집을 떠나 있던 주인을 기다리며 형체 없는 기억을 오래도록 지키고 있는 충직한 집사 같다. 그런 존재를 어떻게 쉽게 버릴 수 있을까.

December 20

어머니의 기대

나에 대한 어머니의 사랑은 너무나 컸다.
나는 그것이 옳다는 걸 밝히기 위해 열심히 일했다.

_ 마르크 샤갈

사람들은 생각보다 소박한 이유로 성공을 꿈꾼다. 인류와 사회를 위한 거대한 이상을 성공의 동기로 삼는 이는 아마도 위인이라 불리는 극소수의 사람일 것이다. 어쩌면 그들조차 좀 더 내밀한 내면에는 가까운 이들, 또는 스승이나 은인처럼 믿어주고 도움을 주었던 특정인을 위한 보답의 의미가 숨어 있을지도 모른다. 오히려 그렇기에 더 열심히 노력할 수 있다. 구호처럼 먼 것보다는 피부에 와 닿는 이유일수록 사람을 실질적으로 움직이는 동기가 된다.

한 줄의 공감 _____

부모님의 기대와 사랑만큼 강력한 요인이 또 있을까. 누구든 본인 자신의 바람이나 의지보다 그편이 더 철실한 성공의 동기가 될 것이다.

December 21

그리운 이들의 별

"그러니까 이 별은 세상 사람들의 마음속에 있는 사람들이
모여서 살고 있는 곳이야. 누군가가 누군가를 그리워하는 한,
그 사람은 이 별에서 살아갈 수 있어."

_ 이치카와 다쿠지, 《지금 만나러 갑니다》

그 별의 이름은 '아카이브'라고 한다. 각각의 마음속에 깃든 그리움들을 모두 모아놓은 평안한 도서관 같은 별이다. 세월이 가면 누구든 그립지만 만날 수 없는 사람이 생기게 된다. 그런 그리움이 우리가 사랑했던 누군가가 아름답고 평화로운 별에 영구히 살 자격을 주는 거라면, 우리는 기꺼이 오래도록 그를 그리워하고 또 그리워할 것이다.

한 줄의 행

한 해의 끝 달인 12월에는 가족의 존재감이 그 어느 때보다 절실하게 느껴진다. 삶의 기쁨과 고단함, 자질구레한 일상과 추억을 공유하며, 두고두고 그에 관해 대화할 사람들이 있다는 건 인생의 가장 큰 위안이다. 사랑은 표현해야 더 살가워진다. 새삼스럽지만 곁에 있어 고맙다는 문자라도 한 통 보내는 건 어떨까.

December 22

아버지의 편지

오랜 세월이 흘러 돌아가신 아버지의 편지를 발견했을 때.
거기 무슨 말이 쓰여 있던가.
'내 아들아, 네 그런 행동 때문에 많은 밤을 잠 못 이루었다.'

_ 안톤 슈나크, 《우리를 슬프게 하는 것들》

사랑을 다해 키운 자식이라 해도 부모 마음은 늘 못 해준 것만 생각난다. 반대로 남 보기엔 효자라도 본인 스스로 효도를 다 했다고 자부하는 자식은 없을 것이다. 무얼 하든 부모님께 받은 사랑에는 미칠 수 없다는 걸 잘 알기 때문이다. 하물며 자식 걱정에 애를 태우던 부모님의 흔적을 돌아가신 후에 발견했다면 그 이상 후회스럽고 슬픈 일이 또 있을까.

한 줄의 감성

돌아가시던 해에 아버지가 써주신 입춘첩立春帖을 아직도 현관문 안쪽에 붙여놓았다. 젊은 날엔 문자향 서권기가 넘치던 칼칼한 필체였지만, 연세가 들며 쓰신 글씨에는 온화하고 단아한 기운이 감돈다. 평생 몸가짐과 처신이 단정하고 무슨 일이든 성誠을 다하시던 분이었다. 몸과 마음을 정갈히 한 후 자식을 위한 간절한 기원을 담아 한 자 한 자 써 내려가셨을 일을 생각하면 ….

December 23

애잔한 유전

부정할 수 없는 어미의 모습이 천진한 얼굴 어딘가 구석에서 언뜻 엿보이며,
희미해져가는 옛날의 기억을 불러일으킨다.

_ 데라다 도라히코, 《도토리》

작품 속 아내는 병중임에도 아이를 갖고 있었다. 그녀는 늘 자신이 살 수 있을지 남편에게 묻는다. 아무것도 아닌 일을 왜 자꾸 묻느냐며 퉁명스럽게 말해주면 아내는 그의 그런 반응에 안심하곤 했었다. 아내는 가고 세월이 흐른다. 그녀의 딸아이가 벌써 여섯 살이 되었다. 식물원에 온 아이는 볼이 상기될 정도로 신이 나서 도토리를 줍는다. 생전에 그곳에 놀러왔던 아이 엄마도 똑같았다. 아이를 바라보는 남편의 눈에 아이의 얼굴 어딘가에서 순간적으로 엄마와 꼭 닮은 모습이 엿보인다.

한 줄의 감성 _____

물리학자이자 수필가인 데라다 도라히코는 나츠메 소세키의 소설 《나는 고양이로소이다》에 등장하는 인물 간게쓰의 실제 모델이기도 하다. 열아홉에 첫 아이를 낳고 죽은 아내에 대한 회상과 그리움이 읽는 이의 가슴에 애잔하게 스며온다.

December 24

크리스마스카드

엄마는 빨간 리본 장식 바구니에 크리스마스카드를 모두 보관해두곤 했는데,
나는 그것을 전부 살펴보고 거기 적힌 글자들을 다 읽는 걸 좋아했다.

_ 엘리자베스 버그

어릴 적엔 다들 카드를 손으로 그렸다. 좀 더 자라서는 용돈을 모아 카드를 샀다. 좋아하는 선생님, 친구, 사랑하는 이와 가족들에게 들려줄 말을 마음속으로 한 마디 한 마디 고르며 어떡하면 진심을 전할 수 있을까, 쓰다가 틀리면 어쩌나 하는 두근거림과 함께 펜으로 깨끗하게 정서하곤 했다. 요즘은 크리스마스카드를 주고받는 문화 자체가 사라져간다. 한동안 이 카드로 대체되는 듯싶더니 그것마저도 어쩌다가 하나 받으면 철 지난 유행처럼 낡은 느낌이 든다.

한 줄의 감성

흰 눈 가득한 깊은 숲속, 눈 속에 폭 파묻힌 채 따뜻한 불빛이 켜져 있던 작은 집의 풍경, 초록색 트리를 배경으로 흰 털이 달린 빨간 옷을 입고 선 산타의 그림은 이제 어린 시절과 함께 영영 사라져버린 걸까. 해 뜨는 바다와 학이나 소나무 같은 십장생이 그려진, 아이들은 질내 사지 않던 어른들만의 구식 연하장조차 그리운 기억으로 남아 있다.

December 25

헛되이 보낸 시간은 없다

당신이 즐겨 낭비한 시간은 낭비한 게 아니다.

_ 존 레논

돈벌이와 관계된 일, 앞날을 위한 공부, 혹은 일정 나이대에 해내야만 하는 일 등이 아니라면 우리는 그 시간을 헛되이 써버렸다고 생각한다. 아마 그건 계절을 나는 생명들처럼 제때 무언가 준비하지 않으면 안 되는, 시간에 대한 본능적 인지감각이기도 할 것이다. 하지만 좋아하는 일에 무념무상으로 빠져 있던 시간만큼 내면의 영혼을 정화하는 게 있을까. 스스로를 해방시키며 정신적으로 풍부해지는 시간이 또 있을까. 긴 인생의 시각으로 보면 그런 시간도 의미와 효용이 있다.

한 줄의 공감

정말 좋아서 몰두한 일이 의외의 성과를 냈던 경험이 꽤 있다. 좋아하는 음악을 듣다가 잘 풀리지 않던 일의 실마리가 떠오르기도 했다. 무목적성의 시간이 마음의 부담을 덜어주었기 때문일 것이다.

December 26

보고 싶은 얼굴

밝은 달을 향해…… 당신과 아이들에 대한 끝없는 애정과
훌륭한 표현을 다짐했소.
당신과 아이들 생각으로 가슴이 조여서
어제 저녁엔 늦게까지 잠을 이루지 못했다오.
당신과 아이들이 정말 보고 싶소.
당신과 아이들과 멀리 떨어져 있으면서……
보고 싶다, 보고 싶다를 반복하기만 할 뿐 속절없이
소중한 세월만 보내고 있구려.
왜 우리는 이토록 무능력한가요?

_ 이중섭, 《이중섭 편지와 그림들》

일평생 아내 하나만을 지극히 사랑했고 작품과 가족이라는 두 개의 화두 사이에서 치열한 삶을 살다 간 열정의 사람. 가족을 동경으로 보내고 홀로 남은 그는 궁핍과 외로움에 시달리면서도 그림을 그렸다. 그러다 그토록 원하던 가족과의 재결합을 끝내 이루지 못한 채 마흔한 살에 요절한다. 글귀마다 절절히 배어나는 가족에 대한 그리움이 자꾸만 마음 한구석에 밟힌다.

한 줄의 행

누군가는 평이하게 여기는 일상이 어떤 이에게는 가장 절실한 꿈일 수 있다. 갓 지은 따뜻한 밥과 국, 조물조물 무친 나물과 생선구이만의 조촐한 식탁일지라도 가족과 함께 한 식탁에서 끼니를 먹고 도란도란 정담을 나누며 잠들 수 있다는 것에 감사하자.

December 27

잠들기 전에 가야 할 길

숲은 사랑스럽고, 어둡고 깊다.
그러나 내겐 지켜야 할 약속이 있어,
잠들기 전에 먼 길을 가야만 한다.
잠들기 전에 먼 길을 가야만 한다.

_ 로버트 프로스트, 〈눈 오는 저녁 숲가에 서서〉

스스로 정한 약속만큼 사람을 자발적으로 움직이게 하는 것도 드물다. 모두가 잠든 밤, 졸음을 떨치며 공부에 매진하는 것도, 다들 쉬는 휴일, 노트북 앞에 앉아 글의 날을 벼리는 것도 누가 시켜서 하는 게 아니다. 자기 자신에 대한 약속을 지키려는 이유이다. 그 약속은 시대적 소명처럼 거창한 것일 수도 있고, 이루고 싶은 개인적인 삶의 목표일 수도 있다. 편안하고 즐거운 것, 재미와 아름다움에 대한 탐닉을 뒤로하게 만드는 지켜야 할 약속, 그리고 그것을 지키기 위한 노력은 삶을 좀 더 의미 있게 한다.

한 줄의 깨달음

모두가 잠든 밤, 홀로 깨어 있게 만드는 내 안의 그 무엇……. 그러한 심지가 있기에 내 삶은 중심을 잡을 수 있다. 세상의 탁함에 물들지 않고 앞을 향해 정진할 수 있다.

December 28

공감

비록 시대가 바뀌고 세상사가 달라진다 해도
감회를 불러일으키는 바는 같을 터이다.
후일 읽는 이들 또한 이 글에 마음의 울림이 있으리라.

_ 왕희지, 《난정집》 서

공감共感이란 하나가 된 느낌을 뜻한다. 사람과 사람은 같은 것을 느끼는 마음에 의해 서로 통한다. 이 정취 어린 문장은 무려 천 몇백 년 전, 머나먼 절강성 '난정蘭亭'이라는 이름의 정자에서 일필휘지로 쓰였다. 그것이 오늘날 우리 가슴에 와 닿을 수 있는 이유도 바로 그 '같은 느낌'이 매개가 되어서이다. 글의 주인인 왕희지는 스스로가 옛사람의 문장을 보며 인생에 대해 똑같은 감회를 얻었듯 후일의 사람도 분명 자신의 문장에서 같은 느낌을 받을 것이라 예감했다. 그의 믿음처럼 사람은 가도 느낌은 살아남아 이렇게 후인의 가슴에 와 닿았다. 그 어떤 언약도 징표도 아닌 같은 느낌, 즉 공감이야말로 사람과 사람을 이어주는 가장 확실한 끈이다.

한 줄의 감성

글의 상투적인 마무리였을 수도 있다. 하지만 저 문장 속에서 어떤 식으로든 후인과 닿아 있고 싶은 간절한 소망이 느껴지는 건 나만의 감상일까. 마치 병 속에 편지를 넣어 망망대해로 띄워 보내며 저 바다 건너 어딘가에 살고 있을 미지의 사람에게 무사히 잘 가 닿기를 마음속으로 비는 듯한…….

December 29

삶의 역사

누군가의 책장에 꽂혀 있는 책들은 그의 삶의 역사의 한 부분이다.
마치 벽에 걸린 조상의 초상화처럼.

_ 아나톨 브로야드

한 권의 책을 읽으면 우리는 감정을 느낀다. 낯선 세상을 경험하고 생각에 잠긴다. 글 내용에 빗대어 자신의 과거와 현재를 돌아보며 앞날의 꿈을 꾸기도 한다. 교감하고 공감하며 인간 이해의 폭을 넓힌다. 그리고 그런 모든 과정을 통해 인간적인 성장을 이룰 수 있다. 책은 단순히 한 번 읽고 마는 인쇄물이 아니다. 자신의 진정성과 성의를 담아 몰두했던 시간의 증거이다. 가진 책을 쉽게 버리지 못하는 이유는 자신의 그러한 삶의 역사와 애환이 담겼기 때문일 것이다. 삶의 순간이 포착된 앨범 속 사진들을 버릴 수 없듯!

한 줄의 공감

읽은 책에도 자신의 삶이 담긴다. 직접 쓴 책이라면 더 말할 이유도 없을 것이다. 올해 첫날부터 쓰기 시작한 나만의 책 한 권에는 어떤 내용이 담겼을까. 이제는 퇴고를 마치고 원고를 마무리할 시간이 다가왔다. 내 인생의 서가에 소장될 또 한 권의 책이 완성되었다. 그 책은 내 소중한 삶의 역사가 될 것이다.

December 30

지금 이대로의 나

내가 살았을지도 모르는 다른 삶이 있었지만,
나는 지금 이 삶을 살고 있다.

_ 카즈오 이시구로

이시구로 작가는 다섯 살에 일본에서 영국으로 이민을 갔다. 두 개의 다른 삶에 대한 극명한 대비를 겪을 수밖에 없었다. 일본에서 자랐다면 지금처럼 영어로 글을 쓰고, 홍차를 즐기는 영국인의 삶과는 다른 일상을 살고 있을지 모른다. 가지 못한 또 다른 길에 대한 생각이 남다를 것도 같다. 그래도 그는 현재의 삶을 받아들이고 긍정한다. 가지 못한 길에 대한 가정은 관념일 뿐이다. 실제 그의 삶은 그 자신이 원했든 아니든 현재의 방향으로 왔고, 그것이 지금의 그라는 정체성의 일부가 되어 있다.

한 줄의 공감

어떤 길이든 자신이 그쪽을 따라 걸어왔고 그 길의 결과 지금 여기 있다면 이런 내가 실체적인 자신이다. 가지 못한 다른 길에 연연하며 현재를 불성실하게 사는 건, 자기 삶과 정체성에 대한 부정이다. 그 길은 아련한 호기심의 기억으로만 남기자.

December 31

마법 같은 세상

캘빈: 간밤에 진짜로 눈이 내렸어! 굉장하지 않아?
홉스: 눈에 익은 게 다 사라져버렸네. 세상이 완전히 새것 같아!
캘빈: 새해…… 상쾌하고 깨끗한 시작!
홉스: 그림 그릴 크고 하얀 종이를 얻은 거 같아!
캘빈: 가능성으로 가득한 날! 마법 같은 세상이지,
　　내 오랜 친구 홉스야…… 우리 탐험하러 가자!

_ 빌 워터슨, 《마법 같은 세상》

창밖에 온통 흰 눈이 내렸다. 해마다 몇 번쯤 세상이 백지상태로 초기화되는 건 어쩌면 자연이 우리에게 허락하는 새 출발의 기회가 아닐까. 이제까지의 실패, 고통, 아쉬움, 후회, 미움의 그림들이 모두 지워졌다. 자, 이제 다시 출발! 새로 선물 받은 희디흰 캔버스에 나만의 선과 색채로 새 그림을 그려보자. 세상엔 아름답고 흥미롭고 신기한 것들이 가득하다. 그 다채로운 세상 안에서 내가 내딛는 발길, 내가 마주치는 사람들과 만들어가는 내 삶의 모든 게 그림의 영감으로 다가올 것이다.

한 줄의 감성

송년 케이크 위의 촛불을 밝히고 제야의 종소리에 소원을 빌어본다. 새날엔 세상 구석구석에 새 햇살이 깃들기를, 나와 내가 사랑하는 이들이 무탈하고 행복하기를, 원하는 것 모두 이루고 건강하기를!

참고 문헌

손광성 지음, 《한 송이 수련 위에 부는 바람처럼》, 을유문화사, 1992
피천득 지음, 《인연》, 샘터, 2002
안대회 지음, 《조선의 명문장가들》, 휴머니스트, 2016
이철수 지음, 《밥 한 그릇의 행복 물 한 그릇의 기쁨》, 삼인, 2004
김훈 지음, 《자전거 여행》, 생각의 나무, 2003
마츠오 바쇼 지음, 《바쇼의 하이쿠 기행 1》, 김정례 옮김, 바다출판사, 1998
손광성·맹난자·김종완 엮음, 《한국의 명수필 2》, 을유문화사, 2005
마쓰이에 마사시 지음, 《여름은 오래 그곳에 남아》, 김춘미 옮김, 비채, 2016
장 자끄 상뻬 지음, 《속 깊은 이성 친구》, 이세욱 옮김, 열린책들, 2018
법정 지음, 《무소유》, 범우사, 1982
이효석 지음, 《메밀꽃 필 무렵》, 생각의 나무, 2010
성기조 엮음, 《한국대표수필선》, 금자당, 1986
목성균 지음, 《누비처네》, 연암서가, 2010
이중섭 지음, 《이중섭 편지와 그림들》, 박재삼 옮김, 다빈치, 2000

'나만의 나'가 아니다

온 세상에 대해
당신은
단지 한 사람에 지나지 않을지라도,

한 사람에게는
당신이
세상 전체인지도 모른다.

_ 파블로 카잘스

삶이 나에게 주는 선물

초판 1쇄 인쇄 2021년 3월 2일
초판 1쇄 발행 2021년 3월 15일

지은이 | 최경란
펴낸이 | 박찬욱
펴낸곳 | 오렌지연필
주 소 | (10501) 경기도 고양시 덕양구 화중로 130번길 32 파스텔프라자 502호
전 화 | 070-8700-8767
팩 스 | (031) 814-8769
이메일 | orangepencilbook@naver.com
본 문 | 미토스
표 지 | 강희연
본문디자인 | 디자인[연;우]

ⓒ 오렌지연필

ISBN 979-11-89922-19-1 (03810)

※ 잘못 만들어진 책은 구입처에서 교환 가능합니다.